죽기 전에
꼭 하고 싶은 것들 2

이 책을 소중한

_____님에게 선물합니다.

_____ 드림

죽을 때 후회하지 않을 진짜 인생을 사는 법

죽기 전에
꼭 하고 싶은 것들 2

김도사 기획 | 장재민 외 57인 지음

위닝북스

꿈을 향한 걸음을
멈추지 말자!

바쁜 일상 속에서 꿈보다 현실에의 안주를 택하며 살아가는 사람들이 많다. 포기라는 것이 당연한 것처럼 여겨지는 시대에 '버킷리스트'라니 황당할 것이다. 오늘보다 더 나은 내일을 꿈꾸며 저마다 치열한 삶을 살면서도 마지막 선택은 '현실 안주'다.

우리는 꿈의 실현을 위해서는 계획이 동반되어야 한다는 것을 이미 알고 있다. 버킷리스트가 우리 인생의 가장 멋진 계획이라고 생각해 보자. 그러면 버킷리스트가 꿈이 실현될 수 있도록 돕는 도구임을 알 수 있을 것이다.

이 책은 꿈을 이루는 데 많은 조건이 필요하지 않다는 것을 알려 준다. 이 책의 저자들은 간절한 꿈을 품고, 그것을 말할 수 있는 용기를 가지고 있다. 그뿐만 아니라 이뤄 나가려는 의지가 매우 강하다. 그들은 앞으로 이루어 나갈 소중한 꿈의 목록들을 하나씩 적었다. 그리고 그 꿈을 이루기 위한 자신의 버킷리스트를 점검했다. 그렇게 열정적으로 살아가는 저자들의 건강하고 따뜻한 꿈 이야기가 이 책에 고스란히 담겨 있다.

이 책을 통해 특별한 사람들만이 꿈을 이루어 가며 사는 것이 결코 아님을 깨닫기 바란다. 그리고 어떠한 상황에서도 꿈을 향한 걸음을 멈추지 말기를 소망한다. 버킷리스트를 통해 변화된 1년 후, 10년 후의 여러분을 응원한다.

2018년 12월

신상희

✻ 목 차 ✻

죽기 전에 꼭 하고 싶은 것들 2

장재민 여수정 이지훈 강상준
노복희 좌경효 김형일 김희중
정석호 안미리 최두지 박규정
김완용 김초롱

꿈을 찾고, 이루도록 돕는
드림 헬퍼 되기

장재민 **희망 메신저, 자기계발 작가, 동기부여가**

신용회복 중 승진, 자영업을 경험했다. 그것으로 사람들의 꿈을 찾아 주고 꿈을 이루도록 돕는 희망메신저 '드림 헬퍼가 되는 것이
목표다. 현재 '희망을 담은 스토리'를 주제로 개인저서를 집필 중이다.

나는 경남의 아주 작은 항구인 삼천포에서 2남 3녀 중 넷째로
태어났다. 지금 내 나이는 마흔 세 살이다. 그런데 그 시절 5남매
중 넷째로 그것도 딸로 태어난 것이다. 그러니 얼마나 위아래로 치
이고 눈치 받으면서 살았을지 겪어 본 사람들은 알 것이다.

아버지는 선박 사업을 하셨다. 엄마는 아버지 사업을 물심양면으
로 도왔다. 그러면서 할머니를 포함해 8명의 식구를 건사해야 했다.
8명이나 되는 식구들의 입을 책임져야 했다. 엄마는 생활비를 벌기
위해 바지락을 몇 포대씩 가져와서 껍데기를 깠다. 속살만 남은 바

지락을 공장에 가져다주고 품삯을 받아 오셨다. 나는 그런 환경 속에서 자랐다. 그러다 보니 나 또한 자연스레 대여섯 살 때부터 바지락을 깠다.

하루는 집 앞에서 바지락 한 포대를 풀어 소복하게 쌓아 놓고 까고 있었다. 그런데 마침 우리 집 앞을 지나가던 외국인이 그 광경을 목격했다. 그 외국인은 몇 살 안 되어 보이는 계집아이가 조그만 손에 칼을 들고 바지락을 까는 것을 한참 지켜보더란다. 그러고는 "오우! 원더풀!" 하면서 달러를 손에 쥐어 주고 갔단다. 이 일화는 머리가 큰 후에 엄마한테서 듣게 되었다.

그 동네에서 나의 바지락 까기 신공을 따라올 사람은 없었다. 동네 어르신들도 내가 학교에서 돌아오는 것을 보면, "아이고~ 신동 왔다야!" 하며 나를 추켜세우곤 했다.

초등학교 4학년 무렵 아버지의 사업이 부도나 다른 동네로 이사를 가게 되었다. 나는 그길로 나의 바지락 까기 인생이 일단락되는 줄 알았다. 하지만 이사 간 동네에서도 중학교 2,3학년 때까지 바지락을 깐 것 같다. 물론 이사 오기 전 동네에서 깐 바지락에 비하면 새 발의 피도 안 되는 양이었지만.

초등학교 6학년 가을쯤이었다. 동네의 친한 친구 몇 명이 영어학원에 등록한다고 했다. 중학교에 들어가기 전에 알파벳은 익혀야한다면서. 하지만 나는 우리 집의 어려운 형편을 알고 있었다. 때문에 며칠을 속으로 끙끙 앓기만 했다. 하지만 나도 '친구 따라 학원'이 정말 가고 싶었다. 그래서 엄마한테 말씀드렸다. 그 일이 아버지 귀에까지 들어가게 되었다. 그리고 나는 '지금보다 더 열심히 바지락을 까서 학원비를 충당하겠습니다'라는 각서를 쓴 후에야 영어 학원에 등록할 수 있었다. 지금 생각하면 참으로 슬픈 현실이 아닐 수 없다.

중학교 3학년 때 담임 선생님께서 고등학교를 어디로 갈 건지 물어보셨다. 나는 인문계 고등학교에 진학해 간호대를 가겠다고 했다. 그 말을 집에 와서 엄마한테 했다. 그랬더니 아버지께 말씀드려 봐야 한다며 낯빛이 안 좋아지셨다. 짐작대로 아버지는 나에게 상업계 고등학교에 진학해 졸업하고 돈을 벌라고 하셨다.

선생님은 안타까워하시면서 "네가 왜 상업계를 가니! 넌 충분히 대학을 갈 수 있는데. 엄마한테 학교에 꼭 한 번 오시라고 말씀드려라." 하셨다. 나는 엄마가 마음 아파할 줄 알았다. 바빠서라도 학교에 갈 시간이 없다는 것을 알았다. 그러면서도 상업계 고등학교에 진학하기 싫어서 용기를 내어 말씀드렸다.

엄마는 아버지가 반대하실 거라고 했다. 그러면서 목멘 소리로 인문계 고등학교에 못 보내 줘서 미안하다고 말씀하셨다. 나는 "언니들과 오빠는 대학에 보내 주셨잖아요. 그런데 왜 나만 상업계 고등학교를 가야 해요? 왜 나만 돈을 벌어야 하냐고요."라며 서럽게 울었다. 그때 그 시절에는 성적이 낮은 학생들이 상업계 고등학교를 간다는 인식이 있었다. 때문에 더 가기가 싫었다. '내가 공부를 못하는 것도 아닌데, 왜 나만!'이라고 생각했다. '그때 간호대학을 가고 싶다는 열망이 더 컸더라면! 부모님을 설득할 수 있는 대범함이 있었더라면!' 하는 뒤늦은 후회를 참 많이 했다.

내가 심한 사춘기를 겪고 있는 아이였다면 그때 잘못된 길로 들어설 수도 있었을 것이다. 하지만 나는 참으로 어리숙해서 그럴 주변머리도 되지 못했다. 정말, 있는 듯 없는 듯 그저 평범한 여학생에 지나지 않았다.

그때 난 결심했다. 내가 결혼해서 자식을 낳으면 내 자식이 하고 싶어 하는 것은 무엇이든 할 수 있게 지원해 주겠노라고. 돈이 없어서 꿈을 단념시키지는 않겠다고. 내가 그토록 가기 싫어했던 상업계 고등학교도 자식이 원하면 보내 주겠다는 생각까지 했다. 내 결심에 얼마나 독기가 묻어 있었는지 느껴지지 않는가. 그 결심을 지키기 위해서 경제적으로 안정되기 전까지는 절대로 결혼하지 않겠다고 다짐했다.

상업계 고등학교에 진학한 후 1년 정도는 아버지를 원망하며 공부에 신경을 쓰지 않았다. 하지만 얼마 지나지 않아 자존심이 상해서 공부에 매진할 수밖에 없었다. 그렇게 좋은 성적을 거두기는 했지만 내가 원하는 곳에 취업하지는 못했다. 하긴 돋보기 같은 두꺼운 안경을 낀 여학생에게 어느 면접관이 높은 점수를 주겠는가!

나의 돈 벌기는 열아홉 살 가을 무렵부터 시작되었다. 그것이 2018년인 최근에 이르기까지 20년 넘게 지속되었다. 평범한 직장인, 레스토랑 아르바이트 직원, 커피숍 아르바이트 직원을 거쳐 매니저, 판매직 사원에서부터 시작해 점장에 이르렀다. 그러기까지 나의 삶은 고단했다. 나는 그런 고단한 삶을 통해서 아버지에 대한 원망을 내려놓을 수 있게 되었다.

나는 내 한 몸 건사하는 것도 이렇게 힘들어서 아등바등한다. 반면에 아버지는 5명이나 되는 자식들을 가르치고 먹여 살려야 했으니 얼마나 힘들었을까 싶다. 아버지는 생전에 프라이드치킨을 드시고 싶어 하셨다. 나는 그것을 일부러 안 사 드렸다. 그것이 두고두고 마음에 남아 있다. 참 못됐고 못난 막내딸이었다.

최근 몇 년간 나는 중간관리 매장을 운영했다. 그러면서 직장생활만 하던 것에 비하면 많은 수입을 벌었다. 수입과 안정적인 자립을 위해서라면 더 버텨야 했다. 하지만 내 능력을 몰라주는 회사를 위해 더 이상 봉사하고 싶지 않았다. 그리고 고객들은 나를 마치 하인 대하듯 했다. 그런 고객들의 행동과 말에 내 인격이 바닥을 치는 것을 느꼈다. 결국 나는 올해 6월로 험난했던 직장생활에 종지부를 찍었다.

그것을 후회하지 않는다. 맞춰진 시간에 출근하지 않아도 된다는 것. 타인으로 인해 잦은 스트레스를 받지 않아도 된다는 것. 이

두 가지만으로도 날아갈 듯 행복하다. 지겹지 않느냐고, 일할 때가 되지 않았느냐고 묻는 주변 분들도 있다. 하지만 나는 그 지옥 같은 세상에 다시는 발을 디디고 싶지 않다. 절대로!

나는 언젠가는 '내 사업을 해야지'라는 생각을 항상 하고 있었다. 그래서 틈틈이 자기계발서를 읽으며 내 사업에 대한 꿈을 키워나갔다. 힘들거나 지칠 때, 기분이 다운되거나 우울할 때면 자기계발서를 읽으면서 희망을 얻었다.

그 속에서 가슴 뛰는 삶을 알았다. 통통 튀는 아이디어들도 보았다. 책을 통해서 '진정으로 내가 하고 싶은 일이 무엇인지' 진지하게 생각해 볼 수 있었다. 꿈이 현실이 되게 하는 여러 방법들도 알게 되었다. '10대 시절에 이런 책을 접할 수 있었더라면 좋았을 텐데'라는 생각을 많이 했다.

나는 우여곡절을 겪으며 힘들게 버텨 왔다. 그러던 중 '다른 사람들은 나처럼 힘들게 살지 않았으면 좋겠다'라는 생각을 했다. 그 때부터 나의 마음속에 드림 헬퍼로 살고자 하는 꿈이 움트기 시작했다.

나는 '간절히 두드리고 원하면 문이 열리고 현실이 된다'는 것을 몇 번 경험한 바 있다. 그래서인지 꿈은 반드시 이루어진다고 믿는 사람이다. 그런 믿음을 바탕으로 자라나는 10대 꿈나무들에게 꿈이 왜 중요한지, 왜 꿈이 있어야 하는지 말해 주고 싶다. 꿈은 10대에게만 중요한 것이 아니다. 우리가 마음만 먹는다면 무덤 속에 들어가기 전까지는 꿈을 이룰 수 있지 않겠는가. 그러니 나이, 성별, 인종을 불문하고 전 인류가 꿈을 찾고 꿈을 이루어야 한다.

나는 전 인류의 꿈을 깨우고 그들이 꿈을 이룰 수 있도록 돕는 희망메신저 '드림 헬퍼'가 되는 것이 꿈이다. 그들이 힘들어 지칠 때면 위로와 격려로 일으켜 세우고 싶다. 그들이 잘못된 꿈길로 들어서면 올바른 꿈길로 안내해 주고 싶다. 그렇게 난 전 인류에게 영향력을 미치는 '드림 헬퍼'가 될 것이다.

02

1만 명 앞에서 강연하는
비전 강사 되기

여수정 4Life Research GID 라이프 코치, 드림 코치, 자기사랑 멘토, 다이어트 컨설턴트, 건강관리사, 작가, 동기부여가

세 아이의 엄마로, 가정주부로 열심히 살았지만 언제부터인가 공허함과 우울증, 비만으로 힘들어하며 지쳐 갔다. 그러던 중, 우연히 알게 된 면역식품으로 건강을 찾고 사업을 시작하면서 새로운 삶에 대한 희망이 생겼다. 현재 성공한 사업가로서 많은 사람들을 도우며 함께 성공하는 삶을 꿈꾸고 있다.

초등학교 방학식을 할 때면 늘 통지표를 받았다. 조마조마한 마음으로 성적을 확인했던 기억이 난다. 그 통지표에는 성적 외에도 나에 대한 선생님의 평가가 적혀 있었다. 거기에 늘 올라 있던 단어들이 있다.

'온순, 과묵, 성실, 착실, 차분, 내성적'

학교에서의 나의 모습은 선생님의 평가 그대로였다. 거의 말을 하

지 않았다. 수동적으로 시키는 일만 했다. 존재감이 없는 아이였다. 그러나 집에서는 전혀 다른 모습이었다. 활발했고 잘 웃었으며 적극적으로 일을 찾아서 했다. 그런 집에서의 모습이 나의 본모습이다.

이렇게 안과 밖이 달랐던 것은 두려움 때문이었다. 야단맞는 것에 대한 두려움, 비난받는 것에 대한 두려움. 칭찬과 인정을 받고 싶은 마음 때문에 늘 내가 하고 싶은 대로가 아닌 어른들이 원하고 시키는 대로 했다. 집에서도 낮에는 내가 하고 싶은 대로 마음껏 했다. 하지만 밤이 되어 부모님이 직장에서 돌아오시면 말 잘 듣는 온순한 아이가 되었다.

이런 이중적인 모습이 나는 마음에 들지 않았다. 그래서 나 자신을 점점 더 비난했다. 작은 일에도 짜증을 잘 내고 화를 냈다. 자꾸만 나만의 동굴 속으로 들어가 혼자 있고 싶어 했다. 그러나 가슴속에서는 늘 나의 원래 성향처럼 살기를 원했다. 활발하고 즐겁게 하고 싶은 말과 일을 마음껏 해 보고 싶었다. 그런 바람과 열정을 가지고 있었다.

큰 용기가 필요한 일이었지만 나는 커 가면서 조금씩 도전해 보기 시작했다. 중학교 때는 300여 명의 관객 앞에서 주연으로 연극 무대에도 올라 봤다. 고등학교 때는 학교 물리반에서 활동했다. 그때 친구들과 함께 공부하고 실험한 결과를 축제기간 내내 발표해 보기도 했다. 대학교에 가서는 대의원 활동까지 했다.

그렇게 할 수 있었던 이유가 무엇이었을까? 그건 내 안에 좀 더 나은 사람이 되고 싶다는 강한 열망이 있었기 때문이라고 생각한다. 나는 반짝반짝 빛나는 사람이 되고 싶었다. 꿈이 많았다. 그리고 나에게는 나는 정말 멋지게 잘 살 거라는 믿음이 있었다. 나는 되고 싶은 나의 모습을 만들기 위해 하나하나 준비해 갔다. 그러던 중 정말 멋진 남자를 만났고 사랑에 빠졌다. 대학원을 졸업하기도 전에 결혼해서 20년 넘게 함께하고 있다. 그럼에도 불구하고 남편은 늘 나를 설레게 한다. 남편은 가끔 나에게 언제쯤 콩깍지가 떨어지냐며 놀리곤 한다. 하지만 나는 지금껏 그보다 더 멋진 사람을 본 적이 없다.

결혼하고 아이를 셋을 낳고 길렀다. 내 목표는 아이들을 훌륭하게 키우고, 집안 살림과 남편 뒷바라지를 잘하는 것으로 바뀌었다. 정말 열심히 했다. 그런데 잘되지 않았다. 어떤 이는 아이도 정말 쉽게 잘 키우고, 살림도 척척, 재테크도 척척 잘해내곤 한다. 그런데 나는 그게 재미있지도 잘하지도 못했다. 다시 어릴 때의 나처럼 동굴 속으로 자꾸만 들어가고 있었다. 몸도 자꾸 아프기 시작했다. 내 팔 무게 때문에 잠자기도 힘들 정도로 나는 비만해져 갔다. 속상하고 우울했다.

그렇게 살아가던 5년 전 우연히 한 면역식품을 알게 되었다. 그 결과 지독한 우울감에서 벗어나기 시작했다. 그 식품을 먹고 함께하는 사람들과 소통하며 마음이 건강해지기 시작했다. 그리고 그

식품을 알리는 사업을 하며 강의를 시작했다. 그러면서 내가 잘하는 것이 있다는 것을 알게 되었다.

나는 함께하는 사람들로부터 "잘 듣는다."라는 칭찬을 자주 받는다. 나는 사람들의 마음이 참 궁금하다. 그래서 그들이 하는 이야기를 잘 들으려 애쓴다. 그들을 잘 알고 싶어 또 물어보고 그 속마음을 헤아려 보기 위해 애쓴다. 그러다 보니 그게 장점으로 보이는 것 같다.

그리고 '그 사람의 입장에서는 그럴 수 있겠구나'라고 생각해 본 것을 마음에 새긴다. 강의할 때는 청중의 마음을 느끼고 따라간다. 그러다 보니 "강의가 참 내 마음에 들었다."라는 평가도 자주 받게 되었다. 그리고 내 강의를 듣고 '마음이 힐링 되었다', '용기가 생겼다'라는 피드백을 받으면 정말 많이 기쁘고 행복했다. 지금도 단 한 사람이라도 내 이야기에 마음이 따뜻해지고 용기를 얻으면 좋겠다는 바람으로 매번 강의를 준비한다.

나는 사람들을 돕는 사람이 되고 싶다. 사람들이 저마다 가지고 있는 바람에 조금이라도 도움을 줄 수 있는 사람이 되고 싶다. 그분들 중에 나처럼 마음이 많이 아팠던 분들이 있다면, 그분들께 내 이야기가 위로가 되고 희망이 될 수 있다면 나는 정말 행복할 것 같다. 그래서 어느 날 1만 명 앞에서 강연하며 사람들을 울고 웃길 수 있다면 정말 멋질 것 같다.

가수는 노래로, 배우는 연기로 사람의 마음을 움직인다. 나는 강연으로 사람들의 마음을 움직이는 사람이 되고 싶다. 내 강연을 통해 사람들이 이 세상 무엇보다 소중한 자신을 사랑할 수 있게 되길 바란다. 하고 싶은 일을 하며 행복하게 인생을 설계할 수 있는 힘을 얻기를 희망한다. 나는 마음을 움직여 힐링과 동기부여를 해주는 최고의 비전 강사가 되고 싶다. 그런 내 모습을 간절히 바라며 매일매일 생생하게 그리고 있다. 그러므로 이 꿈이 반드시 실현될 것이라 믿는다.

영어실력을 키워
나의 강점으로 만들기

이지훈 〈번영하는 삶 연구소〉 소장, 라이프 멘토, 외국계 대기업 과장, 자기계발 작가, 동기부여가

국내 대기업 마케팅 & 세일즈 분야에서 5년 근무 후, 현재 외국계 글로벌 정유 회사에 스카우트되어 근무 중이다. 블로그 '번영하는 삶 연구소'와 유튜브 '이지훈 TV'에서 활동하며 사람들에게 많은 영감과 영향을 주고 있다. 현재 대기업 및 글로벌 기업에서의 근무 경험과 독서와 연구 등을 통해 얻은 영감을 토대로 개인저서를 집필 중이다.

지금까지 살아오면서 영어공부를 안 해 본 사람은 없을 것이다. 정규 교과과정에 중요하게 자리 잡고 있는 것이 영어이기 때문이다. 공교육 외에 가장 활성화되고 큰 시장이 형성되어 있는 분야가 바로 영어교육 분야다.

실제로 인생에서 굵직한 문턱을 넘는 데 영어는 매우 중요하고 결정적인 역할을 한다. 대략적으로 살펴봐도 대학입시, 취업, 공무원 시험 등이 있다. 취업 후에도 승진이나 내부적으로 좋은 기회를 갖는 데 가장 중요한 역할을 하는 것이 바로 영어다.

이렇게 중요한 만큼 영어 사교육 시장도 크다. 아이들이 있는 집에서는 영어 교육비로 적지 않은 돈을 투자한다. 좀 여유 있는 집에서는 아이들을 영어권 나라로 조기유학을 보내곤 한다. 그런 일도 이제는 흔한 일이다.

이렇게 영어교육의 중요성은 만연해 있다. 실제 투자도 많이 하고 있다. 하지만 안타깝게도 아이, 어른 할 것 없이 '진정한 의미'에서 영어를 잘하는 사람은 극소수다. 혹자는 이의를 제기할지 모른다. 영어를 잘하는 사람도 많다고 말이다. 하지만 이는 영어를 잘한다는 의미를 잘 모르고 하는 말이다. 학교의 영어 시험점수나 토익, 토플 시험점수가 높은 사람을 말하는 것일 뿐이다.

영어는 생활이다. 생활 활용 능력이다. 외국인과 웃으며 의사소통할 수 있고, 메일을 주고받을 수 있고, 같이 생활할 수 있는 의사소통 능력 말이다.

위에서 말한, 시험점수가 높은 사람은 정말 많다. 대학을 졸업하고 버젓한 곳에 취업하기 위해서는 높은 영어 시험점수가 필요하다. 그런데 그런 사람들 중에 자신의 생각을 영어로 막힘없이 말하고, 쓸 수 있는 사람이 몇 명이나 될까? 외국인과 웃고 떠들 수 있는 사람이 몇 명이나 될까?

우리는 많은 시간과 돈을 영어에 투자한다. 그러고도 진정한 의미에서 영어를 잘하는 사람은 많지 않다. 이것은 그만큼 비효율적으로 영어를 공부했다는 뜻이다. 이는 곧 우리나라 영어 공교육이 그만큼 비효율적이라는 것을 의미한다. 그리고 우리는 이를 인정해야만 한다. 선견지명이 있고 비교적 앞서 세상의 변화를 꿰뚫고 있는 사람들의 선택에서 많은 힌트를 얻어야 한다. 경제적 여유가 좀 있고 사회적 지위가 높은 사람들이 자신의 자녀들에게 어떻게 영어를 교육시키고 있는지 말이다. 한편, 몰입식 교육이나 영어 공용화로 영어교육을 강화하자고 하는 정치인도 있다. 이에 반대하는 정치인들도 있다. 하지만 아이러니하게도 그들 대부분의 자녀들도 조기유학을 가는 경우가 다반사다. 그들은 우리나라 영어 공교육이 얼마나 척박하고 비효율적인지 아는 것이다.

우리나라 영어교육은 문법, 독해, 단어암기가 큰 축이다. 이 세 가지만 잘해도 학교 시험에서 높은 점수를 얻을 수 있다. 그렇게 영어를 잘하는 아이가 되는 것이다. 정확히 이야기하면 영어를 잘한다는 착각과 망상 속에서 성장하게 된다. 그렇게 성장한 아이는 실제로 영어를 중요하게 써야 할 때 한마디도 못한다. 독해를 제외하고는 의사소통을 한마디도 못한다.

이렇게 우리는 영어를 잘못된 인식과 방법으로 공부한다. 그래 놓고선 열심히 공부했는데 영어 실력이 늘지 않는다며 자포자기한다. 그렇게 영어를 포기함으로써 얼마나 많은 기회를 잃는지, 삶의 가능성을 제한받는지에 대해서는 애써 눈을 감는다.

영어는 전 세계의 보편적인 언어다. 국제적으로 책, 신문, 비즈니스, 학술 콘퍼런스, 과학, 기술, 외교 등에서 가장 많이 사용되는 언어란 뜻이다. 게다가 영어의 위상은 나날이 높아지고 있다. 이런 현실 속에서 애써 영어를 외면하고 회피함으로써 많은 기회를 잃는다. 그렇게 삶의 가능성을 제한한다. 그러니 지금부터라도 영어의 중요성을 재인식하고 제대로 된 방법을 활용해야 한다. 그렇게 영어를 익히면 누구나 영어로 일상 회화나 간단한 콘퍼런스 콜 정도는 할 수 있다.

그 첫걸음은 영어에 대한 관점 재정립이다. 진부한 표현일지 모르지만 영어는 언어다. 수학이나 과학처럼 공부할 대상이 아니다. 습관으로 익혀서 체득해야 할 대상이다. 따라서 많이 듣고, 많이 읽고, 많이 써 보고, 많이 말해 보는 것이 필요하다. 이것은 언어를 익히는 데 있어 본질이자 진리다. 이렇게 간단한 것이다. 우리는 이런 식으로 한국어를 익힌 것이다. 이렇게 원래 간단해서 진리고 실천하기 어려워서 진리다.

이제 영어는 마음먹고 시간 내서 해야 하는 공부라는 관점을 버려야 한다. 대신 습관을 통해 체득해야 하는 대상으로 받아들여야 한다. 그냥 재미있게 계속 접해야 하는 대상으로 여겨야 한다.

자신이 좋아하는 것이면 무엇이든 좋다. 만화를 좋아한다면 영어 만화를 자주 보고 따라 말해 보자. 만화책도 영어 만화책을 읽는다. 야구를 좋아한다면 미국 메이저리그 홈페이지에 들어가서 많은 글들을 읽어 보자. 그렇게 수시로 야구 영어를 접하고 메이저리그 현지 언론도 많이 들여다보는 것이다. 그것이 영어를 체득하는 가장 빠르고 효율적인 방법이다.

그렇게 하다 보면 영어라는 언어와 친해지고 익숙해질 것이다. 그리고 영어를 통한 기회가 있을 때 계속 부딪쳐 나갈 것이다. 그러면서 영어실력은 향상될 것이다. 그런 과정 속에서 영어는 이제 더 이상 약점이 아닌 자신감과 강점의 대상이 될 것이다. 그렇게 되면 자신의 인생의 기회와 가능성은 측정할 수 없을 정도로 커질 것이다.

직장생활을 한다면 영어가 좋은 부서에 갈 수 있는 가능성을 열어 줄 것이다. 승진의 가능성을 열어 줄 것이다. 해외에 진출해 있다면 주재원으로 근무할 수 있는 기회가 열릴 것이다. 사업을 한다면 자신의 물건 혹은 서비스를 국내시장뿐만 아니라 세계로 뻗어 나가게 할 수 있을 것이다. 영어에 대한 전문지식까지 갖추고 있다면 삶의 터전도 굳이 한국에 국한할 필요가 없다. 어디든 갈 수 있는 자유를 얻을 수 있다. 친구를 사귈 수 있는 범위도 세계로 넓어질 수 있다.

이 밖에도 영어를 잘하게 됨으로써 얻을 수 있는 이점은 수도 없이 많다. 영어를 익히는 데 있어 가장 첫 번째로 해야 할 일이 있다. 영어는 어렵고 이제는 늦어서 익힐 수 없다는 마음의 장벽을 허무는 일이다. 지금부터라도 올바르게 익힌다면 영어로 일상의 대화나 콘퍼런스 콜, 영어책 읽기, 메일 쓰기는 할 수 있다는 사실을 깨닫는 것이다.

늘 새해가 시작되면 올해의 소망의 한 가지로 자리 잡는 영어 익히기. 그러다가 한 달, 두 달이 지나면서 흐지부지 지워져 버리는 영어. 그 영어를 잘하고 싶다는 소원을 이제는 더 이상 미루지 말자. 자신이 좋아하는 분야를 영어로 익히는 것으로 첫걸음을 내딛어 보자.

천릿길도 한 걸음부터라고 했던가. 그렇게 한 걸음 한 걸음 걸어가 보자. 그러다 보면 어느새 영어가 자신의 자신감으로, 무기로 자리 잡을 날이 올 것이다. 영어를 진정한 의미에서 잘하는 소수에 속한다고 하자. 그러면 영어라는 무기가 주는 다양한 기회와 가능성을 마음껏 누리고 잡을 수 있다. 그렇게 삶을 한 단계 도약시킬 수 있을 것이라 믿는다.

04

스포츠 아카데미계의
백종원 대표 되기

강상준 아동 행동분석 전문가, 포올 유소년축구센터 대표, 포올 행동발달교육진흥원 교육이사,
스포츠아카데미 전문 컨설턴트

아동 행동분석 전문가로서, 아이들의 신체발달과 성향을 연관 지어 분석하고 처방한다. 운동을 통한 아이들의 행동변화를 증명
해내고 있으며, 스포츠아카데미 지도자들의 멘토로도 활동 중이다.

나는 현재 유소년스포츠아카데미를 운영하고 있다. 현재는 별다른 홍보 없이 입소문으로만 신규 회원을 받고 있다. 월요일부터 토요일까지 모든 수업의 정원이 마감되어 있다. 타 지역에서도 많이 찾아오고 대기인원 또한 줄을 서 있는 상황이다.

주변 사람들은 나의 아카데미가 운영이 잘되고 있는 만큼 나에게 "운영이 잘되는 비법이 뭔가요?", "이제 마음대로 놀러 다녀도 되겠네요.", "돈도 많이 벌 텐데 아무 걱정이 없겠네요!" 등의 말을 많이 한다. 하지만 나 또한 아무 어려움 없이 운영을 잘하게 된 것

은 아니다. 게다가 현재 유소년스포츠아카데미를 운영하고 있음에
도 나는 축구선수 출신이 아니다.

사실 나는 어렸을 적부터 대학 시절까지 태권도를 전공했다. 그
런데 대학교 4학년 때 시합을 하다 무릎을 다치게 되었다. 나는 어
쩔 수 없이 운동을 쉬게 되었다. 그때 지인의 권유로 유소년스포츠
아카데미에 입사하게 되었다. 물론 평소에 태권도를 하면서도 축구
를 좋아했었다. 뿐만 아니라 아이들을 워낙 좋아했다. 때문에 유소
년스포츠아카데미는 나에게 새로운 도전의 기회가 되었다. 앞서 말
했듯 나는 축구선수 출신 코치가 아니다. 그런 만큼 처음엔 이 계
통의 지도자들 거의 모두 "태권도를 전공한 사람이 무슨 축구를
가르친다는 거지?", "어느 정도 하다가 다시 태권도 쪽으로 가겠
지.", "축구로 성공하기는 힘들어."라고 반응했다.

지금 생각해 보면 오히려 이런 반응들이 나에게는 자극제이자
큰 동기부여가 되었던 것 같다. 그때부터 나는 '살아남을 수 있는
나만의 무기를 만들자!'라는 생각을 하게 되었다. 그렇게 연구하고
노력한 끝에 찾은 것이 있다. 바로 아이의 성향에 체력적인 요소를
대입한 정확한 근거자료로 행동 변화를 증명해 내는 개인별 맞춤
식 운동 교육 프로그램이다.

이 콘텐츠는 나의 스승이시자 아동 행동분석 전문가인 강명희
박사님을 만나면서 시작하게 되었다. 모든 사람들은 개인마다 천차

만별의 성향을 갖는다. 아이들에게도 급한 아이, 느린 아이, 산만한 아이, 소극적이고 내성적인 아이와 같이 개인별 성향이 있다. 이 중 '어떤 특정 성향이 좋다 나쁘다'라고 단정 지을 수는 없다. 그러므로 개인별 성향 중 장점은 더욱더 살려 주고 조금 부족한 부분만 운동으로 보충해 주는 것이 중요하다. 그러면 더욱 건강하고 현명한 아이로 키울 수 있다.

예를 들자면 급하고 산만한 아이는 결정이나 판단이 빠르다. 그러므로 정확한 모델 형성 후에 움직이기보다는 일단 몸부터 움직이게 된다. 그런 만큼 어떠한 시각적, 청각적인 정보들 또한 모두 빨리빨리 들어와야 흥미를 느끼게 된다. 반면에 어떤 정보가 전달될 때 소리를 끝까지 듣고 기다리는 것을 힘들어한다. 그런 만큼 들어오는 정보의 일부분만을 이해하는 경우가 대부분이다.

반대로 소극적이고 내성적인 아이는 정보가 들어올 때 소리를 끝까지 듣고 기다리는 데 어려움을 느끼지 않는다. 그런 만큼 들어오는 정보의 많은 부분을 이해할 수 있다. 반면에 다른 사람들 앞에 나서는 것을 두려워한다. 또한 조심성이 많아 어렵거나 자신이 없는 부분에는 두려움을 많이 느끼고 더욱 위축되게 된다.

이렇듯 우리 아카데미에서는 아이들을 정확하게 분석하고 축구를 통해 아이들의 행동 변화를 증명한다. 때문에 자연스럽게 아이들의 부모님들 또한 축구 기술 향상보다는 아이들의 행동 변화에 더욱 관심을 갖는다. 그렇기 때문에 우리 아카데미의 대부분의 회원분들은 아이의 성향과 행동 변화에 궁금증을 갖고 있다. 그리고 아이의 행동을 변화시키고 싶어 한다.

어떤 지도자들은 스포츠아카데미의 수익에 너무 많이 집중한다. 그래서 매우 스트레스를 받으면서 불안해한다. 물론 스포츠아카데미를 운영하는 데 있어 수익은 중요한 부분이다. 하지만 나는 아이들을 지도하는 교육자다. 그런 만큼 경영을 중시하는 교육보다는 교육을 중시하는 경영이 이루어져야 한다고 본다. 그래야 안정적인 운영이 가능하다고 생각한다. 화려함만 좇는 것이 아니라 교육에 충실하면 그다음에 경영은 자연스럽게 될 것이다. 나 또한 이 신념을 지키기 위해 항상 공부하며 연구하고 있다.

나는 생각이 많은 편이다. 그런지라 항상 머릿속에서 어떤 것이든지 계속 생각하고 있다. 사실 조금은 피곤할 수 있는 성격이기도 하다. 요즘 항상 머릿속에 맴도는 생각은 '나의 아카데미를 비롯한 모든 스포츠아카데미의 운영이 잘되면 너무 좋을 것 같다'라는 것이다. 스포츠아카데미는 전국 각지에 많이 있다. 하지만 사회문제로 거론되고 있는 출산율 감소와 함께 운영에 어려움을 겪고 있는 곳이 정말 많다.

여러 방송에 출연하고 요식업계의 미다스 손이라고 불리는 백종원 대표가 있다. 나는 〈골목식당〉이라는 그의 TV프로그램에 관심을 갖고 있다. 물론 이 프로그램은 내가 몸담고 있는 운동 쪽과는 거리가 먼 요식업에 관한 방송이다. 하지만 각 지역의 가게 운영 솔루션과 철학 등을 보여 주는 프로그램의 내용은 아카데미에 적용할 수 있기 때문에 나는 꼭 챙겨 보고 있다.

이 프로그램에서 내가 눈여겨보는 두 가지 포인트가 있다. 첫 번째는 운영이 어려운 가게에는 그냥 안 되는 것이 아닌 운영이 어려울 수밖에 없는 분명한 이유가 있다는 것이다. 여러 가지 요인이 있겠지만 그중에서 가장 큰 이유가 있다. 바로 음식점의 가장 중요한 부분인 깊은 맛이 빠져 있기 때문이다.

두 번째는 백종원 대표의 분석 능력 및 대처 방법이다. 그는 어떠한 가게를 방문하더라도 빠른 시간 안에 문제점을 바로 파악한다. 또한 음식이 나오면 먼저 음식의 향을 맡아 본다. 그러곤 직접 한 숟가락 먹어 본다. 그러면 그 음식의 재료부터 신선도, 재료 과정들을 모두 맞힌다. 내가 원하는 것이 바로 이러한 부분이다. 분명 백종원 대표는 다른 사람이 따라오지 못할 시간과 노력을 요식업에 투자하고 경험했다. 때문에 이러한 판단이 가능하다고 생각한다.

이 두 가지 포인트를 유소년스포츠아카데미에 대입시켜 보자. 그 첫 번째는 유소년스포츠아카데미가 교육의 본질에 충실해야 한다는 것이다. 흥미 위주의 수업을 진행하는 곳은 너무나도 많다. 그런 만큼 운동 속에 교육적인 부분이 잘 녹아 들어가야 한다. 그러면 분명히 그 아카데미는 흔들리지 않고 성장할 수 있을 것이다.

두 번째는 지도자의 끊임없는 공부와 연구다. 백종원 대표는 음식을 먹자마자 모든 것을 꿰뚫어 본다. 그런 것처럼 아카데미의 지도자들도 그럴 수 있다. 아이들의 걸음걸이나 목소리 톤, 시선 처리 외에 몇 가지만 정확하게 분석할 줄 알아도 이 아이가 어떤 성향의 아이인지, 또한 이 아이에게 내가 운동을 통해서 무엇을 전해 줄 수 있을지 분명하게 나온다. 이렇게 빠른 시간 안에 분석하려면 지도자의 수준이 높아져야 한다.

물론 이 두 가지 포인트 외에도 유소년스포츠아카데미의 운영에는 여러 가지의 접근 방법들이 있을 것이다. 하지만 분명한 것은 나는 전국의 지도자들에게 꼭 필요한 사람이 될 것이라는 것이다. 백종원 대표와 같은, 누구도 따라오지 못하는 그런 사람이 될 것임에 틀림없다. 우리나라의 TV프로그램 중 최장수에 속하는 '전국노래자랑'의 송해 선생님이 있다. 그분처럼 나이가 들어서도 항상 그 자리에서 존경받는, 그 분야의 최고가 되고 싶다. 그렇게 되기 위해 나 또한 엄청나게 노력해야 할 것이다. 내가 꿈꾸는 그런 자리에 도달하게 되면 반드시 시간에 끌려다니는 삶을 살지 않을 것이다. 오히려 내가 시간을 지배하면서 인생을 살아갈 것이다. 나는 돈에 끌려다니지 않고 오히려 돈에 저항할 수 있는 그런 삶을 꿈꾼다.

05

매해 한 달 동안
외국에서 살기

노복희 **디베이트 지도사, 자서전 쓰기 지도사, 청소년 멘토, 자기계발 작가**

디베이트 지도사와 자서전 쓰기 지도사로 활동하고 있다. 또한 직접 운영하는 공부방에서 매일 청소년들과 진로와 꿈을 함께 고민하고 있다. 가정에서는 두 아들을 키우며 하브루타를 통한 자녀교육에 힘쓴다. 현재 '생각하는 수업, 하브루타'를 주제로 개인저서를 집필 중이다.

　해외여행이 아닌 한 달 살기라는 제목을 보고 독자들은 '여행은 자주 했지만 뭔가 부족하다고 느끼는가 보다'라고 생각할지도 모르겠다. 그러나 사실 나는 마흔다섯 살인 지금까지 해외여행을 단 한 번도 해 보지 못했다. 나는 해마다 휴가철이면 해외여행을 떠나는 사람들로 공항이 북새통을 이루는 대한민국에서 산다. 그러면서 어찌 해외여행을 한 번도 못 갔을까? 이러한 내가 왜 '매해 한 달 동안 외국에서 살기'라는 버킷리스트를 가지게 되었을까?

나는 충남 태안의 아름다운 섬 안면도에서 농사꾼의 딸로 태어났다. 나는 유년 시절을 자연 속에서 천진난만하게 보냈다. 어린 시절 친구들의 집안 사정은 다 비슷했다. 그래서 그때는 우리 집이 가난한 줄 전혀 몰랐다. 그러다 조금씩 머리가 굵어지면서 TV에 나오는 도시의 삶과 내가 사는 세상이 많이 다르다는 것을 알게 되었다.

안면도에서 중학교까지 졸업했다. 그리고 부천이라는 도시의 고등학교에 진학했다. 그것만도 내게는 큰 행운이었다. 큰언니가 부천에서 직장생활을 하고 있었다. 그 언니가 셋째인 나를 데리고 살면서 부천여자고등학교에 다닐 수 있게 해 준 덕이었다. 시골에서만 살다가 도시에서 마주한 것들은 신기하고 멋지기도 했다. 하지만 한편으로는 나를 주눅 들게도 했다. 고교 동창생들은 부모님 밑에서 안락한 삶을 살고 있었다. 그런 그들을 보면서 도시에서 외로이 지내던 나는 부럽지만 안 그런 척, 두렵지만 안 그런 척하는 버릇을 가지게 되었다.

대학에 입학해서는 도시 출신 다른 친구들처럼 부모님께 손을 벌려 어학연수를 다녀오지도 못했다. 지금 생각하면 대학생이 되었으니 아르바이트를 해서라도 충분히 자금을 마련할 수도 있었을 것이다. 그런데 그마저도 여의치 않은 사정이 있었다. 사실 나는 이른바 운동권이라 불리는 학생회 간부였다. 평범하지 않은 대학생활을 했던 것이다.

직장생활을 하면서는 대학생활이 평범하지 않았던 탓인지 남들처럼 사는 방법을 잘 몰랐던 것 같다. 그렇게 20대가 다 지나고 30대가 되었다. 그 무렵에서야 남들이 흔히 하는 스키여행이나 해외여행이 눈에 들어오기 시작했다. 하지만 그때는 일에 열중해 있을 때였다. 그래서 '지금 하는 일에 성과를 내기 전에는 남들처럼 놀지 않을 테다'라고 혼자서 고집을 부렸다. 그저 일만 하고 간간이 동해바다를 보러 가는 정도로 만족했다.

그러나 사실 이것은 나 스스로를 속이는 자기합리화였다. 나는 여행을 누구보다 좋아했던 것이다. 다른 사람들이 그렇듯 나도 여행을 가면 설레고 활기가 생기고 살아가는 힘을 얻게 된다. 국내의 다른 지방에 하루 이틀만 다녀와도 그렇다. 그럴진대 외국에 가서 보고 배우는 것은 얼마나 새롭고 흥미로울지….

에쿠니 가오리의 소설 《냉정과 열정 사이》에 나오는 피렌체와 밀라노에 가 보고 싶다. 그곳에 가서 소설 속의 인물 준세이와 아오이가 엇갈렸던 두오모 성당에 가 보고 싶다. 하지만 내가 정말 보고 싶은 것은 따로 있다. 지금 현재 피렌체에서 살고 있는 사람들의 모습이다. 그들은 무슨 생각을 하며 사는지, 무슨 취미생활을 하며 무슨 꿈을 가지고 살고 있는지, 그리고 그들과 나는 서로 소소한 일상을 나누며 편안한 친구가 될 수 있는지….

며칠간의 일정으로 이름난 곳만 몇 군데 둘러보는 식의 여행은 부족하다. 유럽의 아침 햇살을 받으며 일어나 동네 산책도 다녀오고 싶다. 버스를 타고 식료품 가게에도 다녀오고 싶다. 주말에는 아이들과 함께 공원에 가고 싶다. 그곳에서 아이들이 그 지역의 아이들과 함께 뛰어노는 것도 흐뭇하게 바라보고 싶다.

몇 년 전에 읽었지만 아직도 감동이 생생한 《조화로운 삶》이라는 책이 있다. 이 책을 쓴 미국의 경제학자 스콧 니어링과 그의 아내 헬렌 니어링은 1932년 뉴욕을 떠나 버몬트로 이사했다. 그 작은 시골의 숲속에도 가 보고 싶다. 그분들이 자급자족의 삶을 살았던 그 숲속의 돌집도 직접 보고 싶다. 또한 그들이 살았던 그 숲속에서 나도 살아 보고 싶다. 숲속의 단풍나무에서 직접 수액을 채취하고 싶다. 마을 길가에는 예쁜 꽃들도 가득 심고 싶다. 그 숲속에서 한나절 일하고 한나절은 책을 읽고 쓰며 지내고 싶다.

내가 원하는 것은 그저 관광지만 쓰윽 둘러보고 오는 수박 겉핥기식 문화체험이 아니다. 그 지역에서 진짜로 살면서 진정한 문화체험을 하는 것이다.

이러한 나의 소망을 이루기 위해서는 돈과 시간에서 자유로운 삶이 필수적이다. 그러기 위해 저절로 굴러가는 1인 창업 시스템을 만들고자 한다. 저절로 굴러가는 시스템을 만들어 놓으면 1년 중한 달은 외국에 나가 살아도 아무런 문제가 생기지 않을 것이다.

며칠 전 처음으로 우리 가족 4명의 여권을 신청하고 왔다. 아마도 이 책이 나올 무렵이면 남편과 나는 아들 둘을 데리고 첫 해외 여행을 다녀왔을지도 모르겠다. 아직은 저절로 굴러가는 시스템을 마련하지 못해 겨우 며칠 짜리 여행에 불과하다. 하지만 머지않은 미래에 내 버킷리스트가 반드시 이루어질 것이다.

중간 인생살이에서 벗어나
어학연수 떠나기

좌경효 **직장인**

회사생활 7년 후, 육아로 인해 2년 반의 공백 기간을 가졌다. 지금의 직장을 얻기까지 숱한 어려움이 있었다. 그런 만큼 경력단절 여성들에게 새로운 일을 찾는 현실적인 방법들을 알려 주고 그들의 심적인 어려움을 위로해 줄 수 있는 내용의 책을 써 보자는 목표를 갖게 되었다. 현재 독서 와 책 쓰기에 열을 올리고 있다.

사람들이 차례로 입국심사대 앞에 서서 뭔가를 묻고 답했다. 한 사람이 빠질수록 점점 내 순서가 다가왔다. 혹시나 내 영어를 알 아듣지 못하면 어쩌나 하는 불안감에 손에 땀이 차기 시작했다. 드 디어 내 차례 되었다. 내 손에는 한국으로 돌아가는 티켓이 쥐어져 있었다. 입국심사 예상 질문에 얼마나 머무를 것인지가 있다기에 미리 준비했기 때문이었다. '난 여행을 하러 왔다. 절대 불법체류가 아니다. 보시다시피 돌아가는 티켓이 있다.' 나는 그것을 자랑이라 도 하듯이 티켓을 꼬옥 쥐고 있었다.

역시나 입국심사원은 며칠이나 여행할 것이고, 누구와 함께 왔는지 묻는 것 같았다. 나는 "어… 음…"을 반복하다 티켓을 보여 줬다. 눈을 똥그랗게 뜨고 티켓만 흔들고 있는 내가 애처로웠는지 입국심사원은 그냥 보내 주었다. 그 이후로도 미국 라스베이거스의 여행에서 난 그저 내가 배운 만큼 들었다. 내가 외워 갔던 문장들만큼. 그동안 중학교, 고등학교, 대학교까지 그리고 틈틈이 쉬지 않고 공부했던 딱 그 실력만큼. 중간 정도의 학벌로 근근이 쌓은 정도의 영어실력으로 여행을 마치고 돌아왔다.

2007년, 내 사회생활은 시작되었다. 그 당시 내 토익성적은 760점. 더 기가 막히는 건 가장 최근인 2018년의 토익성적도 720점이었다는 것이다. 머리가 나쁜가? 영어는 그냥 하지 말아야 되는 건가? 공부해도, 안 해도 저 성적은 그냥 나오는 거다.

그럼에도 불구하고 나는 참으로 영어를 잘하고 싶다. 승진시험에도 영어가 필요했고, 매년 영어성적을 제출해야 했다. 내 동기들 중에 토익성적이 700점대였던 사람은 오직 나 혼자였다. 더 속상한 건 내 딴에는 한다고 하는 영어공부가 전혀 점수로 이어지지 않는다는 것. 물론 때마다 예기치 못한 일들이 생겼다. 그걸 핑계 삼아 꾸준히 하지 못한 것도 있다.

나에게는 못 말리는 성격들이 있다. 그중의 하나가 수없이 떨어지고 해도 안 되는 걸 겪어도 쉽게 포기를 못한다는 것이다. 그 포기하지 못하는 것 중 하나가 바로 '영어'다.

입사지원서에 꼭 한 줄 적고 싶었다. '어학연수'라고. 동기들과 선배들은 어학연수라는 걸 다녀오면 토익성적도, 자신감도 충만해져 돌아왔다. 나는 그들이 그렇게 부러웠다. 하지만 난 어학연수는 커녕 마음 편히 영어학원도 다니기 힘들었다. 주중에도 주말에도 아르바이트를 해야 했기 때문이다. 나는 학자금에 생활비까지 대출받아 대학을 졸업했다. 그래서 그런가? 어학연수에 대한 내 동경은 곧 서른여섯 살을 바라보는 지금까지도 여전히 버킷리스트다.

특히, 꼭 한 번 가 보고 싶었던 미국 땅에서 난 아무 말도, 아무것도 못하고 왔다. 그냥 여행 가서 먹고 즐기고 보다가 쉬고 오면 안 되느냐고 묻는 사람도 있겠다. 물론 그럴 수도 있다. 그런데 난 안되겠다. 고작 4박 5일 일본에 다녀오는 여름휴가 때도 나는 굳이 한 달 전부터 히라가나, 가타가나를 외웠다. 나에게 언어는 그렇게 늘 앞으로도 버킷리스트가 될 것이다.

그래서 나의 버킷리스트는 어학연수다. 상상을 해 본다. 꼭 비즈니스 클래스가 아니어도 좋다. 나는 미국행 비행기에 몸을 싣는다. 그러곤 내 옆자리에 외국인이 앉더라도 떨지 않는다. 그러면서 나는 지금 라스베이거스와 LA를 둘러볼 계획이라고. 내가 좋아하는 야구도 볼 것이라고. 산타 모니카 비치에 앉아서 내가 파묻힐 만큼 해산물을 배부르게 먹을 거라고. 그랜드캐니언도 둘러볼 건데 그땐

헬리콥터 옵션을 추가해 달라고. 꼭 그렇게 말해 보는 내 모습을 상상한다.

나의 첫 미국 여행에서 그랜드캐니언을 갔을 때 헬리콥터를 타고 싶은 사람은 신청하라고 했었다. 당시 영어에 서툴렀던 나는 마음속으로만 외쳤다. "나도, 나도! 타고 싶은데…. 영어로 뭐라고 해야 되는 거야!"라고.

물론 난 지금 대학생도 아니고 직장인이다. 심지어 곧 서른여섯 살이 된다. 나는 공인노무사를 공부한다고, 아이를 키운다고 경력이 단절되었었다. 그러다가 겨우 다시 사회생활을 시작했다. 그렇게 파란만장한 인생의 굴곡과 괴로움을 오롯이 겪었던 사람이다. 지금 나는 다시 서른다섯 살의 신입사원이다. 돌고 돌아 또 제자리인 듯하다. 열심히 치열하게 하루하루 게으름 안 피우고 살았다. 하지만 다시 신입으로 돌아왔다.

내가 만약 영어라는 언어를 누구보다 혹은 보통 이상만이라도 잘했다면 어땠을까. 아마도 내 인생은 또 다른 전환점을 맞이했을 것이다. 경력단절 이후 다시 시작하는 사회생활에서 신입은 아니었을 것이다. 이 신입사원 자리조차도 이렇게나 힘들게 얻지 않았을 것이다. 내가 지금의 직장을 찾기까지의 과정은 1박 2일은 걸려야 풀어낼 수 있을 만큼 험난했다.

늘 내 인생은 '중간'이었던 것 같다. 학교 성적도, 대학도, 사회생활도, 대인관계도. 크게 뒤처지진 않지만, 절대 뛰어나지 않은. 남들은 편하게 받는 토익성적도 난 기를 쓰고 덤벼들어야 겨우 점수를 유지했다. 중간은 나빴다. 항상 나를, 나 스스로를 경쟁사회에서 살아남게 해야 했다. 그 자리도 가까스로 붙들어 왔고 항상 불안했다.

그런데 영어 하나를 붙들어 전문가가 된 사람들은 달랐다. 첫 사회생활을 시작할 때도, 직장인이 되어서도. TF팀이든, 승진이든 뭔가 결정적인 순간에 영어를 잘하는 이들은 앞으로 치고 나갔다. 후회되었다. 그 힘든 와중에 한 끼를 굶더라도 나도 돈을 모을걸. 그래서 그놈의 어학연수를 가서 마음 편히 영어공부를 하다 올 걸이라고 말이다. 이렇게 또 나에게 어학연수는 버킷리스트일 수밖에 없다.

이제 나에게는 남편과 아이가 있다. 나 혼자 살 때와는 또 다른 세상이다. 그들이 있어 나도 있다. 그들한테도 내가 있어야 하는 존재가 되었다. 그래서 난 마음 편히 어학연수를 갈 수가 없다. 그럼에도 불구하고 난 생각한다. 내 아이가 조금만 더 자라서 이 아이도 영어를 배워야 할 즈음 어학연수를 떠나는 것이다. 우리나라에서는 초등학교 2학년이 되면 영어를 배운다고 한다. 그러니까 그때 이 아이의 손을 잡고 어학연수를 같이 떠나는 거다.

욕심쟁이인 나는 아이의 미래를 핑계 삼아 내 꿈을, 내 소망을 이루어 보려고 하는 것이다. 아이 방학기간에 맞추면 두 달이 되겠구나 싶다. 생각만으로도 미소가 지어진다. 이 글을 쓰고 있는 이 순간조차도 행복하다. 아무리 봐도 난 꼭 그렇게 할 것만 같다.

중간 인생살이를 하고 있는 나는 서점에 깔린 자기계발서를 참으로 많이 읽었다. 뻔한 말 같지만 내 마음을 이해해 줄 것 같아서다. 그리고 책을 통해서 난 지금의 위치를 어떻게든 지켜 보고자 발버둥 쳤다. 꿈을 이루기 위해서는 시각화하고 적어 보라는 말. 뻔하지만 될 것만 같은, 로또 같은 그 말을 읽고 그렇게 해 왔다. 이룬 것보다 안 된 게 더 많은 것 같지만 힘을 주긴 한다.

그래서 항상 어학연수를 적고 또 적어 본다. 내 이력서에 '어학연수'라는 말을 적을 수 있는 순간까지 꿈을 간직하고 적을 것이다. 그렇게 중간쟁이인 나는 지금까지 살아온 것처럼 살아 보려고 한다. 이 한 줄에 난 또 희망을 얻는다.

07

삶을 바꾸는
코칭 선생님 되기

김형일 변화관리자, 자기계발 작가

정책학, 세무학, 미국 법학 석사학위(LLM)를 가진 행정사다. 현재 공무원으로 재직하고 있다. 꿈을 꾸는 사람들에게 세상을 바꿀 동력을 제공하는 창조공간을 운영하며 희망을 전달하는 역할을 하고자 한다. 현재 '세상을 바꿀 사람'을 주제로 개인저서를 집필 중이다.

"인생에서 가장 후회하는 것은 살면서 한 일들이 아니라 하지 않은 일들이다."

2007년 미국영화 〈버킷리스트〉의 주인공은 이렇게 말한다. 버 킷리스트는 후회하지 않는 삶을 살다 가려는 목적으로 작성하는 리스트다. 지금껏 나는 남의 삶을 살아왔다. 부모님이 못다 한 공 부를 대신했다. 학창 시절에도 선생님이 가르쳐 주는 지식만 받아 먹었다. 직장도 하고 싶은 일이라기보다 그저 먹고살아야 하니까 억

지로 다닌다. 사회에서도 다른 사람의 아이디어로 만들어진 세상에서 살고 있다. 이렇게 살다가는 죽는 날 후회할 것 같다.

나의 어릴 적 장래희망은 선생님이었다. 누군가에게 모르는 것을 깨우쳐 주고, 삶의 길을 안내하는 선생님은 꿈이었다. 어릴 때의 나는 다른 사람에게 모르는 것을 가르쳐 주고 그 사람을 만족시킨 적이 많았다. 초등학교 3학년 때 선생님의 부탁으로 한글을 못 깨우친 친구를 가르쳐 준 적이 있다. 6학년 때는 3학년 후배들 반 보충수업을 해 준 적도 있다. 그들이 한글을 깨우치고 성적이 오르는 것을 봤다. 그러면서 다른 사람을 가르치는 선생님이 나의 적성이라고 생각했다. 그 후로도 자주 선생님이 되는 상상을 하곤 했다.

어릴 적 나는 주목받는 학생이 아니었다. 유년기 시절, 누나들이 나를 업어 키웠다. 똥 싸러 갈 때도 누나를 따라다녔다. 그 때문에 누나를 '언니'라고 불렀었다. 친구들은 언니가 뭐냐면서 놀리기도 했다. 나는 그 말에 주눅이 들었다. 마음에 상처를 입곤 했다. 초등학생 때, 여학생한테도 맞고 울면서 집에 온 적도 있다. 그럴 땐 누나들한테도 많이 혼나곤 했다. "사내가 왜 찔찔 짜고 그러냐?"라고.

그러면서 나는 학교 친구들과 멀어지게 되었다. 학교에 다녀오면 책가방을 토방에서 마루를 향해 내동댕이쳤다. 그러곤 곧장 친구들과 구슬치기, 딱지치기에 푹 빠져 지냈다. 자연스레 공부와는 담을 쌓고 지냈다.

그러던 내가 3학년이 되었다. 여느 때처럼 집에서 혼자 보내는 시간이 많았다. 그런 와중에도 나와 동갑이면서 1년 선배인 동네 친구와 자주 어울려 놀았다. 그는 학교에서 배운 국어, 산수, 사회 과목과 선생님들의 성격에 대해 미리 이야기해 주었다. 나에겐 자연스럽게 선행학습이 되었다.

그런데 이게 웬일인가? 반에서 거의 꼴찌 수준에 머물던 내가 갑자기 1등을 하게 된 것이다. 그동안 나를 '언니보이'라고 놀리던 애들, 동네 형들 모두 깜짝 놀랐다. 나를 시기하기까지 했다. 친구는 내 삶을 바꾸어 준 멘토였다. 마치 오디세우스가 텔레마코스의 교육을 그의 친구 멘토에게 맡긴 것과 같았다. 멘토는 친구, 상담자, 때로는 가정교사와 같은 역할을 한다.

선생님은 "김형일, 대단해!"라고 하셨다. 한 번도 이름이 불려 본 적이 없던 나는 감정이 벅차올랐다. 집에 성적표를 들고 가자 부엌에서 어머니가 "장하다."라며 눈시울을 붉혔던 기억이 난다. 며칠 후 선생님은 나를 불러 기다란 문제집 한 권과 곰보빵을 주셨다. 그러면서 더 열심히 하라고 하셨다. 선생님의 칭찬과 어머니의 격려로 인해 나는 더욱 공부에 관심을 갖게 되었다. 훗날 유학 시절에도 민사소송법에서 A를 받게 되었다. 그러자 황소만 한 교수가 눈을 휘둥그레 뜨며 "You are fabulous!(대단해!)"라고 칭찬했다. 그 칭찬에 힘입어 영어에 대한 두려움 없이 공부할 수 있었던 기억이 떠오른다.

그때부터 나는 주목받기 시작했다. 나는 초등학교 내내 올 백을 받곤 우등으로 졸업하게 되었다. 학창 시절의 선생님의 칭찬과 격려에 힘입어 이제 나에겐 공부가 직업이 되었다. 중학교에 올라가서도 선생님들에게 주목받게 되었다. 그런 만큼 이제 공부를 소홀히 할 수 없게 되었다. 관심은 나를 변화시키는 계기가 되었다. 특히 '사당오락'(4시간 자면 합격하고 5시간 자면 낙방한다)의 정신으로 정진했다. 그 결과 5명의 장학생을 모집하는 고등학교 입학전형에서 2등을 차지했다. 그렇게 3년간의 수업료를 면제받게 되었다.

고등학교 시절에는 서클에 가입해서 친구들과 어울려 놀기도 했다. 하지만 도서관과 집을 쳇바퀴 돌 듯했다. 대학에서도 오직 공부만 했을 뿐 할 줄 아는 게 없었다. 지도교수가 '오사운동'을 제안했기 때문이다. 오사(伍士)는 다섯 선비로 변호사, 공인회계사, 세무사, 석사, 행정 사무관 중 하나의 타이틀을 따는 것을 말한다. 이런 자격을 갖추면 인생이 술술 풀린다는 이유였다.

나에겐 공인회계사가 만만해 보였다. 고시반에 들어갔다. 그러곤 밤낮 가리지 않고 어두컴컴한 전등 아래에서 책과 씨름했다. 당시 공인회계사 시험은 50대 1의 높은 경쟁률을 보였다. 2년의 공부 결과 실패했다. 그래서 나의 공부는 여기서 끝나지 못했다.

나는 나이 한계에 걸려서 군대에 가야 했다. 카투사병에 지원했다. 100명 모집에 1만 명이 응시하는 경쟁을 통과하기 위해서는 공부해야 했다. 어렵게 통과했다. 군 생활 덕분에 미 국방부에서 회계사 인턴으로 근무하게 되었다. 지금은 엑셀, 윈도즈, 이메일 등이 보편화되어 있다. 하지만 1990년대 초반에는 낯선 업무였다. 그것들은 다른 세상의 사무였다. 나에게는 하나같이 공부할 거리였다.

미군부대 생활을 뒤로하고 나는 공직에 입문했다. 초기 공직사회는 권위적이고 배타적이었다. 신입인 나에게 아무도 업무를 가르쳐 주지 않았다. 업무 책임을 생각하니 우울했다. 그때 역경을 헤쳐나갈 힘이 솟았다. 이미 겪어 본 예방주사 덕분이었다. 나는 어릴 적 우울할 때마다 골방에 앉아 책을 보고 실력을 키웠다. 예전에 그랬듯이 나는 스스로 실력을 쌓아 갔다. 전산 프로그램을 배워서 두세 사람의 몫을 해낼 수 있었다. 학원에 다니거나 전문서적을 보고 이론을 익힌 결과였다.

그렇게 나는 나의 '업무의 근육'을 키워 나갔다. 부서를 전전할 때마다 이론과 실무를 겸비한 전문가로 나를 업그레이드하기로 결심했다. 저녁과 주말을 희생해 야간대학원에 진학했다. 과정을 마치고 나니 더욱 공부 욕심이 났다. 나는 법학, 정책학, 경제학으로 나의 전공 분야를 넓혀 갔다.

집에 오면 나는 책상에 앉았다. 그럴 때마다 세 살 난 딸아이는 놀아 달라고 아빠 어깨에 걸터앉곤 했다. 일곱 살 난 아들은 무릎에 앉아 아빠가 공부하는 책에 밑줄을 그어 주곤 했다. 이렇게 나는 '가방끈이 긴 직장인'이 되었다. 세무학 석사, 정책학 석사, 법학 석사(LLM), 법학 학사, 세무학 학사 등 모두 5개의 학위를 땄다. 타칭 '비공인 박사'가 되었다. 동창생들이 잘 가르쳐 준다고 붙여 준 별칭이다.

나의 성장과정은 학창 시절과 대학을 거쳐 직장에서도 공부만으로 점철되어 있다. 내 안에는 오직 지식과 경험만이 꽉 차 있다. 이제는 '내 상자'를 부수고 밖으로 꺼낼 때다. 어릴 적 친구한테 배우면서 얻게 되었던 부모님의 기대와 선생님의 칭찬을 다른 사람에게도 나눠 주고 싶다. 지금까지는 배움이 나를 성장시켰다. 그랬다면 이제는 나눔으로 나를 성장시키고 싶다.

어린 시절에는 상처받을까 봐 두려워 안으로만 움츠렸다. 그런 모습에서 이제는 나를 변화시켜 '진정한 나'를 만나는 것이다. 내가 지금까지 성장해 올 수 있었던 것처럼 다른 사람도 진정으로 자신을 만나고 그것을 실현시키게 하고 싶다. 그런 역할을 할 수 있는 사람으로 성장하고 싶다.

언젠가 페이스북에 자신의 호를 지어 주는 어플이 있었다. 나에게 추천해 준 호는 '야동'이었다. 야한 동영상을 많이 본 사람들은 야릇한 미소를 지을 수도 있다. 하지만 모두의 행동을 이끌어 내는 사람이라는 뜻의 야동(惹動)이다. 야동 김형일 선생! 나는 초등학교 시절 1등을 함으로써 변화했다. 그렇듯이 사람들이 이렇게 불러 주니까 내가 다른 사람을 변화시키는 사람으로 바뀌었다. 집사람은 가끔 나에게 잔소리를 한다. 자신도 다 알고 있는데 가르치려 한다고 말이다. 이것은 내가 어려서부터 되고 싶었지만 이루지 못한 한의 표현이다.

나는 다른 사람에게 내가 알고 있는 것을 가르쳐 주는 것을 좋아한다. 다른 사람이 지금의 수준에서 더 나은 수준으로 변화해 더 행복한 삶을 살기를 바라기 때문이다. 나의 마음과 어려서 되고 싶었던 선생님에 대한 로망을 결합한 바람이다.

나는 아는 것을 남에게 알려 주는 데 인색하지 않았다. 어려서부터 선생님이 되고 싶었다. 하지만 원치 않게 그때그때의 직업을 갖게 되었다. 이제는 내가 좋아하는 일, 하고 싶은 일을 하고 싶다. 그래서 '하지 않은 일로 후회하는 삶'을 살고 싶지 않다. 나의 경험과 지식으로 다른 사람의 길에 변화를 주는 사람으로 살고 싶다.

〈한국책쓰기1인창업코칭협회(이하 한책협)〉의 김태광 대표 코치처럼 내가 배운 지식과 직장생활의 경험을 책으로 펴내는 것이다. 그것을 바탕으로 창조적인 강연을 통해 다른 사람에게 용기와 희망을 주는 '코칭 선생님'이 되는 것이다. 나는 공부를 하고 글을 쓰기 시작하면서 '나'를 발견했다. 그렇듯이 칭찬과 격려를 통해 다른 사람이 '진짜 자신'을 발견해 성공할 수 있도록 이끌고 싶다. 사람을 바꿀 사람, '야동 선생'으로 살아가는 나의 모습을 그려 본다.

08

꾸준히 운동해
새로운 수익 창출하기

김희중 물리치료사, 심장호흡전문 물리치료사, 브레인 트레이너, DJ

고려대학교 물리치료학과를 졸업하고 신촌세브란스병원 재활의학과에서 근무했다. 현재는 고대안암병원 심장호흡재활 전문 물리치료사로 재직 중이다. tvN 드라마 〈시를 잊은 그대에게〉의 자문위원으로 활동했고 브레인 트레이너로서 인지기능 및 창의성 훈련을 통한 청소년 및 성인 행동교정 멘토로 활동 중이다. 현재 '두뇌, 몸의 튼튼한 사용'을 주제로 개인저서를 집필 중이다.

"살면서 아무 운동도 배워 보지 않은 사람 혹시 있나요?" 이 질문에 대답할 수 있는 사람은 많지 않을 것이다. 또한 "한 가지 운동을 지금까지 꾸준히 하시고 계시나요?"란 질문에 대답할 수 있는 사람도 많지 않을 것이다.

운동의 효과나 필요성에 대해서는 모두가 인정한다. 하지만 꾸준하게 습관으로 만들기는 어렵다. 많은 운동을 접해 봤다면 어떤 운동에서 본인이 재미를 느끼는지 알 수 있을 것이다.

일단 한 가지 운동을 시작했다면 3개월 이상은 꾸준히 해 보자. 새로운 운동을 하면서 쓰지 않던 근육들이 자극을 받고 뇌가 익숙해지는 데까지는 시간이 걸린다.

초보자 단계에서는 특출한 능력을 가지고 있지 않는 한 어색하고 대개는 재미가 떨어진다. 운동으로 근육 섬유들이 끊어지고 재합성되어 새로운 근육이 만들어지는 데는 3개월이 걸린다. 또한 뇌에는 신경가소성이 있어서 반복된 학습을 통해 그 영역이 만들어진다. 따라서 몸과 두뇌가 적응한 후에 더 큰 재미를 느낄 수 있다.

두 번째로 꾸준히 운동을 하기 위해서는 인식의 변화가 필요하다. 우리나라에서 바쁘지 않은 사람들은 거의 없다. 진로가 걱정인 학생, 업무가 밀려 있는 직장인, 육아에 지친 주부 등 운동을 하려해도 마음의 여유가 없다.

선택을 하기 전, 우리 뇌는 짧은 시간동안 비교하는 과정을 거친다. 뇌의 보상 체계인 측좌핵에서 '운동을 하면 몸도 좋아지고 멋있지만 오늘 하루는 쉬었을 때 느끼는 보상이 더 클 것 같아'라는 식으로 합리화하게 만든다. 이러한 심리를 이용해 피트니스센터에서는 6개월, 1년 단위로 회원을 모집하고 마케팅을 한다. 운동을 하루 빼먹었을 때 편안함을 느끼는 단기적 보상효과가 꾸준히 했을 때의 장기적 보상효과보다 크게 다가오기 때문이다. 때문에 꾸준히 운동하기가 어렵다.

가치를 계산하고 갱신하는 판단 체계를 효율적으로 활용하기 위해서는 보상의 가치를 인식해야 한다. 유혹을 물리치는 가장 효과적인 방법은 목표를 구체적으로 설정하는 것이다. 단순하게 '운동은 몸에 좋고 멋진 거야!', '열심히 해서 5킬로그램 감량해야지'가 아닌, 1년 동안 진행할 장기 목표를 명확하게 정하는 것이다.

그다음에 주 단위의 하위 목표를 세우고 상황에 따라 세부적으로 계획한다. 운동을 시작할 때 강사나 코치 자격증을 목표로 하자. 그 운동으로 남을 가르칠 수 있는 상황이 되면 큰 보상을 느끼게 된다. 새로운 수익을 창출할 수 있고, 새로운 사람들을 많이 만날 수 있으며, 그들에게 존중받을 수 있다.

주위에서 꾸준한 운동을 통해 삶의 질이 올라간 사람들을 볼 수 있다. 축구를 사랑하는 한 회사원은 주중에는 직장생활, 주말에는 축구 심판으로 활동하고 있다. 회사에서는 반복되는 일상 속에 기계처럼 일하면서 이따금씩 무기력함을 느꼈다. 그러던 중 주말에 유소년 축구 심판을 보면서 존중받는다는 느낌이 들었다. 그렇게 좋아하는 일을 한다는 만족감을 얻었다. 그로 인해 회사생활도 훨씬 수월해지고 활력을 찾았다고 한다.

한 프리랜서 치과의사는 일과 후에 폴 댄스 강사로 일했다. 그러면서 협회 겸 학원을 차려 제2의 인생을 찾았다. 또한 한 안경점 사장님은 퇴근 후 복싱을 하다 프로 테스트를 통과했다. 그렇게 체육관에서 코치를 하며 운동도 하고 회원들도 가르친다.

요즘에는 유튜브나 블로그를 통한 1인 홍보가 워낙 활성화되어 있다. 그중 '탈잉'이나 '숨고'와 같은 어플들이 있다. 그것들을 통해 다양한 분야에서 교육해 줄 수 있는 사람들을 개인 대 개인으로 연결 받을 수 있다.

한 대학원생은 이러한 어플을 활용해 원하는 사람들과 시간을 조율하며 골프 레슨을 해 주는 아르바이트를 한다. 자신이 좋아하는 운동을 통해 수익을 창출하고 남들에게 도움이 되는 것이다. 그럴 수 있다는 건 운동 차원을 넘어서 삶의 큰 기쁨이다.

운동을 통해서 수익을 창출하면 금전적인 보상뿐만 아니라 책임감이 더해진다. 그만큼 규칙적이고 전문적이 될 수 있다. 결혼하고 육아를 하면서 운동을 중단하는 사람들이 많았다. 하지만 이제는 삶에 대한 기준들이 많이 달라져 가고 있다. 젊을 때처럼 예뻐지고 멋있어지기 위해 운동을 하는 것이 아니다. 운동 자체가 삶이 되어 가고 있는 것이다. 중산층의 기준에 대한 우리나라 직장인 대상 설문조사 결과다.

1. 부채 없이 30평 이상의 아파트 소유하기

2. 월 급여 500만 원 이상 되기

3. 2,000cc급 중형차 소유하기

4. 예금액 잔고 1억 원 이상 보유하기

5. 1년에 한 차례 이상 해외여행 다니기

이렇게 우리나라는 주로 경제적인 여건에 중산층의 기준이 집중되어 있는 것이 특징이다. 이에 비해 프랑스 퐁피두 대통령이 정한 '삶의 질'의 기준을 보자.

1. 하나 이상의 외국어 하기
2. 스포츠 즐기기
3. 적어도 한 가지 악기 다루기
4. 남들과는 다른 맛을 내는 요리 만들기
5. 공분(공적인 분노)에 의연히 참여하기
6. 꾸준히 약자를 도우며 봉사활동 하기

여기에서 알 수 있듯이 프랑스에서는 중산층의 기준을 문화적 가치와 더불어 삶의 미학에 둔다. 운동이 단순히 건강만이 아니라 생활 수준 및 삶의 여유를 보여 주는 형태로 자리매김하고 있다.

나이가 들어서도 꾸준히 운동하기 위해서는 그 분야의 전문가가 되는 것이 가장 효율적이다. 꾸준히 남을 코칭하고 자기 자신을 단련하는 것이다.

'용기를 내서 3개월 이상 꾸준히 운동해 보자!' 전문가를 목표로 한다면 운동에 대한 마음가짐이 달라질 것이다. 육체적으로나 정신적으로 활기와 생기가 넘쳐 날 것이다.

나의 한계 알아보기

정석호 **교회 리더십 코치, 자기계발 작가**

5년간의 사역 이후 건축 관련 직종에 10년 차 몸담고 있는 두 딸의 아빠다. 세상과 자신의 가치를 모르고 살아가는 사람들에게 가치를 알게 하고 그 가치를 추구하는 삶을 살 수 있게 인생을 연구하고 노력하는 공간을 만들고 있다.

살면서 내가 특별하다는 생각은 한 번도 해 보지 않았다. 내 생각, 행동, 선택. 모두 지극히 평범한 사람들과 너무나도 같았기 때문이다. 그래서 한 번도 다르게 생각해 보지 못했었다.

그렇게 나는 남들과 다르지 않은 삶을 살고 있었다. 그러던 어느 날 내 안의 날 깨우는 한 권의 책을 읽게 되었다. 그러고는 남들과 다르게 생각하기 시작했다. 남들처럼 읽기만 했던 책을 써 보기로 한 것이다. 얼마나 가슴이 뛰던지. 이 설렘이 금세 사그라질 줄 알았다. 하지만 2주가 지난 지금도 유효하다.

버킷리스트를 메모해 보기 시작했다. 내가 해 보고 싶은 일은 정말 많았지만 아득한 꿈일 뿐이었다. 그러면서 '내가 이 열정을 가지고 노력한다면 어디까지 가능한 것일까?'라고 생각했다. 이윽고 하나의 버킷리스트를 적어 보았다. 바로 '나의 한계 알아보기'다.

나는 새로운 영역에 도전해 보려 한다. 여러 책들을 읽으며 내가 발견한 한 단어는 '자기계발'이다. 지금도 앉으나 서나 이 단어만 생각하게 된다. 남은 인생 스케줄을 짜 보기로 했다. 기간이 길진 않았다. 난 벌써 마흔네 살이다. 기간이 짧으니 속성으로 짜야 했다.

첫째, 책 쓰기.
책 쓰기는 나를 브랜딩할 수 있는 가장 빠른 길이라 생각한다.

둘째, 알려 주기.
사람들에게 알려 주는 것은 내 브랜드를 절정으로 끌어올리는 가장 빠른 길이라 생각한다.

두 번째 스케줄을 짜면서 강의를 하러 다니는 나를 상상한다. 난 직업에 귀천이 없다고 알려 줄 것이다. 이 세상 모든 직업에는 분명히 배울 것들이 있기 때문이다. 청소를 하든지. 프로그래밍을 하든지. 자신의 자리에서 할 수 있는 것들을 최대한 열심히 한다. 그러면 분명 이것들에서 인생의 지혜를 얻을 수 있다고 알려 주고 싶다.

강의가 끝나면 질문을 받는다. 그중 최고의 질문자를 뽑아 책을 선물로 준다. "강사님, 이건 제가 읽은 책인데요. 다른 책은 없나요?"라고 질문하면 그 학생에게 말하리라. 베풀면서 세상을 살아 보라고. 공짜로 얻은 것은 공짜로 나눌 줄 알아야 한다고. 학생은 공짜로 얻었지만 남에게 줄 때는 가치 있는 것으로 변할 것이라고. 난 그 가치를 나누어 주는 특권을 선물로 주는 것이라고. 그렇게 말하리라.

이런 질문도 나오겠지. 강사님의 자식이 화장실 청소를 하러 다녀도 계속 시킬 수 있냐고. 난 난감한 표정을 지으며 무슨 말을 할지 고민하는 티를 낼 것이다. 한동안 그러다가 이렇게 말할 것이다. "내가 난감해할 줄 알았죠?" 내 자식이 그 일을 한다고 하자. 그래도 난 그 아이가 계속 그 자리에 있지는 않을 거란 걸 안다. 나의 배움들을 내 자식에게도 가르칠 테니까. 설령 그 아이가 그 자리에 계속 있다고 하자. 그래도 안타까워는 하겠지만 응원할 것이다. 느낄 수 있는 것을 다 느낄 때까지. 나는 내 자식들의 삶을 대신 살아 줄 의무는 없다. 다만 내 자식들이 행복하게 살도록 모든 것을 줄 수 있는 권리는 행사할 수 있다.

엠제이 드마코의 《부의 추월차선》을 읽었다. 그러곤 나는 '내 나이 마흔네 살에 큰 부를 거머쥘 수는 없겠다'라고 생각했다. 처음이 책을 보기 시작했을 때 나는 흥분 상태였다. 중간 정도 읽었을 때는 당장이라도 무엇이든 할 수 있겠다며 극도로 흥분했다. 그렇게 나는 큰 열망을 가지게 되었다.

그런데 23개의 챕터를 읽고 난 후 갑자기 흥분이 가라앉았다. 젊었을 때 가져야 할 마음들을 너무 늦은 나이에 가졌다고 생각했기 때문이다. 그동안 좋지 않은 습관들이 너무 박혀 있었다. 그래서 그 열망을 펼치기에 나는 소극적이 되어 있었던 것이다. '이 열망을 좀 더 젊었을 때 가졌더라면…' 하는 생각에 풀이 죽어 있었다. 그러다 눈앞에서 놀고 있는 내 아이들의 모습을 보게 되었다. 그 순간 갑자기 뇌리를 스치는 생각에 난 다시 흥분하기 시작했다. 내가 크게 안 되더라도 내 아이들은 내 생각 이상으로 클 수 있을 것이다. 그런 가능성이 있다는 걸 느꼈기 때문이다. 내가 느낀 이 열정과 좋은 선택들 그리고 좋은 습관들을 가르치리라. 내 아이들이 더 크게 행복할 수 있게 나의 열정을 심어 주는 것이다.

나는 앞으로 나의 부를 위해 노력할 것이다. 그리고 내 아이들의 부를 위해 더 많이 노력하리라 다짐했다. 나는 내 열정을 키울 것이다. 어떤 이는 말했다. 한 가지 일을 10년 동안 열정을 다해 한다면 그 분야의 전문가가 될 것이라고. 내 아이들은 원석이다. 아직 다듬어 나갈 수 있는 무한한 가능성이 있는 것이다.

자기계발을 통한 나의 한계에 대해 생각하면 이런 생각도 든다. 나는 죽어도 그 한계는 죽지 않는다. 내 자식에게 또 그 자식에게 나의 영향력이 전달될 것이다. 그중에서 세계의 지도자가 나올 수도 있을 것이다. 이런 생각에 흐뭇해진다.

시간의 제한(죽음)이 없다면 사람에게 한계는 없다. 난 이 글을 쓰면서 나의 한계를 알아 가기 위한 답을 얻은 것 같다. 이제 답을 알았으니 그 노력의 끝을 향해 나아갈 일만 남았다.

10

삶의 느긋함을 느낄 수 있는
나라에서 한 달 살기

안미리 | 사회복지사, 레크리에이션 강사, 동기부여가

사회복지사 겸 센터장으로, 노인 복지 중 방문요양과 관련해 일하고 있다. 전국재가장기요양기관연합회 울산지부 재무사로 활동
중이다. 작가이자 동기부여가로서 꿈이 없는 사람들에게 꿈을 심어 주고 자극제가 되는 일을 하고자 한다.

나는 노인재가복지센터의 센터장이다. 주로 하는 일은 방문요양
이다. 어르신들의 욕구를 파악하고 건강상태와 환경을 고려한다. 그
렇게 거동이 불편하신 어르신들과 요양보호사 선생님을 매칭 시켜
준다. 그렇게 좋은 관계성 유지를 도와주는 일을 하고 있다.

나는 새벽 4시 30분에 기상한다. 그러곤 새벽기도를 하러 교회
에 간다. 5시 30분에는 6시 수영 수업을 받으러 이동한다. 집에 다
시 도착하면 7시 10분가량. 잠든 세 아이들을 깨워 등교시킨다. 그
런 후 8시 30분에 출근한다.

출근 중에 여러 선생님들의 고충과 어르신들의 일정을 무선으로 받는다. 사실 너무 지나치게 휴대전화가 울릴 때는 전화기를 부수고 싶을 때도 있다. 그렇게 어르신 댁의 급한 일을 처리하거나 병원 이동에 함께하거나 사회복지사의 모니터링에 동행한다. 그러고 나서 사무실 책상에 앉으면 17시가 넘을 때가 많다. 미뤄 둔 서류가 많은 만큼 늘 20시가 다 되어서 퇴근한다.

그 와중에도 막내는 수시로 전화해 배고프다고 보챈다. 그럴 때면 '내가 이렇게 사는 것이 옳은가?'라는 생각이 든다. 그러면 우울감이 들기도 한다. 그렇다고 내 직업을 바꾸고 싶진 않다. 바쁜 와중에도 말로 설명할 수 없는 성취감과 일에 대한 만족감이 충만하기 때문이다.

20시경 퇴근하면 부랴부랴 밥을 한다. 그리고 청소를 하곤 막내에게 밥을 준다. 이어서 남편의 밥을 차린다. 그러고 나서 잠시 소파에 앉기 무섭게 뒷정리에 들어간다. 하루의 나를 돌아보는 시간은 밤 12시가 넘는다. 내가 나의 일상을 장황하게 이야기하는 이유가 있다. 나의 버킷리스트 1위를 소개하기 위해서다.

나의 버킷리스트 1위는 차도 없고, 옛날처럼 해가 뜨면 일하고, 해가 지면 자는 그런 곳에서 한 달간 보내는 것이다. 내 말에 어떤 친구는 '제주도에서 한 달 살기'란 프로그램이 있다더라고 소개하기도 했다. 국내여행은 짬나는 대로 다녀 보았다. 하지만 여행 가서도 바쁜 나의 일상을 바꿀 수는 없었다. 여행지를 검색해서 여기저기 다니며 사진 찍기 바빴다. 사실 다녀온 후에 휴식이 아니라 또 하나의 일이 되어 버렸다는 사실을 깨닫곤 했다.

그래서 나의 버킷리스트 1위를 실현할 수 있는 곳은 꼭 국내가 아니었으면 한다. 또한 잘사는 나라도 아니었으면 한다. 그저 아침에 눈을 떠 맑은 하늘과 나무를 볼 수 있는 곳이었으면 한다. 그렇게 잠시 멈춤이라는 푯말을 나에게 내어주고 싶다.

지금은 일상이 바빠 나의 삶을 되돌아보기에는 꼭 해야 할 리스트들이 있어 힘들다. 생각해 보면 내가 처음부터 이렇지는 않았던 것 같다. 성격은 바쁘나 행동은 느렸다. 그래서 늘 자기 전에 '괜찮다. 천천히 해도 된다'라고 수없이 되새김하기도 했다. 그러나 세 아이를 키우고 직장생활을 해야 하는 나에겐 나를 돌아볼 시간이 없었다. 그렇게 앞만 보고 달려도 왠지 뒤처지는 것만 같은 기분이 들 때도 있었다. 이제는 '괜찮다'보다는 "오늘만 참자!"라고 소리치는 나를 발견하곤 한다.

삶은 시간을 사용하는 것인지라 처음엔 오전 일정, 오후 일정으로 나눴다. 그러나 어느 순간 시간 단위로 일정을 짜는 나를 발견했다. 그러다 어느 순간 돌아보니 나는 시간을 분 단위로 나누고 있었다. 매일 출근하면 오늘 꼭 해야 할 일을 다이어리에 1번부터 순번을 매겨 줄 세운다. 꼭 해야 한다고 생각하며 체크해 내려간다.

시간이 멈출 것 같았던 20대는 어느새 지나가고 이제 41세를 넘어가고 있다. 내일은 이렇게 바쁘게 살지 말자 결심한다. 하지만 오늘도 여전히 달리고 있는 나를 본다. 그럴 때면 '굳이 뛰지 않아도 되는데… 천천히 가도 되는데…'라는 생각이 많이 든다.

베트남 친구가 한국에서 제일 먼저 배우는 단어가 '빨리빨리'라고 했다. 그때 '나는 그렇게 살지 말자'라고 생각했었다. 하지만 나 역시 직원들이 빨리, 즉시 문제를 해결하기를 바란다.

버킷리스트를 위해서 나는 결단을 내렸다. 캄보디아에서의 3박 5일 일정을 2019년 1월경으로 잡아 둔 것이다. 교회에서 캄보디아에서 선교사로 활동하는 분을 우연히 알게 되었다. 그리고 그분의 삶을 들었다. 재래식 화장실에, 씻을 곳이 없어서 비가 오면 밖에 나와서 대충 씻어야 한다고 했다. 신발은 언제 구멍이 났는지 모르게 산다고 하셨다. 그러나 부족함이 없다고 고백하셨다. 그 선교사님을 보며 삶의 느긋함과 천천히 흘러가는 그분의 시간을 보게 되었다. 첫 도전은 3박 5일이다. 하지만 얼마 후에 한국에서의 짐을 내려놓고 싶다. 그리고 잠시 멈춤이라는 시간을 나 자신에게 주고 싶다.

하나님께서 "내일 일은 내일 걱정하라" 하신 말씀이 기억난다. 나는 내일 일도 오늘 걱정한다. 내일이 되면 또 내일과 모레를 걱정하며 산다. 그래서 그 걱정을 줄여 보고자 뛴다. 어떤 이는 "그냥 하지 마."라고 나에게 말한다. 하지만 습관이 된 것인지 아니면 성격이 되어 버린 것인지, 나도 모르게 뛰고 있다.

'과연 나에게 한 달이라는 시간을 줄 수 있을까?' 이런 생각이 든다. 누군가 잠시 멈춤이라는 표지판을 나에게 세워 주었으면 하는 바람도 있다. 이 시간 나처럼 살아가는 수많은 분들이 계시다. "굳이 다 가는 길을 쉬려고 하면 안 된다. 지금 쉬면 넌 세상에서 뒤처질 수 있어!" 두려움에 떨고 있는 또 다른 내가 이렇게 외치기도 한다. 그럼에도 불구하고 나는 내 삶의 1순위 버킷리스트를 실천하고 싶다. 한 달이라는 잠시 멈춤의 시간을 갖고 싶다. 시간이 천천히 지나가는 나라에서 살아 보고 싶다. 나는 기대한다. 나의 버킷리스트가 이루어지는 그날을.

고양이 보호소 설립하기

최두지 | 영어 개인 교습자, 강연가, 교육상담가

현재 학생들과 함께 꿈을 그려 가는 멘토 역할을 하며 학습에 대한 교육상담도 하고 있다. 또한 학부모들에게 자녀교육을 상담해 주며 학부모 대상 강연을 하고 있다. 25년 이상 학생들에게 영어를 가르친 노하우로 영어문법과 자녀교육에 대한 책을 쓰고, 더 많은 사람들을 만날 수 있는 강연을 더 많이 하려고 노력 중이다.

15년 후인 2033년에 나는 고양이 보호소를 설립할 것이다. 고양이 보호소는 넓은 땅을 필요로 한다. 그러므로 조금은 시 외곽에 자리하게 될 것이다. 나는 지금 울산에 살고 있다. 그러니 살고 있는 울산과 내가 가장 좋아하는 도시 경주의 경계선쯤에 고양이 보호소를 설립하고 싶다.

그곳은 사람들이 많이 오갈 수 있도록 교통이 편하면서도 고양이들이 자유로이 다닐 수 있는 공간이 될 것이다. 봉사를 목적으로 또는 입양을 목적으로 방문하는 사람들이 더 자주 오고 싶은 곳일 것이다. 고양이들이 상처를 씻고 새 가족을 기다리기에 적합한 장소일 것이다. 고양이 입양만을 위한 곳이 아닐 것이다. 동물 권리에 대한 2차 교육이 이루어지는 교육기관으로서의 역할도 담당할 것이다. 예약제로 운영되는 숙박시설이 구비되어 있어서 가족 휴양지로서의 역할도 하게 될 것이다.

내가 고양이 보호소를 세워야겠다고 마음먹은 이유가 있다. 바로 우리나라의 열악한 동물 복지 현황 때문이다. 고양이에 대한 일부 사람들의 이유 없는 악의가 고양이들을 힘들게 하기 때문이다. 고양이는 고양이로 태어났다는 것뿐이지 아무런 죄가 없다. 그런데도 백해무익하다며 다 죽이자는 사람도 있다. 아무런 이유 없이 해코지를 하는 사람도 있다.

대한민국에서 고양이라는 존재로 태어난 것이 죄는 아닐 텐데 상처받고, 학대받고, 버려진다. 게다가 유기고양이를 데려가 보살펴 주는 사람들까지도 위협하고 괴롭히는 사람들. 길고양이들이 시끄럽고 더럽다며 약을 놓아 죽이는 사람들. 길고양이에게 밥을 주는 캣맘과 캣대디를 미워하고 꺼려하며 온갖 욕설을 하는 사람들. 심지어 신체적 폭행을 가해 심한 육체적, 정신적 상처를 입히는 사람들이 있다.

나는 이런 사회 속에서 고통 받는 고양이들을 보듬고자 한다. 내가 만들고 싶은 보호소는 단순히 유기동물들의 피신처 역할을 하는 곳이 아니다. 그것들이 사람을 보면 도망가고 피해야 하는 대한민국에서 이제껏 없었던 문화를 만들고 싶은 것이다.

고양이들이 편히 지낼 수 있는 곳. 고양이를 만나고 싶은 사람이라면 누구나 눈치 보지 않고 편히 오갈 수 있는 곳. 게다가 문화행사도 가능한 공간을 만드는 것이 나의 버킷리스트, '고양이 보호소 설립하기'다.

우리나라의 고양이 보호소는 대개 열악한 상황이다. 직원조차 포기한 보호소도 있다. 혼자서 몸 부서져라 애쓰며 유지하는 보호소도 있다. 안락사만이 해결책인 듯 여기는 보호소도 있다. 개나고양이 입소비만을 목적으로 하는 보호소도 있다. 물론 열심히 애쓰는 보호소도 있다. 하지만 그마저도 유기동물 모두를 깨끗한 환경에 수용하기는 힘든 현실이다.

사람에 의해 버려진 고양이들이므로 사람이 나서서 도와야 한다. 죄가 없는 고양이들을 저렇게 고통 받도록 내버려 두어서는 안된다. 이런 나의 생각들은 보호소 봉사활동과 임시보호(임보)를 하면서 점점 굳어졌다. 그렇게 나의 버킷리스트가 되었다. 나는 15년후에 고양이 보호소를 만들고, 체계적으로 운영해 고양이에 대한 사람들의 인식을 바꾸고 싶다. 유튜브나 블로그 등을 통해 홍보활동을 하고 적극적으로 봉사활동을 유치할 것이다. 그리고 후원금을 깨끗이 사용할 것이다. 그렇게 함으로써 단체에 대한 인식을 변화시키고 싶다. 보호소와 연결된 사람들이 보람을 느끼는 삶을 살 수 있게 하고 싶다.

15년 후의 보호소 설립을 위해 현재 나는 후원금을 모을 수 있는 홈페이지를 준비 중이다. 또한 관련 지식을 공부하고 있다. 그리고 임보와 봉사를 하며 더 현실적인 문제들을 알기 위해 열심히 노력하고 있다.

고양이뿐만 아니라 모든 유기동물의 문제는 궁극적으로 사람이 만든 것이다. 그러므로 사람들이 책임져야 하는 일이라고 생각한다. 우리는 부끄럽지 않은 존재가 되어야 한다. 내가 버린 것이나 해코지한 것이 아닐 수도 있다. 그렇다 하더라도 버려지고 학대받은 동물을 돕고 그것들을 위해 손을 내밀어야 한다.

몇몇 무자격자들이 돈벌이를 위해 임의로 고양이를 교배시키고 내다 팔고 있다. 그 과정에서 고양이는 더러운 케이지에서 무자격자에게 주사를 맞는다. 새끼를 낳자마자 다시 임신을 한다. 잦은 임신에 자궁이 빠지기도 한다. 주사 부작용으로 죽기도 한다. 새끼고양이들은 예쁘지 않다는 이유로 산 채로 버려지기도 한다. 덩치가 작아야만 잘 팔린다고 항상 굶주림 속에 있게 한다. 어미젖을 얻어먹지 못해 면역력이 약해진 채 팔려 간다.

문제는 이렇게 공장을 운영하듯 고양이를 만들어 내어 파는 사람뿐만이 아니다. 고양이를 사서 키우는 사람들도 얼마간 키우다가

귀찮다고 버린다. 돈이 많이 들어간다고 버린다. 예쁜 시기가 지났다고 버리고, 이사 간다고 버리고 있다.

이렇게 생명의 소중함을 모르는 세상에서 양심, 정의, 평화를 찾을 수 있겠는가. 작은 동물의 생명을 하찮게 여기는 사회는 결국 사람의 생명도 하찮게 여기게 된다. 살인을 저지른 사람들 중 많은 사람들이 개나 고양이로 사전 연습을 했다고 한다. 가장 약한 동물인 고양이를 또는 강아지를 죽이며 예행연습이란 것을 하는 것이다. 그러곤 점점 대담해져서 살인이라는 천인공노할 죄를 저지르는 것이다.

우리는 우리 사회의 안전을 위해서라도 유기동물을 도와야 한다. 작은 생명을 사랑하도록 아이들을 가르쳐야 한다. 쓸데없는 미신을 믿는 어른들을 교화해 길고양이가 자유로이 다닐 수 있는 동네를 만들어야 한다. 버려지고 학대당하는 동물들이 생기지 않도록 2차 교육이 이루어져야 한다. 이런 체계적인 활동을 국가가 나서서 해 준다면 정말 좋을 것이다. 하지만 어쩌면 이런 일은 국민들 속에서 풀뿌리 단체들에 의해 이루어지는 것이 맞을 듯하다.

나는 고양이 보호소를 설립할 것이다. 많은 후원금을 길고양이, 유기고양이를 위해 사용할 것이다. 보호소가 문화공간이 되고 가족 휴양지가 될 수 있도록 할 것이다.

나는 내 버킷리스트를 이렇게 한번 정리해 본다. 그러곤 그 꿈에 다가가기 위해 더 단단히 결심하는 기회로 삼을 것이다. 여러분은 언제나 가고 싶고 머물고 싶은 고양이 보호소를 2033년 가지게 될 것이다.

12

내가 만든 캠핑카로
아내와 전국 일주하기

박규정 보험설계사, 자동차 판매 자영업자

현재 보험설계사로 활동 중이며 물품배송 서비스도 겸하고 있다. 시간이 허락한다면 모든 사람들이 쉽게 접근할 수 있는 이야기를 바탕으로 마케팅에 관해 집필하고자 한다. 또한 사람이라면 모두가 행복하게 살아갈 수 있도록 해 주는 쉽고 재미난 이야기들을 엮어 수필집을 내고자 한다.

나는 지금껏 이렇다 할 목적이나 무엇을 위해 살아야겠다는 생각이 없었다. 그저 살아 있으니까 죽지 않고 숨 쉬고 있었던 것 같다. 사람이 의식주만 해결되면 행복한 것일까?

어떤 삶이 행복한 삶인지 그렇지 않은지 구분하기는 어렵다. 단지 각자가 처해 있는 환경에 따를 것이다. 거기에 따라 똑같은 일일지라도 어떤 이는 행복할 것이고 또 다른 이는 불행하다 생각할 것이다. 지금껏 무엇을 어떻게 해야겠다는 생각들은 나를 떠나 있었다. 그저 침몰하지 않고 망망대해에서 표류하는 조그마한 종이배 같았다.

　그러던 어느 순간부터 이제 더 이상 표류해선 안 될 것 같다는 생각이 들기 시작했다. 예전에는 그냥 시간 되면 잠자고 시간 되면 일어나고 시간 되면 일했다. 그런 나를 바꿨다. 시간 내서 잠들고 시간 내서 일어나고 시간 내서 일하고 시간 내서 사람들을 만났다. 그랬더니 조금의 변화가 일어나는 듯 보였다. 실제 변화가 생기기 시작한 것 같다.

　모든 것의 중심이 내가 되어야 한다는 사실을 뒤늦게 깨달았다고나 할까. 이 사실은 내 삶의 중심에 내가 있어야 한다는 이야기다. 아직 갈 길이 멀어 보이긴 한다. 하지만 처음으로 내가 주체가 되어 어떤 것들을 하기 시작한 것이다.

　요즘의 발달된 여러 매체를 통해 자기 발전을 위한 영상이나 책들은 이미 10년 전부터 접하고 있었다. 이제는 너무 많은 이야기와 거의 비슷한 주제의 내용들이 난무한다. 더 이상 신선하지도 가슴 뛰게 만들지도 못한다. 그렇게 식상하다 못해 지겨워질 때쯤이었다.

　정말 생각했던 조그만 것들이 보이기 시작했다. 그것을 알기 시작하면서 별 의미 없이 흘려보내는 시간들을 조금씩 줄였다. 나를 위해 사용하는 시간을 내어주기 시작했다. 결과적으로 삶의 활기가 조금씩 느껴지기 시작했다.

　몇 년 전 캠핑카를 타고 전국을 여행하고 싶었다. 그래서 대형

운전면허증을 취득했다. 마음은 이미 여행 중인데 현실은 그렇지 못했다. 당장 먹고살아야 하는 현실적인 문제가 버티고 있었다. 그 사실을 외면한다는 것이 스스로도 용납되지 않았다. 무모한 생각이었던 것이다.

결국 '먹고살아야 하는 문제부터 해결하자. 나중에 여행은 얼마든지 할 수 있다'라고 스스로를 위로하며 토닥였다. 그렇게 한동안 꿈을 잊어 갔다. 당장의 생활고에 꿈은 저절로 멀어져 갔다. 그렇게 시간을 마구 허비했다. 그러다 보니 그것이 나의 삶인 양 받아들이고 더 발전하려 노력하지 않았던 것 같다. 그냥 날 밝으면 일터에 나가고 해 지면 집에 돌아와 의미 없는 시간들을 보냈다. 그러다 졸리면 자고.

이런 생활이 무한 반복되면서 그냥 그렇게 시간은 뉘엿뉘엿 지나가고 있었다. 그러던 어느 순간 이렇게 살다간 아무것도 못하고 그냥 죽을 것 같다는 생각이 번쩍 뇌리를 스쳤다. 그래서 떠올린 것이 그동안 결혼하고 무엇 하나 제대로 해 주지도 못했던 아내였다. 정말 미안한 마음이 들었다. 아내는 만 원짜리 한 장 마음 편하게 써 보지도 못했다. 제대로 된 외식도 한번 함께하지 못했다.

그런 아내와 그저 함께 오롯이 둘만의 여행을 하면 좋겠다고 생각했다. 그것이 내 마음으로부터 주고 싶은 선물이라는 것을 느끼게 되었다. 결혼 전 아내는 여행을 참 좋아했다. 하지만 결혼하면서 아이가 생기고 생활이 궁핍해지면서 여행은커녕 이렇다 할 마을 산책도 제대로 한 적이 없었던 것 같다. 그런 아내는 여전히 든든한 지원군으로서 내 옆에 있다. 나를 믿고 함께하고 있는 아내에게 감사한다.

나는 아내에게 이런 고마움을 전국여행이라는 것을 통해 조금이라도 돌려주고 싶다. 우리 부부에게는 아직 살아갈 날들이 많이 남아 있다. 그러니 또 다른 계획들도 많이 생길 것이다. 여행을 통해 그동안 우리가 어떻게 살아왔는지 함께 이야기하는 시간을 가질 것이다. 그것은 어떤 목적을 필요로 하는 것은 아니다. 중요한 것은 사랑하는 아내와 많은 시간들을 함께하는 것이다. 그것만으로도 가치는 충분하다.

근간에 나는 당신을 너무 잘 안다고, 절대 그 사람은 나를 배신하지 않을 거라고 믿었던 사람들이 하루아침에 남남이 되는 것을 심심치 않게 보아 왔다. 그러곤 결국 서로의 갈 길을 찾아가는 것을. 우리 부부도 평탄하게만 살아왔던 건 아니다. 그래서 더욱 아내에게 고맙고 감사하다. 나를 이해해 주고 어떠한 실수도 그럴 수 있다고 토닥여 주는 진정한 내 편이 바로 아내이기 때문이다. 이런 아내와 남은 시간을 함께하고 싶다.

13

국내외 마술대회에서
수상하기

김완용 **마술사, 작가**
전국적으로 활동하고 있는 마술사다. 어릴 때부터 마술을 좋아해 지금까지 마술사로 활동하고 있다.

'FISM'이라는 세계 마술대회가 있다. 3년마다 세계 각지에서 열리는 마술사들의 올림픽이다. 마술사라면 누구나 서고 싶어 하는 세계적인 무대다. 2006년 스웨덴 스톡홀름에서 열린 FISM 무대에는 이은결 마술사가 참가했다. 그는 빠른 템포의 음악에 맞춰서 비둘기와 카드 마술을 펼쳤다. 그 결과 제너럴 매직(general magic; 일반 무대 마술) 부문에서 1등을 수상했다. 한국인 최초이자 아시아인 최초였다.

세계의 중심에서 자신의 마술을 선보이고 당당히 수상까지 한 이은결 마술사. 그를 보면서 나도 FISM이라는 세계 마술대회에서 수상하는 나를 상상했다. 그러면서 세계적인 마술사를 목표로 초등학교 때부터 마술을 시작했다.

국내에서 수상하면 해외 마술대회에 참가할 수 있는 경비와 참가권을 받을 수 있다. 그래서 나는 국내에서 열리는 작고 큰 마술대회에 몇 번 참가했다. 하지만 참가할 때마다 나는 극도의 긴장감과 연습 부족을 느꼈다. 그리고 내가 전혀 상상도 못한 아이디어로 무장한 다른 참가자들의 마술 퍼포먼스에 놀랐다. 그와 동시에 나는 좌절했다. '고작 이런 마술로 수상하려고 했단 말인가?'

나는 마술대회에 처음 참가한 이후로 매번 수상하지 못했다. 그래서 해가 지날수록 마술대회에서 수상하고 세계적으로 내 이름을 알리겠다는 어릴 적 꿈을 잃어버렸다. 몇 년 전부터는 마술에 대한 흥미도 떨어졌다. 그러면서 '과연 이 길이 내 길이 맞는 걸까?' 고민도 했다.

그렇게 나는 마술의 길에서 방황하고 있었다. 그러던 중 2018년 세계 마술대회 FISM이 부산에서 열렸다. 나는 이런 흔치 않은 기회를 놓치기 싫었다. 그래서 무더운 여름날 부산으로 내려갔다. 그러곤 전 세계의 내로라하는 마술사들과 이번 마술대회 참가자들의 마술공연을 지켜보았다. 공연을 지켜보는 5박 6일 내내 가슴이 두

근두근 뛰었다. 화려한 기술과 조명 그리고 마술사 각자의 독특한 마술까지. 예전에 이은결 마술사의 FISM 대회 참가 영상을 하루 종일 보았던 기억이 떠올랐다. 그렇게 마술의 꿈을 키우던 나의 어린 시절의 설렘을 다시 깨우게 되었다.

'역시 마술을 포기하면 안 되겠어.' 생각해 보니까 나는 마술을 공연할 때가 제일 즐거운 것 같았다. 마술은 누구나 좋아하는 종합 예술이다. 어린 친구들부터 할아버지, 할머니까지 재미있어하는 이 직업을 포기하려고 했다니. 이 글을 쓰면서 나 자신을 반성하고 있다. 그리고 다시 설레는 마음으로 세계 마술대회에 참가해 마술하는 내 모습을 상상하고 있다.

지금까지는 혼자 마술대회를 준비하는 게 마음대로 할 수 있어 편하다고 생각했다. 하지만 이 세상에서 모든 것을 혼자 하려고 하는 것이 힘든 여정을 혼자 떠나는 외로운 싸움인 것을 알았다. 이는 학교 운동장에 홀로 남아 축구를 하는 것과 같다. 나는 축구를 좋아한다. 하지만 그 장면을 떠올리니 그저 노동이라는 말밖에 안 떠오른다.

아무리 즐거운 일이라도 혼자 하는 것보다는 다 같이 하는 게 재미있을 것이다. 그리고 나의 부족함을 채울 수 있는 방법이기도 하다. 모든 것을 나 혼자 해결하려고 했던 시간들과 기회를 생각해 보면 많이 아쉽다. 그나마 경험이라는 소중한 자산이 남아 있어 다행이다. 이 글을 쓰면서 죽기 전까지가 아닌 2019년까지 이루고자 하는 내 꿈을 향해 뛸 것이다. 언젠가는 할 수 있다고 생각하는 일이라면 내일 당장이라도 할 수 있다고 믿는다.

우리나라 최고의 마술사 이은결, 최현우처럼 전 세계에 내 이름을 알리겠다는 나의 첫 버킷리스트. '국내외 마술대회에서 수상하기' 버킷리스트를 꼭 이룰 것이다.

아픈 과거를 뽑아내고
그 자리에 꿈 심기

김초롱 초등학교·중학교 특기적성 코딩 강사, 코딩교육서 작가

10여 년간 IT개발자로서 다수의 웹사이트를 설계하고 개발, 운영했다. 그러다 출산과 더불어 육아에 전념하던 중 초등학생, 중학생을 대상으로 자유학기제 및 진로탐색을 위한 코딩교육에 뛰어들게 되었다. 아이들과 가슴 설레는 하루하루를 보내며 자녀와 함께 생각하고 코딩해 나가는 메이커로 활동하고 있다. 현재 '스스로 생각하게 만드는 힘 코딩, 자녀교육서'를 주제로 저서를 집필 중이다.

"기쁜 소식이에요! 기쁜 소식!"

"뭐가 그리 좋으니?"

"우리 집, 부잣집 됐어요!"

"응?"

"딸 부잣집이요!"

셋째 막내 동생이 태어났을 때 내가 온 동네를 누비고 다니며 했던 이야기다. 만나는 사람마다 붙잡고선. 어른들은 동생이 태어 나자 이제 딸 부잣집이 되었다고 하셨다. 어린 나는 그런 어른들의 이야기를 듣고선 뭔가 집에 좋은 일이 생겼다고 생각했다. 그래서 그렇게 동네방네 딸 부잣집 자랑을 하고 다녔던 것이다.

내가 태어날 때부터 지냈던 집은 월셋집이었다. 주인 할머니가 맨 안쪽의 큰 집에서 사셨다. 그리고 아홉 채의 크고 작은 셋집이 주인집 주위로 옹기종기 붙어 있었다. 주인집을 포함한 열 채의 집들이 이용하는 화장실은 공동화장실이었다. 딱 2칸이었고 재래식이었다. 또한 여러 가구가 사용하다 보니 다른 재래식 화장실보다도 깊이 파여 있었다. 희미한 전구 2개로 버티던 그 화장실. 밤이면 더욱 무서웠다. 볼일을 볼 때면 동생이 플래시를 들고 보초를 서줘야 마음이 놓였다.

초등학교 시절 멋모르고 조별 과제를 한다고 집에 아이들을 데리고 왔다. 그런데 여자아이 한 명이 화장실을 보곤 겁에 질려 주저앉았다. 남자아이들은 골동품 같은 우리 집 문살에 발린 창호지를 보고 신기해하며 웃었다.

어렴풋이나마 느끼던 빈부격차를 확실히 느끼게 된 것은 중학교 때부터였다. 내가 다니던 중학교에서는 쉬는 시간에 선생님들에게 빵을 팔기 위해 인근 빵공장의 영업사원이 교무실에 드나들곤 했다. 본래 학생들로선 알기 힘든 일이었다. 하지만 내 주위의 아이들은 아무 거리낌 없이 교무실에 가서 종종 빵을 사 오곤 했다. 나는 짝이 나누어 준 빵을 맛보았다. 그때 그 빵 맛은 학교 매점에서도 동네 슈퍼에서도 맛본 적 없는 환상적인 맛이었다. 30년 전이었지만 지금의 제과점 빵 맛과 비슷했다. 그러니 그 당시에는 얼마나 맛있었겠는가!

하지만 역시 그런 고급 빵은 선생님들이나 드실 수 있는 비싼 것이었다. 그런데 내 짝이나 주위의 아이들은 모두 여유가 있는 집 아이들이었다. 그래서 그런지 그 빵을 쉬는 시간마다 척척 잘도 사오곤 했다. 반면에 용돈을 얼마 받지 못했던 나에게는 그림의 떡이었을 뿐이었다. 아이들은 옆에 있는 내가 신경이 쓰였는지 같이 사 먹자고 했다. 몇 번은 같이 사서 먹기도 했다. 그러나 나는 빵 때문에 용돈 좀 많이 달라고 도저히 말할 수 없었다. 나는 아이들에게 이제 빵이 먹기 싫어졌다고 했다. 그렇게 혼자 불편하고 아쉬운 마음을 달랠 수밖에 없었다.

서울올림픽이 열리던 시절, 1980년대의 풍요의 봄바람은 우리 동네에도 어김없이 불어왔다. 뒷산을 깎아서 지은 반듯한 아파트들. 레고를 닮은 듯한 빨간 기와의 단독주택들. 그것들이 우리 동네에 들어서기 시작했다. 깨끗한 수세식 화장실과 근사한 놀이터가 딸린 멋진 집은 선망의 대상이었다. 우리 골목에는 비슷비슷한 형편의 집들이 북적이며 모여 살고 있었다. 그런 우리 골목에도 어느덧 하나둘씩 떠나는 집들이 생겨났다. 그러나 우리 집은 단 한 번도 쨍하고 볕 들지 못하고 그 자리를 지켰다. 내가 고등학교를 마치고 대학교 1학년 때 아빠가 돌아가실 때까지.

깊이가 깊었던 그 재래식 화장실은 똥을 푸는 날이면 여지없이 똥물이 튀게 마련이었다. 여태껏 남아 있던 셋집 아이들은 그걸 피하는 자신만의 비결을 서로 이야기하곤 했다. 그러나 튀는 것은 피한다 해도 아침 등교 전에 화장실을 가는 날이면 옷에 냄새가 밸 수 있었다. 그럴까 봐 나는 고등학교 시절 내내 마음을 졸이곤 했다. 마치 아이들이 가난의 냄새를 알아차리기라도 할 것 같은 생각이 들었기 때문이다.

대학교 1학년 때 아버지께서 병환으로 돌아가셨다. 안 그래도 가난한 형편에 병원비 때문에 빚을 잔뜩 지게 되었다. 나는 학비를 벌기 위해 방학 때는 물론 학기 중에도 틈틈이 아르바이트를 해야만 했다. 남들처럼 방학 때 벌어서 해외로 배낭여행도 가 보고 싶었다. 하지만 그 무렵의 나에겐 꿈같은 일이었다. 어학연수는 감히 생각해 볼 수조차 없었다.

그렇게 나는 학교를 졸업하고 회사에 다녔다. 그러다가 IMF가 터지면서 많은 회사들이 워크아웃 되었다. 나는 자의 반 타의 반으로 일자리가 더 많은 서울로 올라오게 되었다.

독립해서 지내게 된 서울에서의 생활 역시 빠듯하긴 마찬가지였다. 월급이 적지는 않았다. 그러나 1인 가구여서 기본적인 생계비가 꼬박꼬박 들어갔다. 그뿐만 아니라 빚을 갚는다고 집에 매달 80만

원씩 부쳐야 했다. 그러다 보니 내가 좋아하는 전공서적 몇 권 사고 나면 나에게 남는 건 거의 없었다.

남들은 좋은 옷에 부모님 집에서 안정된 생활을 하는 것 같았다. 차도 사고 여행도 하고 돈도 모으고. 취미생활 하듯 회사를 다니는 것 같았다. 그런데 나에게는 회사를 다니는 것이 생존을 위한 끝없는 투쟁으로만 느껴졌다. 기본적인 의식주가 안정되지 않았다. 그러니 차를 몰 수 있도록 여유롭게 운전면허증을 미리 따 놓자는 생각은 사치로만 느껴졌다. 그때의 나는 먼 미래를 보고 준비하지 않았다. 그러기보다는 내게 주어진 환경에서 주어진 일을 성실하게 해 나갔다. 그것이 최선이라고 생각하며 살았다.

그러다가 간절히 무엇인가를 원하면 온 우주가 그것을 들어주기 위해 움직인다는 《시크릿》이나 《연금술사》 같은 책을 접하게 되었다. 그때부터 나에겐 이런 의문점들이 떠올랐다.

'나는 이제까지 누구보다도 결핍되고 제한된 삶을 살았어. 아빠는 불행한 가족사를 지니셨고 당신의 답답한 마음을 매일 술로만 푸셨지. 집에 들어오시면 우리는 자고 싶은데도 자지도 못하게 했어. 우리는 무릎 꿇고 앉아서 취하신 아빠의 훈계를 한 시간 넘게 들어야 했어. 가끔은 군대식 정신교육을 받곤 했지. 추운 겨울날 차가운 수돗물 벼락을 맞으며 내가 왜 이렇게 혼나야 하는지, 왜 우리를 도와줄 사람은 없는지, 왜 맨날 나는 이렇게 힘들어야 하는 것인지, 이런 괴로움들은 언제쯤이면 끝날 수 있는 것인지 의심이

들었어.'

난 매일같이 경제적으로 힘들어하시던 부모님이 싸우는 소리를 들었다. 흔들리는 불안을 느꼈다. 그러면서 나는 위축되었다. 자연히 말수도 줄었다. 나는 너무 많이 혼났다. 그러다 보면 혼나는 건 내가 잘못했으니 당연한 것이라고 느껴졌다. 나중에 자라서 부당한 일을 당해도 속 시원하게 맞대응하거나 화조차 낼 수 없게 되었다.

신이 있다면 이렇게 어렵고 힘들지만 하루하루 선하고 성실하게 열심히 산 나에게 복을 주셔야 하지 않을까? 그런데 왜 내 삶은 여전히 마찬가지일까? 금전적으로 쪼들리고 여유도 없고 남들 만나면 위축되고. 왜 이런 것일까? 나도 이제는 다른 사람들처럼 별 고민 안 하고 백화점에 가서 쇼핑도 해 보고 싶은데. 아이들한테도 원하는 것 좀 마음대로 해 주고 싶은데.

마음껏 욕심 부리며 속물근성에 자기중심적이고 못돼 보이는 사람들이 있다. 왜 그런 사람들이 착하고 성실한 사람들보다 더 큰 부를 누리며 점점 잘되어 가는 것일까? 그 시절 그 골목을 빠져나갔던 집들은 어떻게 해서 그렇게 되었을까? 나와 비슷하게 불우한 어린 시절을 보낸 어떤 사람은 어떻게 원하는 대로 성공한 삶을 살까? 이와 반대로 어떤 사람은 조금 나아질 뿐 똑같이 허덕이는 삶을 살게 되는 것일까? 간절히 바라면 이루어진다는데 왜 나한테는 눈부신 미래가 안 오는 걸까? 내 간절함이 모자란 걸까? 바라는 방법이 잘못된 걸까? 우주가 바람을 이뤄 준다는 황당한 말을 누가 지어내었나? 상술에 낚인 건가?

그렇게 의문을 품었다. 그러다 그토록 끊이지 않고 이어지던 물음에 시원한 답을 주는 유튜브 영상을 발견하게 되었다. 불우한 시절을 보내고 여러 번의 출판 거절에도 마침내 200여 권이 넘는 책을 펴낸 사람. 그러곤 작가, 코치, 강연가, 동기부여가, 부자로서 성공적인 삶을 사는 〈한책협〉의 김태광 대표 코치의 동영상이었다. 김태광 대표 코치는 동영상에서 이렇게 말했다.

"세상은 보이지 않는 것에 의해 창조되었습니다. 새로운 세상을 창조하기 위해서는 보이지 않는 것을 믿어야 한다고 했습니다. 이 세상은 보이지 않는 하나님의 믿음으로 창조되었습니다. 그렇듯이 대학을 갈 수 없다고 믿는 고3은 실제로 대학을 갈 수 없습니다. 따라서 원하는 새로운 세계를 만들어 가기 위해서는 새로운 세계를 만들어 갈 수 있다는, 눈에 보이지 않는 믿음이 필요합니다.

가난한 사람과 부자는 의식구조가 다르고 서로 이해할 수 없습니다. 가난한 사람은 게을러서 가난한 것이 아니고 의식이 가난에 머물러 있기 때문입니다. 머릿속에 온통 가난만 가득 차 있습니다. 가난만 생각하고 가난에 대해서만 이야기합니다. 실행은 하지 않고 불안해하고 걱정만 하고 있습니다. 실패할까 봐 두려워하고 불안해하며 매 순간 가난만 끌어당긴다는 것을 알지 못합니다. 가난은 재앙입니다. 가고 싶은 곳이 아니라 가야만 하는 곳으로 갈 수밖에 없습니다. 스스로 선택한 노력이 아니라 강제노동을 하게 됩니다. 부자라면 이겨 낼 수 있는 시련에도 쉽게 무너져 내립니다. 생활에 고통을 주는 가난은 사람을 작게 만들고 마음을 약하게 만들고 꿈을 잃게 하고 욕망을 잃게 합니다. 부자가 되고 싶다면 부에 대해 이야기하고, 생각을 컨트롤하세요. 성공에 대해서만 말하고 행동하세요."

머릿속에서 뭔가 '땡!' 하고 종소리가 울리듯이 모든 것이 명쾌해졌다. 마치 내가 지금까지 가졌던 의문점의 마지막 퍼즐 한 조각을 찾아낸 듯한 느낌이었다. 무엇이든 바라는 것이 있다면 매 순간 머릿속에 그것만을 그리고 생각해야 한다는 것! 그럼에도 불구하고 내가 어쩔 수 없는 상황에 대해서 생각하고 불안해하거나 불만스러워하는 것. 그것이 내가 원치 않는 상황을 끌어당기고 있는 것이라는 것을 알게 되었다.

나는 어쩌다 가끔씩만 부러워하듯이 부자가 되고 싶다고 생각했을 뿐이다. 실제로는 "그렇게 하기는 현실적으로 힘들다.", "아무것도 없어서 그건 할 수 없겠다.", "그렇게 할 수밖에 없겠다."라고 말했다. 그러면서 현재에 대한 불만과 어려움만을 줄곧 생각하고 이야기했다. 알 수 없는 미래에 대해서는 걱정하고 불안해했다. 바꿀 수 없는 과거에 대해서는 나의 과거가 이랬기 때문에 내 성격은 이렇게 될 수밖에 없었다. 그러니 내가 이렇게 행동하는 것은 당연하다고 합리화했다.

그렇게 자신의 행동의 근거와 원인을 찾아내는 데만 몰두했다. 부모님을 원망만 했다. 그러면서 과거가 이랬으니 현재도 미래도 계속 비슷한 방향으로 흘러가리라 생각했다. 그것을 당연하게 받아들이고 방관했다.

함께 사는 부부가 서로 마음이 안 맞지만 애들 클 때까지만 참자, 참자고 한다. 그러면서 마음에 안 드는 순간마다 '참을 인'자를 수십 번 그린다. 그렇게 머릿속에 이혼만을 생각하며 살아간다. 그러다 보면 아이들이 클 때까지가 아니라 생각보다 빠른 시일에 이혼하게 되는 상황이 올 수도 있는 것이다.

지금의 순간이 괴롭고 힘들다고 그 감정에 빠져서 피하고 싶은 상황만을 떠올리고 이야기한다고 하자. 그러면 우주는 원하지 않는 그 상황을 원하는 것으로 간주하고 현재로 끌어오는 것이다. 서로 마음이 안 맞아 싸운다. 그러면서 아이들이 더 크면 이혼해야지 생각한다. 하지만 그러기보다는 진정 내가 원하는 것이 이혼인지, 가족 간의 화목인지 생각해 봐야 할 것이다. 화목이라면 이혼을 떠올려서는 안 된다. 대신 환하게 웃는 가족들의 모습을 상상해야 한다. 그러곤 가족 간의 화목을 위해서 내가 지금 할 수 있는 일이 무엇인지 생각해 보고 실행하는 것이 맞는 것이다.

예전의 나처럼 가난하고 아픈 과거에서 의미를 찾으며 스스로를 괴롭히는 일을 되풀이하고 있는가? 그렇다면 이제 마음 밭에서 '과거'를 뽑아 버리자. 대신 그 자리에 원하는 '꿈'을 심어 보자. 부자가 되어 원하는 시간에 원하는 장소에서 원하는 일을 하는 상상을 하자. 그런 이야기를 하며 환하게 웃는 가족들의 모습과 행복한 나의 모습을 꿈꾸자. 그러면 훗날 그렇게 하길 정말 잘했다고 말할 수 있는 날이 올 것이다.

나를 닮은 당신에게 해 주고 싶은 이야기가 있다.

"이제까지 힘들었지? 잘 살아왔어. 보이지 않지만, 항상 널 응원한단다. 너는 존재 자체만으로도 소중한 사람이야. 이제는 네가 원하는 것을 마음껏 꿈꿔도 돼. 불현듯 현실이 벽처럼 느껴진다면 버킷리스트를 한 번씩 쳐다보렴. 그러면 꿈으로 가는 계단이 다시 보일 거야. 눈부신 미래만을 꿈꾸며 살기에도 세상은 길지 않단다. 기억해. 사랑해!"

죽기 전에 꼭 하고 싶은 것들 2

15 - 28

윤지영 안경재 박난정 전미옥
서수민 김수현 김유신 홍　준
류희섭 이세한 노경순 김태현
윤정운 정연수

15

나이 들수록
멋진 여자 되기

윤지영 **前 어린이집 교사, 자기계발 작가, 동기부여가**

결혼 6년 차 주부다. 현재 31개월 된 아들을 두고 둘째를 임신 중이다. 하지만 성장하는 엄마, 꿈이 있는 아내가 되고자 틈틈이 자기계발과 함께 '하루 10분 독서'의 힘을 믿고 실천하고 있다. '선한영향력을 줄 수 있는 사람이 되자'를 삶의 모토로 책을 써서 전문가가 되겠다는 꿈을 꾸고 있다. 저서로는 《미래일기》, 《되고 싶고 하고 싶고 갖고 싶은 40가지》가 있다.

"인생은 흘러가는 것이 아니라 채워지는 것이다. 우리는 하루하루를 흘려보내는 것이 아니라 내가 가진 무엇으로 채워 가는 것이다."

이는 영국의 비평가인 존 러스킨의 명언이다.

하루 24시간 중 오직 나만을 위한 시간은 얼마나 될까? 첫아이를 출산하고 육아에 집중했다. 그러면서 너무 힘들고 지친다기보다는 내가 하고 싶은 일들을 자유롭게 하지 못하는 답답한 마음이 더 컸다. 소중한 아기는 임신을 시도한 지 3년이 지나고 나서야 의

학의 도움을 받아 찾아왔다. 기다렸던 아이가 두 돌이 지나 세 살이 되었다. 그 아이가 어린이집에 등원하면서부터 온전한 나의 시간들이 생겼다.

잠시나마 육아에서 해방되었다는 기쁨을 느꼈다. 동시에 시간을 어떻게 써야 '엄마의 삶'과 '아내의 삶' 그리고 '나의 삶' 사이에서 균형을 찾을 수 있을지 생각하게 되었다. 김미경 작가는 《성장하는 엄마, 꿈이 있는 여자》에서 이렇게 말한다.

"육아를 위해서든 인생을 위해서든 엄마는 자기 자신에 대해 공부하는 1만 시간의 노력을 기울여야 한다. '나'라는 사람이 어떤 사람인지 명확히 파악한 후에 아이도 키우고 남편도 키워야 한다."

변화와 성장에 필요한 것은 '용기'다. 그 변화의 주체는 그 어떤 누구도 아닌 바로 '나' 자신이어야 한다는 용기 말이다.

'오늘이 변하지 않는데 어떻게 내일이 바뀔 수 있겠니?' 잊을 만하면 나에게 되새기는 말이다. 어제보다는 오늘, 오늘보다는 내일이 더 나은 삶을 살아야 한다. 그러기 위해서는 배움을 멈추지 말아야 한다. 꿈과 비전이 있는 사람은 배우는 사람이다. 하나님이 주시는 꿈, 비전이 있어야 한다. 그러기 위해 우리는 자신이 원하는 무언가를 배울 때 적극적으로 관심을 갖는 것이 중요하다.

처음에는 어느 누구나 다 잘하지 못한다. 하지만 관심을 갖고 실천하면서 간절함으로 노력해야 한다. 그런다면 누구나 원하는 경지에 다다를 수 있다. "내게 능력 주시는 자 안에서 내가 모든 것을 할 수 있느니라." 오늘도 하나님이 주시는 능력으로 모든 일을 해낼 수 있다는 믿음을 갖고 꿈과 비전을 향해 달려가야 한다.

그러기 위해서는 나를 변화시켜야 한다. 게으름도 습관이다. 부정적인 생각보다는 긍정적으로 생각하는 힘을 가져야 한다. 책에서 배운 것들을 다 내 것으로 완벽히 흡수할 수는 없을 것이다. 하지만 내 것으로 만들도록 노력해야 한다.

나는 현재 경력단절 여성이다. 출산과 육아를 이유로 경제활동을 중단했다. 그러니 집에 있을 수밖에 없는 전업주부다. 정시에 출근하지만 퇴근이 정확하지 않는 남편, 멀리 살고 계시는 양가 부모님으로부터는 잠깐의 도움도 받기가 쉽지 않다. 한 푼이라도 더 벌어야 하는 시기에 육아로 집에만 머물러 있어야 한다. 외벌이를 감수해야 한다. 하지만 나는 아이가 어린이집에서 지내고 있는 시간을 나 자신을 성장시킬 수 있는 좋은 기회로 삼았다.

인생은 성공과 실패의 도돌이표다. 성공하는 사람은 자신의 말과 행동을 실천한다. 하지만 실패하는 사람은 자신의 말과 행동을 변명한다. 성경을 읽으면 인생의 길을 찾을 수 있다.

하나님이 내게 주신 소중한 인생을 살아가는 동안 내 삶의 우선순위는 믿음의 가정 세우기다. 섬기는 교회에서 매주 소그룹으로 성경공부를 한다. 원하는 사람들끼리 단톡방을 통해 매일 성경통독에도 참여하고 있다. 성경의 〈마태복음〉 9장 17절에서 새 포도주는 믿음을 말한다. 매일 믿음 안에서 마음을 새롭게 해야 한다는 뜻이다. 믿음의 사람은 불행을 행복으로 바꾼다.

아이와 함께 집에 있는 동안 내가 할 수 있는 것을 찾아보았다. 독서였다. 책 읽기를 좋아하는 아이 뒤에는 책을 좋아하는 부모가 있다. 우연히 '그림책 읽는 엄마'라는 모임에 참여하게 되었다. 그림책 육아에 관심이 있어 시작했다. 하지만 참여하면 할수록 오히려 나를 성장시키고 힐링 시켜 준다. 소소하고 확실한 행복을 챙기며, 새로운 것을 하나씩 배우며 꿈과 비전을 발견해 나가고 있다.

《그림책 읽어주는 엄마》라는 책에는 이런 말이 나온다.

"그림책을 읽어 주는 것은 내가 아이에게 해 주어야만 하는 의무는 아니다. 하지만 나 스스로가 행복해지는 생활이고, 감동이며, 현재를 살아가는 아주 큰 힘이다."

성장하는 엄마, 꿈이 있는 아내, 나이가 들수록 멋진 여자가 되기 위해 나는 매 순간 행복해지기를 선택해야 한다. 서울대 심리학과 최인철 교수의 '행복'에 대한 강의에서 들은 내용이다. 'Buy, 사는 게 다르면, live, 사는 게 달라진다.' 행복을 위해 경험, 시간(아웃소싱), 선물, 이야깃거리를 사야 한다고 한다. 당장 돈을 벌지 않아도 감사와 성장, 꿈이 있는 행복과 성공을 이루고 싶을 것이다. 그렇다면 바로 지금 세운 계획을 행동으로 옮겨야 한다.

하루 한 시간이라도 온전히 나만의 시간을 갖자. 그러곤 내가 좋아하는 것과 잘하는 것이 무엇인지, 간절하게 원하는 것을 채우는 시간으로 만들어야 한다. 꾸준한 독서와 글쓰기를 통해 나를 표현하고 성장해 나갈 것이다.

"저서는 인생 최고의 학위다. 대학원에 다니며 석·박사학위를 따는 것보다 제대로 된 저서 한 권을 출간하는 것이 자신을 퍼스널 브랜딩하는 데 훨씬 도움이 된다."

〈한책협〉의 김태광 대표 코치의 말이다. 나는 책 읽는 엄마, 아내에서 책 쓰는 작가가 되고 싶다. 그렇게 책으로 선한 영향력을 미치고 싶다.

나이 들수록 멋진 여자가 되기 위해서는 지금부터 미리 준비해야 한다. 하나님이 내게 주신 소중한 인생을 후회 없이 멋지게 살아갈 것이다. 그럴 수 있도록 끊임없이 나를 돌아보고 노력할 것이다. 사람은 나이를 먹어서 늙는 게 아니라 꿈을 잃을 때 비로소 늙는다. 죽을 때 후회하지 않을 진짜 내 인생을 살아야 하는 이유다. 평생 동안 지켜야 할 나의 소중한 버킷리스트 다섯 가지를 되새겨 본다.

- 책 쓰는 엄마, 아내, 멋진 여자 되기

- 선한 영향력을 미치는 사람 되기

- 최선을 다해 하루를 감사함으로 채우기

- 매일 묵상하고 기도하며 보내기

- 남에게 도움이 되는 가치 있는 일 하기

16

가족들과 100일간
유럽여행 떠나기

안경재 **외식업 대표, 사업가, 물류관리사, 동기부여가**

청년 실업 100만 시대에 성공을 꿈꾸며 외식업에 도전한 30대 청년 사업가다. '큰맘할매순대국 구월점' 대표로 연 매출 4억 원을
기록하며, 꾸준히 성장하고 있다. 이상석 저자 《창업론》의 〈Business plan〉에 참여한 바 있다.

현대사회에서는 바쁜 스케줄 때문에 가족끼리 외식 한번 하기
도 힘들다. 그런데 장기간의 가족여행을 떠난다는 것이 과연 가능
할까? 아마도 부모 자식 모두가 생업 일선에서 물러난 '중·장년기'
이후에나 가능하지 않을까? 또는 자녀들이 '유년기 시절'을 보낼
때나 가능한 이야기일 것이다.

내가 유럽여행을 다녀온 것은 단 두 번이다. 첫 번째 여행은 취
업에 대한 불안함으로 가득했던 스물여섯 살의 겨울에 했다. 당시

자금적인 여유는 전혀 없었다. 하지만 지금이 20대의 마지막 여행이 될 것 같다고 생각했다. 그래서 대출을 받아 14박 16일의 단체여행을 떠났었다. '아이쿠스'라는 단체를 통해 '한국 알리기'를 목적으로 한 배낭여행이었다. 유럽 5개국 각지를 다니며 한국을 알리는 활동을 했었다.

두 번째는 스물여덟 살의 나이에 신혼여행으로 또다시 유럽을 찾았다. 스물여섯 살에 내가 느꼈던 유럽의 느낌을 아내와 함께 느끼고 싶어서였다. 또한 그곳에서 앞으로의 결혼생활에 대해 고민하고 다짐하기 위해 떠났었다.

첫 번째 여행은 20대의 나에게 인생의 시야를 넓혀 주는 '터닝 포인트'가 되었다. 그때는 평범한 고등학교를 졸업하고, 남들 다 하는 대학생활을 거쳐, 군대를 다녀오고, 4.3점의 학점에 만족하고, 막연하게 자격증을 따 취업 준비를 하고 있던 시기였다. 그 시기에 접하게 된 다른 문화권이었다. 길거리의 고풍스런 쓰레기통부터 높진 않지만 수많은 조각상으로 이루어진 건물들까지. 모두가 큰 충격이었다. '정형화된 삶을 따라가야만 성공한다'라는 생각의 틀을 깨 주었던 여행이었다.

두 번째 여행은 '같은 것을 봐도 다른 깨달음을 얻을 수 있구나'라는 것을 알게 해 주었다. 혼자일 때의 첫 여행과 결혼 후 아내와 함께한 여행은 다른 생각과 다른 느낌을 받은 값진 시간이었다.

내가 가족들과 하고 싶은 여행은 관광 가이드의 암기된 설명에 맞춰 "우와!"를 외치는 관광여행이 아니다. 파리의 '루브르 박물관'이나 로마의 '바티칸시국'에 가서 전시품을 보는 여행도 아니다. 오히려 '튈르리 공원'에 돗자리를 깔고 앉아 사색에 잠기고 싶다. 무작정 거리를 걸어 다니며 이국의 일상을 살아가는 현지인들의 삶을 바라보고 싶다. 그렇게 시야를 넓힐 수 있는 여행을 원한다.

단순히 여행을 떠나는 거라면, 지금 무리해서 떠날 수 있을지도 모른다. 허나 그렇게 떠난다면, 어느 것 하나 안정적이지 못한 일상을 걱정하게 될 것이다. 제대로 된 여행을 할 수 없을 거란 얘기다.

내가 원하는 여행을 위해서는 갖춰야 할 것이 있다. 첫 번째로 100일간의 공백과 차후 일상으로 돌아가서 안정적인 수입을 얻기까지의 자금력이다. 여행비용은 기본이다. 그뿐만 아니라 일상생활의 고정자금 및 이 시대 '하우스 푸어'로서의 비용까지 버틸 만한 자금력이 필요하다.

두 번째로 시간적인 여유가 필요하다. 외식 자영업을 하고 있는 지금, 100일이라는 긴 시간을 내는 것은 불가능하다. 때문에 여행 시점은 현재의 사업장을 손해 없이 정리한 시기가 될 것이다. 다음의 사업에 대한 준비를 끝마쳤을 때가 될 것이다. 다음 사업을 시작하기 전까지의 공백 기간이 여행의 적기가 될 것이다.

세 번째로 이 버킷리스트를 이루는 데는 시간제한이 존재한다. 나는 결혼 3년 차에 세 살 난 첫째 아이와 임신 6개월 차의 둘째 아이를 가지고 있다. 그러니 첫째 아이가 학교에 들어가기 전에 여행을 다녀와야 한다. 때문에 앞으로 약 4년가량의 시간이 남아 있다.

이 세 가지 조건을 달성하고 떠나는 세 번째 유럽여행은 아이들과 함께 가는 것이다. 때문에 더욱더 특별한 여행이 될 것이다. 지나온 20대와 지금의 30대를 되돌아보고, 앞으로 아내와 두 아이들과 살아갈 앞날에 대해 새롭게 파이팅 할 것이다. 그리고 40대를 바라보며 이루어 갈 계획들에 대한 추진력을 얻을 수 있을 것이다.

아이들과 함께할 수 있는 시간은 20년 남짓하다. 가족과 함께하는 유럽여행은 그 시간 중 30대 아빠로서의 나의 기억 속에도, 아이들의 유년 시절 기억 속에도 특별한 추억으로 남을 것이다.

특별히 가고 싶은 곳 중의 한 곳이 스위스 인터라켄이다. 인터라켄 동역에서 융프라우로 오르는 기차가 있다. 그 기차를 타고 오르다 보면, 1,000미터 정도 고지의 산비탈에 자리 잡은 마을이 있다. 특별한 관광지도 아니고 그저 거쳐 가는 마을이다. 그런데 처음 보자마자 '자급자족'이란 단어가 떠오르는 곳이다. 외부와 소통 없이 마을 안에서 생계가 유지되는 곳이다. 이곳을 보고 난 후 난 무조건 서울이나 번화가에서 살아야 사람답게 살 수 있다고 여기던 편견을 깨뜨릴 수 있었다. 이 마을을 한번 여유롭게 걸어 다니며 둘러보고 싶다.

또한 여행의 100일 중 10일은 파리에 있을 것이다. 현지인들처럼 아침에 느긋하게 일어나 조깅할 것이다. 동네 빵집에서 바게트 빵을 사 조식으로 먹을 것이다. 호텔 근처 공원에 가서 낮잠도 자고, 길거리 악사의 음악도 들을 것이다. 관광지를 찾아다니기보다 정말 그곳의 일상을 체험해 볼 것이다.

100일간의 가족여행을 떠날 수 있다는 것. 그것은 현재 중기 목표로 잡고 있는 자금력과 다음번에 도약할 수 있는 사업체를 완성했다는 반증이기도 하다. 때문에 여행 이전과 이후의 삶이 달라지는 30대의 터닝 포인트가 될 것이다. 이로써 우리 가족의 삶은 한 단계 성장할 것이다.

어쩌면 이 버킷리스트의 목표는 여행 자체가 아닐 것이다. 앞으로 이루고 싶은 목표가 버킷리스트일 것이다. 여행은 목표 달성에 대한 달콤한 보상일지도 모른다. 이 보상을 매일 머릿속에서 되뇌며 정진하고 또 정진할 것이다. 그래서 안정적인 가정과 사업장을 이루어 낼 것이다.

인기도서 작가 되기

박난정 **간호사**

대학에서 간호학을 전공하고 13년 동안 간호사로서 근무했다. 최근까지 직장생활을 하다 재충전의 시간을 갖고 있는 중이다. 보유하고 있는 심리상담사, 심리분석사, 인성지도사, 독서지도사, 미술심리 상담사, 진로적성 상담사 자격증을 토대로 앞으로 베스트셀러 작가와 강연가가 되기 위해 노력하고 있다.

이지성, 혜민 스님, 조엘 오스틴 등. 이름만 들어도 누구나 아는 인기도서 작가들이다. 정말 존경하고 닮고 싶은 사람들이다. 나는 요즘 책을 읽는 재미에 빠졌다. 좀 더 정확히 말하면 책을 읽는 데만 그치지 않고 글을 잘 쓰고 싶다. 인기도서 작가가 되고 싶다는 꿈이 생겼기 때문이다.

작가가 되고 싶다는 꿈은 언제부터 가졌을까? 생각해 보니 고등학교 졸업 후 대학 전공을 선택할 때였다. 그때 문예창작과에 진학해 작가가 되어 보면 어떨까 처음으로 생각했던 것 같다.

얼마 전에 〈한책협〉으로부터 한 통의 광고 형식의 메일을 받게 되었다. 나는 그 메일을 보고 〈한책협〉 카페를 알게 되었다. 무엇보다 마음을 빼앗은 건 '가장 빨리 작가가 되는 법'이라는 문구였다. 그리고 아주 운 좋게 공동저서에 참여하게 되었다. 그러곤 용기를 내어 작가에 도전하게 된 것이다.

이건 참 우연한 기회이고 축복인 것 같다. 마음속에 가지고 있던 꿈. 인기도서 작가가 되겠다는 꿈에 첫발을 내딛게 되었으니 말이다. 작가라는 이름으로 책 한 페이지를 장식할 수 있는 기회를 얻었으니 말이다.

나에게 작가란 지식이 풍부하거나 성공해서 그 약력을 펼칠 수 있는 위대한 사람들이었다. 나는 그분들의 책을 사서 읽고 감탄하는 사람이었다. 그렇게 그저 먼 곳에 있는 사람들이었다. 그런데 난 지금 이렇게 이 책에 글을 쓰고 있다. 이것은 정말 놀라운 일이다.

내가 책에 관심을 갖게 된 건 마음 한쪽의 공허함 때문이었다. 마음속에서 갈증을 느꼈기 때문이었다. 그리고 그 공허함의 원인을 책 속에서 찾으려 했던 셈이다. 그때 도움을 많이 받았던 분이 혜민 스님이다. 혜민 스님의 《멈추면, 비로소 보이는 것들》이라는 책에서 나는 마음의 공허함과 갈증, 내 마음 돌보는 방법을 조금 알게 된 것 같다.

그러면서 난 또 다른 것에 관심을 가지게 되었다. 책을 봐서 마음을 다스리는 법을 조금 알게 되었다. '그렇다면 마음을 읽는 방법은 뭘까?' 이런 의문이 들었다. 그러다 우연히 김창옥 강사님의 유튜브 강의를 접하게 되었다. 그 강의를 들으며 소통은 어떻게 하는지, 어떤 사람이 말할 때 그 말의 뜻을 어떻게 받아들이고 반응해야 하는지 등 소통에도 관심을 두게 되었다. 그때 또 한 분의 강의를 듣게 되었다. 바로 김미경 강사님의 강의다. TV나 유튜브로 그분의 강의를 보았다. 그러면서 꿈을 가지는 방법과 꿈을 키우는 방법에 대해 영감을 받았다. 그러다 결국 막연하게 나도 언젠간 강사가 되고 싶다는 꿈을 가지게 되었다.

지금은 책을 소개해 주시는 김새해 작가님의 유튜브를 보면서 희망과 용기를 얻고 있다. 그러면서 어떻게 책의 줄거리와 핵심을 전달하는지, 어떻게 말을 멋있게 풀어낼 수 있는지 말하는 방법도 배우고 있다.

나의 이런 관심이 나의 버킷리스트에 가까워지기 위한 과정이라는 생각이 든다. 그렇게 성장해 가는 과정이라는 생각이 든다.

작년 한 해 동안 나는 직장생활을 하면서 20권의 책을 읽었다. 앞서 언급했듯이 거의 대부분 자기계발서다. 나의 관심사에서 크게 벗어나지 않는 범위에서 보고 있다. 또한 작년 한 해 심리 분야에 대해 조금 더 이해하고 싶었다. 그래서 온라인 강의 무료 수강을 통해 6개의 수료증과 자격증을 땄다. 인성지도사 1급, 독서지도사 1급, 미술심리상담사 1급, 심리분석사 1급 등.

그런데 나는 이것들을 비전문적이라고 표현하고 싶다. 이유는 실습이 빠진 온라인 강의를 통해 벼락치기로 일궈 낸 결과이기 때문이다. 다음에 기회가 된다면 이 분야를 완전히 내 것으로 살리고 싶다. 하지만 후회는 안 한다. 누가 뭐라고 해도 나의 성장에 도움이 되는 잠재의식의 성장 과정일 수 있으니까.

이제 나는 내 버킷리스트를 이루기 위해 구체적인 노력을 하려 한다. 나는 글 쓰는 방법이나 출판을 알려 주는 〈한책협〉을 알게 되었다. 그러니 이 기회를 발판으로 삼을 것이다. 그렇게 인기도서 작가가 되기 위한 배움을 좀 더 구체적으로 실현해 볼 계획이다.

누구나 꿈을 꿀 수 있다고 생각한다. 누구나 최고가 될 수 있는 기회와 잠재능력을 갖추고 있다고 생각한다. 그런데 많은 사람들이 눈앞의 현실에 갇혀 좁은 시야를 가지게 된다. 현실을 살아 내기 위해 정말 자신에게 필요한 꿈을 잠재의식과 무의식 속에 가둔다. 하루하루를 아주 열심히 살면서. 때로는 그렇게 바쁘게만 살다 세월을 지나친다. 때론 자신이 무엇을 위해 살아가는지 방향도 잃어 가면서 말이다.

나 역시도 그런 사람들 중의 한 명이다. 하지만 괜찮다. 그 수많은 경험, 그 수많은 실패 또는 좌절을 겪으면서 우리는 성장해 가고 있을 테니까. 그리고 그 속에서 오히려 잃어버린 꿈을 발견해서 실현해 나가는 사람이 될 수 있을 테니까….

　현실에서 살아남기 위해 노력하다 보니 어느덧 내 나이가 마흔 살이 되었다. 내 꿈, 내 버킷리스트 중 하나인 작가라는 꿈을 고이 접어 가슴속에 간직했었다. 하지만 우연한 기회에 이렇게 글을 쓰게 되었다. 그러면서 작가라는 꿈을 수면 위로 올렸다. 현재 나는 나의 버킷리스트인 인기도서 작가, 희망을 주는 강연가가 되기 위해 노력 중이다.

　하루하루 살아가는 건 어떻게 보면 하루하루 성장해 나가는 과정인 것 같다는 생각이 든다. 요즘 나는 꿈을 어떻게 이루어 갈지, 꿈을 실현해 나가려면 어떻게 해야 할지에 관심을 두고 행동하고 있다.

　그러면서 내가 알게 된 몇 가지가 있다. 그중 한 가지는 꿈을 가지라는 것이다. 그 꿈을 이루기 위해 내가 해야 할 일은 무엇일까? 나는 내가 지금 당장 할 수 있는 것에 초점을 맞추려고 노력 중이다. 어느덧 좀 더 가까워질 내 버킷리스트. 오늘도 나는 인기도서 작가와 강연가라는 꿈에 한걸음 더 내딛고 있는 중이다.

엄마의 놀이터 학교 설립해
꿈과 희망을 전달하기

전미옥 피부·건강·다이어트 뷰티 컨설턴트, 자기계발 작가, 동기부여가

현재 피부, 건강, 다이어트 교육 상담 컨설턴트로 활동 중이다. 건강, 다이어트, 피부, 교육 상담을 하며 다양한 사람을 만나고 그들의 고민을 해결해 준다. 그러면서 성취감과 더 건강하고 아름다워지려는 욕구를 충족시켜 줄 수 있다는 보람을 느낀다. 동시에 다름의 차이를 증명시켜 주며 원하는 모든 사람에게 긍정적인 영향력을 주고 있다. 좋은 경험을 다양한 분야로 확대해 자신이 꿈꿔온 엄마학교를 설립하고자 한다. 그 꿈을 현실화하기 위해 경제적 자유와 시간적 자유를 이룰 수 있도록 노력 중이다.

나는 두 아이의 엄마다. 엄마는 아이의 나이에 따라 함께 성장해 간다. 나는 엄마나이 여덟 살이 되었다.

엄마가 행복해야 아이도 행복하다는 말은 수없이 들어 왔다. 많은 엄마들은 꿈꾼다. 세상에서 가장 소중하고 사랑스러운 나의 아이를 진심으로 잘 기르고 행복하게 만들고 싶다는 꿈을. 나 또한 다르지 않았다.

나는 25세 꽃 같은 나이에 결혼했다. 행복한 결혼생활을 꿈꾸며 아이를 원했지만 쉽지 않았다. 유산의 아픔을 경험했기 때문이

다. 그러다 어렵게 5년 만에 첫아이의 심장 소리를 들을 수 있었다. 그때의 감사함과 행복감은 이루 말할 수 없었다. 한편으로는 두려운 것도 사실이었다. 그토록 엄마가 되기를 바랐다. 하지만 준비되어 있지 않다는 불안감이 나를 힘들게 했다.

진짜 엄마가 되기 위한 공부를 시작해야겠다는 생각을 할 때쯤 찾게 된 것이 책이다. 책으로 엄마가 되기 위한 공부를 시작하게 되었다. 여러 육아서적으로 공부하면서 어려운 부분도 참 많았다. 책처럼 아이가 자라 주지는 않았다. 같은 상황이 벌어지는 일은 없었기 때문이었다.

의견이 서로 다른 부분도 많았기 때문에 더욱 어렵다는 생각을 하게 되었다. 카페를 통해서 선배 엄마들한테서도 많은 정보를 공유 받고 도움도 받았다. 주위 지인들, 조리원 동기 엄마들과도 교류했다. 전문 강사님들의 강의를 직접 찾아서 듣기도 했다. 그렇게 아이를 키워 나갔다. 그렇게 나의 아이와 함께 시간을 보내면서 경험이 쌓여 갔다. 아이와 함께 성장해 나가는 과정을 겪어 나갔다.

나는 출판사 영업사원과의 인연으로 어린이 전집을 구입하게 되었다. 당시 영업사원이 나의 유일한 육아전문 선생님이었다. 영업사원은 내가 고민하고 있는 부분, 앞으로 어떻게 아이를 키워 나가야 할지 그 방향성, 미래를 준비하는 자세, 전반적인 육아 상식들을 알려 주었다. 아직도 감사한 마음을 갖고 있다.

책으로 아이를 키워야겠다고 더욱 확신을 갖게 되었던 시간들이었다. 공감, 표현에 서툰 나는 많은 시행착오를 겪었다. 아이의 특성을 이해하지 못하면서 수많은 문제에 부딪쳤다. 그것들은 내가 어떤 시각으로 보느냐의 차이라는 사실을 인식시켜 주었다. 나는 항상 부족한 엄마인 내 모습이 만족스럽지 않았다. 공부도 하고 강의도 듣고 할 때는 바뀌는 듯했다. 하지만 3일을 지속하지 못하는 모습에 더 큰 실망감과 자괴감을 느끼기도 했었다.

그때부터였던 것 같다. '전문적인 엄마학교가 있으면 너무 좋겠다'라는 생각을 한 게. '좋은 엄마로서 행복한 엄마로서 건강한 사회와 정신을 가르치는 가정이 늘어나면 행복한 사회가 되지 않을까?' 하는 생각. '내 아이만 잘 키우면 되지'라고 생각하며 키우는 과정에서 느꼈던 슬픔, 외로움, 부족한 마음. 모두 나의 선택에 의한 것이었다는 사실을 지금에 와서 느낀다.

우물 안 개구리처럼 오로지 내 아이만 잘 기르겠다고 생각했던 시기가 있었다. 모든 사람과의 관계도 정리할 만큼. 그때 사무치는 외로움을 느꼈다. 스스로를 감옥으로 밀어 넣으며 심각한 산후 우울증을 경험하기도 했다. 당시 나는 문제의 원인을 외부로만 돌렸다. 부모님, 신랑, 아이, 사회에 대한 부정적인 생각과 불만을 토로하기 바빴다. 집에서 아이만 바라본다고 문제가 해결되지 않는다는 사실을 끊임없이 주위 사람들에게서 들어 왔다. 나 또한 그렇게 생각하기도 했다. 하지만 다시 사회생활을 하는 것이 오히려 아이를 불행하게 만들 거라는 생각에 실행하지 못했다.

아이를 핑계로 경력단절이라는 현실은 10년간 지속되었다. 엄마가 부재하면 아이가 심리적 불안을 느껴 건강하지 못한 상태로 자랄 거라고 스스로를 합리화했다. 그러는 동안 아이도 엄마도 결코 행복한 시간을 보냈다고만은 할 수 없었다. 보이지 않는 감옥에서 스스로를 불행하다고 여기는 마음은 정말 괴롭고 힘들다. 분명 행복한 좋은 엄마가 되고 싶은데 이상과 현실의 차이가 너무 컸다. 그 차이를 메우기 위해서 더 많은 것을 알고, 배워야 한다는 사실은 알고 있었다. 그러면서도 실행하기가 힘들었다.

결국 아이만을 바라보면서 내 삶이 아닌 누구의 엄마, 아내, 딸로서의 역할에만 충실했다. 그러면서 상대만 바라보는 것, 상대를 구속하는 것이 가장 불행하다는 것을 내가 하는 일을 통해서 배웠다.

나는 현재 화장품과 관련된 일을 하고 있다. 온전한 나를 찾아가는 과정에서 행복감을 맛보고 있다. 즐겁게 일하는 과정에서 잃어버렸다고 생각했던 나의 이름을 찾아 가고 있다. 나는 이 일을 통해 고민하는 고객의 피부를 개선시켜 준다. 내 도움을 통해 기뻐하는 고객의 모습을 볼 때 나 또한 기쁘다. 다른 사람에게 도움이 되는 나의 일이 너무 좋다. 행복한 마음이 하나씩 늘어 간다. 그러면서 더 많은 사람에게 도움을 주는 사람이 되고 싶다는 생각이 커져 가고 있다. 지금 나는 무척 행복하다.

'엄마가 행복해야 아이도 행복하다.'

진심으로 공감되는 말이다. 내가 직접 경험하고 배우고 느꼈으니까.

생각이 바뀌니 세상이 다르게 보인다. 아이를 대하는 자세, 사랑, 표현 방법이 배움에서 그치지 않는다. 실행하는 엄마가 되었다. 그러면서 아이와의 관계도 좋아졌다. 서로를 이해하고 사랑하는 마음이 더욱 커져서 더 큰 행복감으로 다가온다.

엄마가 행복할 수 있도록 동기부여해 주고, 초보엄마가 겪는 어려움을 공감해 주고, 앞으로 나아가고자 하는 엄마들을 행복하게 해 주는 그런 학교를 설립하고 싶다. 사회에서 필요로 하는 인재로 만들어 주고, 고민하는 부분을 가르치고 채워 주고, 마음껏 놀 수 있게 해 주는 놀이터 같은 그런 편안한 엄마의 공간을 만들고 싶다.

아이 교육, 심리, 독서, 체력, 엄마를 위한 배움뿐만 아니라 피부 관리, 건강관리, 체력 관리, 시간 관리, 경제 관리, 마음 관리를 할 수 있는 힐링 장소로 학교를 만들겠다. 그래서 꿈과 희망을 전달하는 CEO가 되겠다. 엄마의 놀이터인 그 공간에서 많은 엄마들이 성장해 나가게 할 것이다. 그리고 그들 또한 서로의 멘토, 멘티가 되어 함께 성공하며 더 밝은 미래를 만들어 갈 것을 기대한다. 엄마가 행복해야 가정도 행복하고 아이도 행복하게 잘 자랄 수 있다는 것은 부인할 수 없는 사실이다. 그렇기 때문에 반드시 이 꿈과 목표를 이루고 싶다.

나아가 롤모델, 꿈꾸는 사람, 꿈 너머 꿈을 이루는 사람이 되고 싶다. 그렇게 되길 간절히 원하고 소망한다. 죽기 전에 꼭 하고 싶은 버킷리스트들이 있다. 그중 '나의 경험과 배움, 생각이 함축되어 있었으면 하는 부분을 내가 직접 만들면 어떨까?' 하는 오래된 생각에서 출발했다. '꿈을 꾸고 이루었을 때 그 꿈은 다시 또 다른 누군가의 꿈이 된다.' 참 멋진 말이다.

내가 꿈꾸고 이루면 현재의 내 삶보다 더 멋진 삶이 펼쳐질 것이다. 그리고 그로부터 오는 행복을 전달할 것이다. 그러면서 이 세상 모든 엄마들에게 용기와 희망을 줄 수 있는 사람으로 변화하고 성장할 것이다.

평범하고, 부정적이었던 나에겐 10대 때부터 '삶이란? 어떻게 살아가야 하는가?'라는 고민이 있었다. 하지만 명확한 답을 찾지 못했다. 항상 눈앞의 것만 선택하면서 살아왔다. 그러다 부모가 되면서 다르게 살기를 원했다. 그렇게 부족한 것을 채우려는 과정에서 더 좋은 선택을 할 수 있는 훈련이 되었던 것 같다.

예전과 크게 달라진 부분이라면 평범함 속에서도 특별한 나의 장점을 찾으려고 노력하는 것이다. 긍정을 선택하고, 감사하는 마음을 갖는 것이다. 모르면 더 모르길 원하고, 알면 더 많이 알기를 원한다는 말이 있다. 그처럼 나는 끊임없이 더 많이 알고 싶다. 성공경험을 쌓아 평범하지만 누구도 따라올 수 없는 특별함을 갖춘 사람이 될 것이다. 그러기 위해 더욱 노력하고 성장할 것이다.

많은 사람들에게
따뜻한 사랑 전하기

서수민 북경사범대 학생, 자기계발 작가, 동기부여가

스물두 살의 평범한 유학생이다. 현재 북경사범대학교 휴학 중이다.

인생은 참 길면서도 짧은 것 같다. 어떤 사람은 내일을 살아가기 위해 살 것이다. 또 어떤 사람은 꿈을 위해 바쁘게 살아갈 것이다. 이미 모든 것을 다 이룬 사람에겐 인생이 어떤 느낌일까? 인생이 무의미하게 다가올까? 절대 아닐 것이다. 사람의 욕심에는 끝이 없기 때문이다.

어떤 것을 추구하느냐에 따라 사람은 인생의 의미를 찾을 수도 아닐 수도 있을 것이다. 아직 20대 대학생인 나에게 죽음은 너무 멀게만 느껴질 때도 있다. 사소한 병으로 골골댈 때도 있었다. 하지만 죽음의 무게를 알 정도의 일은 없었다. 나에게 내 죽음의 무게는 그리 무겁지도 그리 가볍지도 않을 것 같다. 죽음이라는 것은 참 두려운 존재다. "젊은 사람들은 자신이 늙지 않을 거라 생각한다. 하지만 사람은 늙고 늙으면 죽는다." 정말 공감되는 말이다.

나는 초등학교 저학년 때만 해도 나에게 여드름이 생길 줄 몰랐다. 내가 세상의 다인 줄 알았고 주인공인 줄 알았다. 그러다 커갈수록 느꼈다. '나보다 더 대단하고 예쁘고 똑똑한 사람이 많구나…. 나는 천재도 아니고 부자도 아니구나….' 그리고 대학생이 되면서 이렇게 느꼈다. '사람의 인생은 한 번뿐이구나.' 누군가 그 사람의 세월을 잡아 줄 수도 늘려 줄 수도 없구나. 이는 한 번밖에 없는 인생을 어떻게 사는지는 자신에게 달려 있다는 말이 된다.

무엇을 하든 시간은 흐른다. 하지만 결과는 다르다. 결국 죽는다면 나는 죽기 전에 무엇을 할 것인가. 그것이 나를 향한 가장 중요한 질문이다. 나는 이 질문에 대한 답을 지금의 내 나이의 수준에서 적을 수 있을 뿐이다.

정말 내가 하고 싶은 것은 모든 사람들에게 하나님의 따뜻한 사랑을 전하는 것이다. 먼저는 나부터 누리고 있어야 가능한 일이다. 그래서 그것이 내가 죽기 전에 꼭 이루고 싶은 것이 되었다. 그러면 이것을 전하는 데는 어떤 방법이 있을까. 책으로 강연으로 사진으로 기부로 하는 방법도 분명 있다. 하지만 정말 하고 싶은 방법은 내가 다른 사람의 삶에 깊이 함께 하는 것이다.

나는 사람들에게 화장, 미용, 옷, 인테리어, 건강 등 모든 것을 코칭해 주고 싶다. 그렇게 그 사람의 시간을 아낄 수 있게 해 주고 싶다. 그럼으로써 월 3,000만 원의 수익을 내는 1인 기업가가 되고 싶다.

그리고 그 사람에게 아낀 시간보다 더 중요한 것이 있음을 알려 주고 싶다. 정말 터무니없는 생각이라고 할 수도 있다. 하지만 내 꿈을 얼마만큼 크게 잡든 그것은 내 마음이다. 아무도 뭐라 할 수 없다. 꿈은 크게 가지라고 하지 않았던가.

알리바바의 대표 마윈도 이런 터무니없는 꿈으로부터 거대한 기업을 이루어 낸 것이 아닐까. 마윈은 "리더는 비전을 제시해야 하고, 미래를 내다볼 줄 알아야 한다."라고 말했다. 비전과 그 비전에 따라 현실이 되는 것이다. 또한 이렇게 말했다. "때로는 당신이 일하는 곳이 어디인지가 아니라 당신의 마음이 어디에 있는지, 시선이 어디를 향하는지가 훨씬 더 중요하다."

지금 나는 알바를 하고 있고 급여도 많지 않다. 하지만 그것이 중요한 것이 아니다. 내 마음과 비전이 지금 어디에 소망을 두고 있는지가 중요하다. 중국 전자상거래의 80%를 차지하는 알리바바의 회장 마윈이 한 말처럼.

꿈을 꾸지 않으면 꿈을 이룰 수 없다. 화장, 미용, 옷, 인테리어,

건강 등 모든 것을 코칭하는 것은 내가 관심을 두고 있는 것이다. 나는 자취를 한다. 때문에 나 혼자 모든 것을 해결하고 있다. 그래서 자연스럽게 다양한 것들에 관심이 생겼다. 그러다 보니 여러 분야를 조화롭게 이루며 살아가고 있다.

나는 화장만 하고 인테리어는 소홀히 해 집을 난장판으로 만들고 싶지 않다. 일을 하러 나간다고 건강한 음식 대신 몸에 안 좋은 음식을 먹으며 몸을 망가뜨리고 싶지 않다. 삶이 고달프다고 푸석한 머리와 똑같은 옷을 입고 싶진 않다. 나는 항상 이런 생각을 한다.

하지만 어떻게 인테리어를 해야 할지. 어떤 화장품이 좋은지. 건강한 음식을 어떻게 내 몸에 공급할지. 머리 관리를 어떻게 해야 할지. 옷을 어떻게 입어야 할지. 이런 관심사를 충족시키려고 인터넷 서핑을 하다 보면 정작 중요한 것은 하지 못했다. 시간만 축내고 있었다. 그리고 가진 돈의 범위 안에서 어떻게 하면 더 싼 것을 찾을지 서핑하며 금보다 귀한 시간을 낭비하고 있었다. 이는 나와 비슷한 사람들이 그 시간을 아낄 수 있도록 해 주고 싶은 이유다. 그 방법은 시간에 대한 강의가 될 수도 있을 것이다. 그 시간을 아낄 수 있게 해 주는 내용의 저서를 출간할 수도 있을 것이다. 아니면 그 모든 것을 가능케 하는 쇼핑몰을 열 수도 있을 것이다. 화장에 대해 쉽게 알려 주며 화장품을 추천해 주는 사람들이 있는, 엉망인 내 방에 필요한 것이 무엇인지 집의 구성을 쉽게 알려 주며 가구와 배치를 추천해 주는 사람이 있는, 푸석해 잘 빠지는 머리에 대해 쉬운 설명과 여러 가지 관리법을 권해 주는 사람들이 있는, 시기에 맞고 내 성향에 맞는 옷을 추천해 주는 사람들이 있는, 몸에 필요한 영양소를 쉽게 설명해 주고 부족한 영양소를 보충해 주는 제품과 음식을 추천해 주는 사람들이 있는 그런 곳 말이다. 나는 그런 곳을 만들고 싶다. 이곳의 최종 이념은 '나에게 중요하지 않은 것에 시간을 빼앗기지 말자'다.

또 다른 나의 작은 버킷리스트가 있다. 그것은 부모님과 한 달 동안 해외여행을 가는 것이다. 이것은 내가 자취를 하면서 생각하게 된 버킷리스트다. 가족은 가장 가까이에 있으면서 가장 모르는 사람들이라고 누군가 그랬다. 나 또한 그렇다. 부모님은 나를 기르기 위해 부지런히 희생하시고 나를 지지해 주셨다.

이 버킷리스트는 부모님의 마음을 알고, 부모님이 좋아하시는 것을 해 드리겠다는 생각에서 비롯되었다. 지금도 일하느라 우리 가족은 뿔뿔이 흩어져 있다. 그래서 언젠가 부모님을 모시고 자유롭게 여행하고 싶다. 서로에 대해 더 알아 가고 추억을 쌓고 싶다. 어쩌면 소소할 수 있지만 절대 쉬운 일은 아니다. 우리 엄마는 항상 바쁘셔서 내 고등학교 졸업식에도 참석하지 못하셨다. 내가 다니는 대학에도 한 번도 와 보신 적이 없다. 그렇기 때문에 일의 굴레에서 벗어나게 해 드리고 싶은 것이다. 여행을 통해서.

20

한 분야의 톱으로
인정받기

김수현 **방송작가, 크리에이터, 공예 작가**

경영학과를 졸업하고 현재 9년 차 방송작가로 활동 중이다. 공예 쪽 자격증을 취득해 공예품 제조, 판매, 교육도 하고 있다. 방송을 넘어 다양한 내용으로 나만의 콘텐츠를 만들기 위해 연구 중이며 소설 및 드라마 분야도 도전 중이다.

우리가 이 세상을 열심히 살아가는 이유는 무엇일까? 단순히 가장, 남편이란 무게 때문에 혹은 성인이 되었기 때문에, 남들 다 그렇게 하기 때문에 공부하고 취업하는 것은 아닐 것이다. 그렇게 정년이 될 때까지 다람쥐 쳇바퀴 돌 듯 살아가는 것은 아닐 것이다. 우리는 '돈', '명예', '권력', 이것들을 얻기 위해 삶을 살아가는 게 아닐까?

그렇다면 부와 명예가 따르게 하기 위해서는 어떻게 해야 할까? 태어날 때부터 모든 걸 가지고 태어난 '금수저'가 아니라면, 일확천

금을 벌 수 있는 특별난 운을 가지고 있는 게 아니라면, 방법은 단 하나! 자신의 분야에서 톱(TOP)이 되는 방법뿐일 것이다.

나의 유년 시절은 꽤 엄친딸의 면모를 보였다. 학업 성적은 상위권을 유지했다. 글쓰기 대회나 음악 대회 등 예술 분야에도 능력을 보였다. 무언가에 손대면 남들보다 잘한다는 이야기를 들었다. 어떤 학원을 가도 "이 아이는 이 분야의 인재로 키워야 합니다."라는 소리를 들었다. 배움의 습득이 빠르고 응용력이 좋았던 아이. 그래서 하고 싶은 것도 많고 꿈도 많았던 소녀. 하지만 어느 분야에서도 1등은 하지 못했다.

그때마다 엄마에게 들었던 말이 있다. "열 가지 재주 있는 사람이 한 가지 재주 있는 사람보다 못하다. 배곯는다!"라는 말이었다.

그런데도 그때의 나는 기고만장했던 것 같다. 무엇을 하든 잘했고 잘할 자신이 있었기 때문이다. 그렇게 내 꿈은 다 이루어지리라 생각했다. 하지만 이 생각은 천재들을 만나며 무참히 깨졌다. 그저 조금 똑똑해서 배우는 것의 습득과 응용이 빨랐던 아이는 배우지 못한 길로 가질 못했다. 그럴 때마다 배우지 않은 것으로 해결 방안 혹은 더 좋은 결론을 도출해 내는 천재들을 보았다. 난 그럴 때마다 좌절해야만 했다.

그리고 그런 순간을 만날 때 어린 나의 선택은 '도망'이었다. '나는 또 잘하는 분야가 있으니까'라고 쉽게 생각하고 분야를 옮겼다.

하지만 도망간 그곳에서도 또 다른 천재를 만나게 되었다. 나는 끈기 있게 한 분야에서 노력하지 않았다. 대신 내가 잘하는 분야들을 찾아다녔다. 그리고 그때마다 만난 천재들에게 굴복해야 했다. 그래서일까? 나는 중학교, 고등학교, 대학교, 직업의 분야가 모두 다르다.

그렇게 살아오다 보니 어느덧 달걀 한 판의 나이가 되었다. 그리고 일하는 곳에서도 중간 위치 정도의 연차가 쌓였다. 그러다 보니 인생에 대한 고찰이 시작되었다.

과연 내가 이 일을 계속하는 것이 맞는 것인가? 결혼하고, 아이를 낳고도 할 수 있을까? 일반적인 회사보다 정년이 짧은 이곳에서 나는 언제까지 살아남을 수 있을까? 내 이름을 알아봐 주는 사람이 있을까? 과연 나는 무엇을 향해 이렇게 살고 있는가? 그리고 지금까지 내가 만난 사람들은 천재였을까? 아니면 노력하는 평범한 사람이었을까?

며칠 전 SNS에서 재미난 영상을 본 적이 있다. 범인(凡人)이 천재를 이기는 방법이라는 영상이었다. 그런데 거기에서 참으로 흥미로운 이야기를 했다. 노력이 천재를 이길 수 있다는 말이었다. 영상 속의 사람처럼 쉬지 않고 꾸준히 노력하면 언젠가는 천재를 이길 수 있다는 이야기다. 우리가 흔히 하는 이야기다. 그런데 영상 속이야기의 재미있는 부분은 천재에 대한 것이었다.

천재는 우리보다 더 먼저 산에 오른다. 하지만 어느 정도 산에 올랐을 때 주위에는 아무도 없다. 그리고 자신이 높은 곳에 있는 것을 발견한다. 그 순간 흥미가 떨어진다는 것이다. 그리고 흥미가 떨어지면 그 자리에 멈춰 버린다는 것이다. 마치 토끼와 거북이처럼. 그러니 꾸준히 하다 보면 멈춘 천재를 따라잡을 수 있다는 이야기였다. 역전도 할 수 있다는 이야기였다.

그리고 이런 이야기를 덧붙였다. 어릴 때의 체력장을 생각해 보자. 보통 2인 1조로 달려 시간에 따라 등급을 매겼던 100미터 달리기. 자신보다 못하는 친구와 달릴 때의 기록과 나를 앞서는 친구와 달릴 때의 기록이 다르다는 것이다. 나 역시 어릴 때 경험해 보았다. 나보다 잘 뛰는 친구들과 달릴 때 기록이 단축되었던 것을.

이것은 무엇을 의미하는 걸까? 내 앞에 천재가 있다고 해서 전혀 기죽을 필요가 없다는 것이다. 천재는 그저 나보다 먼저 그 자리에 도달한 것일 뿐이다. 그곳은 언젠간 나도 도달할 위치인 것이다. 오히려 내 앞에 천재가 있다면 그를 따라잡기 위해 나는 더욱 노력할 것이다. 그렇게 천재가 있던 자리에 도달하는 시간은 단축될 것이다. 하지만 대부분의 사람들은 순간의 경쟁에서 뒤처지는 게 영원한 패배라고 생각한다. 그렇게 쉽사리 포기하고 만다. 마치 어린 시절의 나처럼 말이다.

내 나이 서른세 살. 다시 심장이 뛰는 일을 찾으려 한다. 내가 사랑하고, 꾸준히 노력할 수 있는 내 분야. 내 꿈을 말이다. 어떤 이들은 늦었다고 할 수도 있다. 물론 틀린 말은 아닐 것이다. 하지만 이제는 100세 시대라고 한다. 나는 고작 100세의 3분의 1밖에 살지 않았다. 앞으로 100세의 3분의 2를 더 살아가야 한다. 이는 지금까지 살아온 인생의 2배를 더 살아야 한다는 뜻이다. 지나온 날보다 앞으로 살아갈 날이 더 많은 것이다. 그런데 어찌 늦었다고 할 수 있으랴!

나는 작가가 될 것이다. 아니 이미 작가라는 나의 길은 시작되었다. 느리더라도 꾸준히, 늦은 만큼 멈추지 않고 묵묵히 이 길을 걸어갈 것이다. 그렇게 살다 보면 언젠가 나 역시 그 분야에서 최고라고 인정받을 것이다. 그런 날이 올 것이라 믿는다.

아이와 함께
문화재 답사 여행하기

김유신 | 서울중앙방송 교육기획국 PD, 청소년 지도사, 청소년 드림 멘토

한양대 공공정책대학원을 수료하고 서울일보와 로컬세계를 거쳐 내외신문 사회부 기자와 청소년 진로직업기자 단장으로
활동했다. 현재 서울중앙방송 교육기획국 PD로 활동 중이다. 경기도교육청의 꿈의 학교 중 광명시 청소년 진로 교육프로그램을
기획 및 운영 중이며 경기도 광명시와 서울 영등포구의 청소년 멘토로도 활동 중이다. 작가이자 진로 코치라는 가슴 설레게 하는
꿈을 그리며 청소년들의 멘토로 활동하고 있다.

나는 시간이 될 때마다 우리나라의 이곳저곳을 찾아다닌다. 좋은 볼거리를 찾는 것이 아니다. 맛집을 찾는 것도 아니다. 그저 우리나라의 문화재를 찾아다닌다. 몇 년 전부터 이런 생각을 하기 시작했다. 내가 문화재를 찾아다니는 이유가 내 이름 때문인가?

한참을 생각해도 다시 제자리로 돌아온다. 왜냐하면 내 이름은 김유신이기 때문이다. 신라의 장군과 이름이 같아서일까? 중·고등학교에 다닐 때도 한국사, 세계사 등은 100점을 놓친 적이 거의 없다. 한국사에 대한 나의 관심은 아마도 이런 연유에서 시작된 것 같다.

나는 2007년도에 결혼했다. 지금은 사랑하는 아내와 열한 살 난 아들과 여덟 살 난 딸을 두고 있다. 나는 한국사에 대한 나의 관심을 자연스럽게 우리 가족들과 공유하고 있다. 우리 가족이 한국사에 대한 거부감이 없어서 다행이다. 내가 지방에서 한국사 강의를 할 때, 아이들이 수강생들 사이에서 함께 듣는 기회를 가진 적이 있었다. 그 영향이 좀 있었던 것 아닌가 싶다.

무작정 떠났던 강화도, 수원, 대부도, 춘천 등. 어쩌면 아무 준비 없이 떠났던 시간이 더 기억에 오래 남는 듯하다. 그러나 나 역시도 한국사에 무관심한 적이 있었다. IMF와 금융위기란 사회적 영향을 받으면서 그랬다. 군대 제대 후 터진 IMF에 한참을 힘들어했던 기억이 있다. 이제는 그냥 추억으로 여겨질 만큼 많은 시간이 흘렀지만 말이다.

나는 결혼한 지 11년 차다. 우리 아이들은 갓난아기 때 천 기저귀를 사용했었다. 아이들의 똥 기저귀를 갈던 때가 엊그제 같다. 초등학생이 된 아들과 딸에게 함께한 추억을 만들어 주는 게 작은 목표가 되었다. 아이들을 보면 나의 어릴 때 모습을 거울로 보는 듯했다. 그래서 세상살이의 기쁨과 슬픔, 즐거움과 어려움 등을 조금씩 알려 주고 싶었다. 그 매개체를 한국사로 잡았다. 지금까지 정말 많은 역사 문화재를 찾아다녔다. 아내의 의견도 고려했다. 그러느라 장소를 섭외하는 데 시간이 많이 걸리기도 했다.

요즘 시대는 정말 빠르게 변화하고 있다. 내가 대학교에 입학했던 1992년도에 삐삐, 벽돌 폰, 시티 폰 등 상상도 못했던 기기들이 등장했었다. 그것들이 지금 2018년의 모습으로 변화했다. 그럴 것이라고는 죽었다 깨어나도 생각하지 못했을 것이다. 하지만 지금 우리는 2018년을 잘 살아가고 있다.

요즘의 대한민국은 과거로 돌아가 보면 조선에서 대한제국으로 변화하는 그 시점에 있지 않을까? 당시 단발령, 신분제와 과거제 폐지의 사회적 사건이 있었다. 이것이 아마도 지금 우리 시대의 IMF와 비슷하지 않았을까 생각한다. 뒤이어 왕비의 시해사건과 외교권의 박탈까지. 엄청난 소용돌이 속에서 그 시대의 사람들은 어떤 생각을 하며 살았을까?

나는 우리 아이들에게 지혜롭고 현명하게 살아가는 방법을 알려 주고 싶었다. 그 방법이 선현들이 남겨 둔 문화재라고 생각했다. 그래서 나는 그것을 아이들에게 알려 주고 싶었다.

의미 있는 삶을 살기 위해 무엇을 할 것인지 생각하게 된다. 그러다 보면 죽기 전에 꼭 하고 싶은 일로 결론이 난다. 나에게 죽기 전에 하고 싶은 일은 무엇일까? 어디에서 찾을 수 있을까? 이 질문의 답을 내 주위에서 찾을 수 있었다. 정답은 쉬운 것부터 시작하면 되는 것이다. 우리 동네에 역사적 인물이 있는가? 우리 지역의 문화재로는 무엇이 있는가?

결혼하고 나서 광명시에 신혼집을 마련했었다. 경기도라는 곳에 산다는 것이 무척이나 낯설었던 때였다. 우연히 KTX 광명역을 지나가다 내비게이션에 이순신 선생 묘가 찍혔다. 처음에는 그냥 그러려니 했다. 그런데 신호대기 중에 무언가 떠올랐다. '어, 이상하다. 이순신?' 역사적 호기심이 발동했다. 나는 광명역 이순신 장군에 대해서 열심히 공부했다. 그 이후부터 한국사 강의가 있을 때꼭 말하는 단골 주제가 되기도 했다. "임진왜란 때 이순신 장군이 2명이었다는 사실을 아세요?"라고.

어느 박물관에서 눈에 띄는 포스터를 보았다. 박물관 100곳 둘러보기라는 내용이었다. 박물관을 100곳 보는 게 무슨 의미가 있나? 개수만 채우는 거 아닌가? 내용도 모르고 박물관만 둘러본다는 것이 아무 가치가 없다고 느껴졌다. 화가 날 것 같은 기분까지 들었다. 그리고 몇 년이 지나서 그와 비슷한 포스터를 부천에서 보게 되었다. 인천 박물관 10개 둘러보기였다. 10개라는 특정된 수는 '한번 해 볼까?'라는 도전의식을 불러일으켰다. 거리도 멀지 않았다. 그러니 아침부터 저녁 늦게까지 둘러본다면 금세 끝날 것 같은 생각이 들었다.

2017년도에 아이들과 충남 공주로 가족여행을 갔다. 그러다가 우연히 들르게 된 홍성군 백야 김좌진 장군 사당이 기억에 남는다. 아이들과 논에서 개구리, 올챙이를 잡다 보니 그 옆이 김좌진 장군 생가 터였던 것이다. 그리고 흥선대원군의 아버지인 남연군의 묘를 알리는 문화재 안내문도 봤다. 그때 바로 핸들을 꺾어 갔던 기억이 생생하다.

우리는 역사공부를 책으로만 하고 있어서 안타깝다. 대동여지도가 좋은 사례다. 우리 교과서나 책에서는 겨우 3센티미터 정도의 작은 사진으로 나온다. 그런데 실제로 보면 7미터 정도의 엄청나게 큰 지도다. 처음 실물 크기의 대동여지도를 봤을 때 충격이 상당히 컸다.

지금은 아이들이 어려서 금세 잊어버리는 경우가 많다. 그래서 나는 그때마다 인증사진을 찍는다. 여행 후에 아이들과 다시 사진을 보면서 그때의 기억을 되살리기 위해서다. 그래도 아이들은 쉽게 잊어버린다. 때문에 나는 토요일 저녁마다 아이들에게 예전 사진들을 보게 한다. 아이들은 스펀지 같아서 금세 기억 속으로 쏙 빠져든다. 그 당시의 기억 속으로.

아빠와 엄마는 아이들에게 공부하라고 강요하곤 한다. 그러기보다 아이가 어른이 되어서도 할 수 있는 취미를 어릴 때부터 공유하는 것, 그 감정을 기록하는 것 그리고 그 감정을 기억하는 방법을 알려 주는 것이 중요하다.

사진과 여행 그리고 역사, 문화재를 통해서 나는 아이들과 아내와 함께 다음 단계를 준비하고 있다. 내가 나를 위해 죽기 전에 해야 할 일을.

22

35세까지 50억 원 벌고
경제적 자유 얻기

홍 준 **행사 사회자, 개인 사업자, 유튜브 크리에이터, 자기계발 작가**

결혼식 및 돌잔치 등의 사회자로서 건강한 에너지를 주고받고 있다. 또한 유튜브 크리에이터로서 자신이 사는 법을 보여 주고 있다. 현재 충남 천안에서 고깃집을 운영 중이다. 현재 '20대가 여유를 갖고 자신을 찾아가는 방법'을 주제로 개인저서를 집필 중이다.

나는 35세까지 50억 원을 벌고 싶은 28세 청년이다. 내가 50억 원을 벌고자 하는 가장 큰 이유는 '완전한 경제적인 자유'를 얻고 싶기 때문이다.

인간도 동물이다. 그렇기 때문에 나이가 들면서 노화가 진행된다. 나는 평생 일하기는 싫다. 젊을 때, 건강할 때 부를 창출하고 싶다. 그리고 그 축적된 부로 남은 인생을 즐기며 하고 싶은 일들만 하고 싶다.

국내여행, 해외여행 등 가 보고 싶은 곳을 전부 가 볼 것이다.

먹고 싶은 음식을 전부 먹어 볼 것이다. 사고 싶은 것들을 전부 살 것이다. 원하는 것들을 모두 끌어당길 것이다. 하루 24시간, 1년 365일 최대한 행복하게 살 것이다. 건강하게 즐기고 배우고 보고 듣고 느끼며 내가 생각하는 최고의 삶을 살아갈 것이다. 그러기 위해선 경제적인 자유가 꼭 필요하다.

경제적인 자유 없인 어느 정도의 제한을 받는다. 때문에 내가 35세에 직접 제한을 해제할 것이다. 그것을 나는 이렇게 부르고 싶다. '경제적인 문제에서의 완전한 해방', '완전한 경제적 자유'.

인간은 창조자이자 절대자다. 세상에 태어난 내가 세상을 조종하고 바꿀 수 있다는 걸 깨달았다. 때문에 가난하게 태어났다고 언제까지고 가난하게 살지 않을 것이다. 가난을 대물림하지 않을 것이다. 내 인생은 내가 창조하고 결정한다.

나는 현재 가족들과 고깃집을 운영하고 있다. 16년간 같은 자리에서 업종을 네 번 정도 변경했다. 그렇게 버텨 내는 식으로 장사를 해 왔다. 평일이건 주말이건 초등학생이건 고등학생이건 시험기간이건 놀러 나가 있을 때건 나는 바쁠 때마다 수시로 전화를 받아야 했다. 아버지의 긴급 호출 때문이었다. "어디야! 가게 좀 잠깐 와.", "2시간만 보고 가." 거의 이런 내용이다. 저녁시간에 전화가 오면 99% 가게를 도우라는 내용이었다. 우리 집은 1층이 가게고 2층이 집이다. 때문에 1분도 안 걸려서 가게로 내려갈 수 있다. 때문에 늘 시달렸다. 정말 가게가 미치도록 싫었다.

세상도 원망해 보고 부모도 원망해 봤지만 달라지는 건 없었다. 그냥 그렇게 살면서 계속 경제적인 자유를 갈망했다. 물론 돈이 없어서 많은 것들을 포기해야 했다. 참아야 했던 일들도 수두룩했다.

나는 인문계 고등학교에 진학해 1학년을 대표하는 학년 반장에 이어 전교 부회장도 했다. 전교 회장에 출마하라는 선생님들의 추천도 많았다. 하지만 뮤지컬 배우를 꿈꾸며 서울로 학원을 다니느라 정중히 거절했다. 약간의 아쉬움이 남는 부분이긴 하다. 그런 10대를 보내고 28세가 된 지금, 나는 아이러니한 결정을 해 버렸다.

이번에 내가 직접 가게를 도맡아서 운영하기로 한 것이다. 왜? 대체 왜? 정말 싫어했고 질려 버린 그 가게를 왜 맡는다 했을까? 수도 없이 되물었지만 대답은 'YES'였다. 해야만 한다고 우주가 신호를 보내는 듯했다. 가게는 장사가 안 되어 정말 나를 힘들게 했다. 하지만 나는 직접 보고 도우면서 주방일이고 서빙일이고 전부 다 할 줄 알게 되었다. 어떻게 하면 장사가 잘되고 어떻게 하면 안되는지, 손님이 원하는 게 진정 무엇인지 알게 되었다. 그러다 보니 자신감이 생긴 것이다.

우리 가게는 테이블 26개에 104명을 받을 수 있는 규모다. 그러니 잘만 하면 꽤나 큰 부를 창출할 수 있다. 그리고 몸이 안 좋으신 아버지를 쉬게 해 드릴 수 있다. 또한 우리 가족들이 가게 때문에 더 이상 힘들어하지 않아도 된다. 돈 때문에 더 이상 스트레스를 받지 않아도 된다. 그런 환경을 선물하고 싶은 게 내 마음이다.

현재는 매출도 잘 안 나오고 장사도 잘 안 된다. 하지만 나는 젊은 사업가로서 가게를 멋지게 성장시킬 것이다. 이것은 개인사업이다. 내가 모든 걸 계획하고 판단하고 결정해야 한다. 그 책임도 내가 져야 한다.

2년 전에 가게를 리모델링해서 맡아서 한다고 했었다. 하지만 결국 가족들의 도움 없인 혼자 끌어가기 힘들었다. 그 결과 반은 성공하고 반은 실패로 끝났다. 하지만 이번엔 더 단단해졌다. 메뉴를 개편하고 분위기를 전환했다. 그것을 바탕으로 여태까지의 경험과 노하우로 완전 무장하고 출발하게 되었다.

두렵기도 하고 떨림도 있지만 설렘도 같이 있다. 이 사업을 시작으로 블로그, 유튜브, 경매, 주식 등 부와 관련해서 공부하고 실천할 것이다. 세상에 돈을 버는 길은 정말 무궁무진하다. 하지만 모르면 계속 모른다. 아는 사람만 계속해서 돈을 버는 길 위에 있다. 나도 계속해서 배우고 익혀서 앞으로 7년 동안 50억 원을 벌어들일 것이다. 그렇게 생각하니 너무 설렌다. 세상 모든 일들이 내가 생각한 대로 이루어지고 우리가 원하는 대로만 살아갈 수 있다면 어떤 세상이 될까? 너무나 아름답고 따뜻하고 사랑이 가득하고 기쁨과 행복이 충만한 세상이 되지 않을까?

내가 앞으로 벌어들일 돈을 50억 원으로 정한 이유는 별거 없다. 어머니, 아버지, 형에게 5억 원씩 주고 남은 35억 원으로 지방에 상가나 건물을 살 것이다. 그렇게 발생하는 세를 통해서 편안하게 살기 위해서다. 50억 원으론 부족하다고 생각하는 사람들도 있을 것이다. 하지만 나는 인간의 욕심은 끝이 없다는 걸 안다. 때문에 저 금액으로 정해 놓은 것이다. 더 벌려고 더 일하고 시간 낭비하기 싫어서다. 내 생각에 저 정도면 충분하다. 웬만한 건 다 할 수 있고 풍족하게 살아갈 수 있다.

35세에 목표를 이루고 36세에 7년간의 과정을 자세하게 기록할 수 있는 날이 올 것이다. 나는 그렇게 믿고 오늘도 힘차게 하루를 살아간다.

내 꿈을 찾아서
제2의 인생 시작하기

류희섭 회사원, 자기계발 작가, 동기부여가

현재 회사원이면서 청소년들에게 꿈과 희망을 주고자 하는 예비 작가이자 강연가다. 자존감 회복에 관한 책을 쓰고 강연을 하고자 한다.

나의 생물학적 나이는 51세다. 그동안 나는 내 나이를 체감하지 못하고 오랫동안 외국에서 살다가 작년에 한국에 들어왔다.

그곳에서는 거의 나이에 상관없이 경력만으로 하고자 하는 일을 구했다. 그래서 한국도 그럴 거라고 생각하고 취업을 알아봤다. 하지만 취업할 수 없었다. 이유가 그저 나이가 많아서라고 했다. '그 나이에 본인 사업을 해야지 누구 밑에서 일할 수 있겠어요?' 또는 '나이 때문에 부담스러워서 직원으로 데리고 있겠어요?' 아니면 '머리 팍팍 돌아가는 20대, 30대 젊은 직원을 뽑지 굳이 나이 든 사람을 뽑겠어요?'라는 식의 뉘앙스를 풍기며.

나의 경력은 중요하지 않았다. 그저 나이였다. '한국에선 내 나이가 너무 많아서 직원으로는 이제 안 된다고? 나이 쉰 살은 이제 한국에서는 쓸모없는 사람인 거야?'라고 생각하니 마음이 복잡했다. 나는 나의 경력으로 한국에서 재취업이 가능할 거라고 편하게 생각했었다. 그러니 억울했다. 일을 시켜 보지도 않고 그저 생물학적 나이로만 결정하다니….

지금까지 나는 내 일을 해 보겠다는 생각 없이 살았다. 사실은 어린 나이에 아무것도 모르고 선배들과 동업했다가 2년도 안 되어 망한 경험이 있다. 이후에 창업은 나하고 안 맞는 거라고 받아들였다. 첫 실패가 너무 참담했기 때문에 다시 도전하기가 두려웠던 것도 있었다. 그래서 내 식대로 안전한 쪽을 택했다. '난 사업 체질이 아니니 시키는 일만 하고 월급 받고 살자. 그러면서 만족하자'라고. 그렇게 잘 살 수 있을 것 같았고, 월급 받으면서 큰 불만 없이 살아왔다. 그것이 나의 최대치라고 생각했다.

그런데 이것마저도 여기에서는 막혀 버린 것이다. 여전히 다른 꿈은 생각도 안 했다. 재취업만 생각했다. 나는 몇 가지 분야의 나의 경력을 담아 이력서를 넣었다. 하지만 번번이 거절당했다.

6개월이나 지나서 대학교 때의 전공으로 겨우 1년 계약직에 채용될 수 있었다. 계약직으로서의 회사생활은 정말이지 꾹꾹 참아 가며 살아야 하니까 억지로 하는 것이었다. 나름 만족해하며 살던 그쪽 생활을 과감히 접고 귀국한 것이 후회되기 시작했다. 더불어 나의 미래도 불안해지기 시작했다. 좀 더 알아보고 귀국하는 게 맞지 않았나. 왜 이렇게 무모했었나. 일자리를 구해 놓고 들어왔어야 하는 건데 등등. 그렇게 후회하고 자책하며 얼마간의 시간을 보냈다.

그러면서 틈틈이 서점에 들러 앞으로 어떻게 살아야 할지, 무엇을 해야 남은 인생을 후회하지 않을지 해답을 찾고 있었다. 그때 우연히 펼쳐 든 책이 《감사일기》라는 책이었다. '감사일기? 일기문인가?' 하면서 읽어 나갔다. 제목 그대로 감사에 대한 내용이었다. 그런데 나한테는 신선한 충격으로 다가왔다. 그저 감사하기에 대한 내용일 뿐인데. 당시의 내 상황과 감정 상태가 많이 힘들었나 보다. 그러다 보니 책을 읽으면서 가슴이 뭉클해지는 감동을 받았던 것 같다.

평소에 나는 감사하면서 살고 있다고 생각했다. 그런데 돌아보니 아니었다. 그동안 너무 당연한 것에 대한 감사를 잊고 살았었다. 나는 불만만 가지고 없는 것만 눈에 담으면서 나 자신한테 화만 내고 있었다는 것을 느꼈다.

그러면서 〈한책협〉에 대해서 알게 되었다. 카페에도 가입했다. 〈한책협〉의 김태광 대표 코치님께서 쓰신 책들을 찾아서 읽었다. 그 책들에서 내가 지금까지 살면서 한 번도 생각해 보지 않은 것들을 접했다. 성공하려면 책을 써야 한다는 것이었다. 나같이 평범한 사람이야말로 책을 써서 성공해야 한다는 내용이었다.

지금껏 책은 글솜씨 좋은 사람들이 펴내는 거라고 200% 믿고 있었다. 나는 문과하고는 적성도 안 맞고 글을 써 본 기억도 없었다. 일기나 다이어리를 정리하는 수준이 다였다. 그만큼 반발심도 생겼다. 글 잘 쓰는 사람은 글을 잘 못 쓰는 사람의 마음을 모른다고. 그럼에도 불구하고 그분의 책에는 한결같이 책을 쓰라고 적혀 있었다. '성공하려면 자기 책을 써라! 자기계발의 끝은 책 쓰기다!'

내 생애 처음으로 '나도 책을 쓸 수 있을까?' 생각해 보았다. 지금 처한 내 현실을 객관적으로 봤을 때 미래를 준비할 뭔가를 하지 않으면 안 되는 상황이었다. 무엇을 어떻게 찾아야 할지 갈피도 못 잡고 있는 상황이었다. 그런 상황에서 책을 쓰라는 말은 나에게 이런 길도 있다는 것을 알려 주었다. 책도 읽어 보고 카페에 올라와 있는, 책을 써서 성공한 사람들의 경험담도 읽어 보았다. 그러면서 나도 도전해 보고 싶다는 생각을 하게 되었다. 〈1일 특강〉에도 참가했다. 수강생 모두 열정이 대단했다. 나도 같이 그 자리에서 〈책 쓰기 과정〉에 참가하고 싶었다. 그러나 개인적인 이유로 다음을 기약했다. 몇 달 안으로 꼭 책을 쓰겠다고 마음먹으면서.

그 후로 나는 어떻게 사는 게 정말 나를 위해 사는 것인지 생각하게 되었다. 나는 무엇을 좋아하는지, 어떨 때 행복한지, 무엇을 잘하는지. 나는 나 자신을 부정하지 않고 받아들이려고 노력하고 있다. 두렵지만 그 두려움을 안고 앞으로 나아가려고 애쓰고 있다. 이전에는 도피하려고만 했다. 때문에 하루아침에 확 바뀌진 않을 거라는 걸 안다. 하지만 될 때까지 할 것이다. 나는 할 수 있다. 막연하지만 나 자신을 믿어 온 나니까.

나의 남은 인생을 아무렇게나 살고 싶지 않아졌다. 지난 몇 십 년 동안 꿈쩍도 하지 않았던 나의 마음을 달래고 어루만지고 칭찬하고 받아들이려고 노력한다. 그렇게 해서 앞으로 나의 미래를 위해 새로운 꿈을 꾸고 싶다. 나를 믿고, 다시 꿈꾸고, 그 꿈을 이루고, 내 삶을 사랑하는 사람들과 함께 웃으며 즐겁고 행복하게 보내고 싶다. 그리고 나의 책을 써서 성공할 것이다. 반드시.

24

나만의 경험과 콘텐츠로
브랜드 구축하기

이세한 책방지기, 행복 큐레이터, 강사

나답게 사는 것을 지상 최대의 목표로 두고 사는 청년이다. 타인의 기대를 충족시키기 위한 삶이 종국엔 후회뿐이라는 사실을
깨닫고 지금은 자신이 옳다고 믿는 것을 추구하며 살아간다. 그 결과 현재는 독립서점의 책방지기로서 동네의 골목을 지키고 있다.
또한 행복 큐레이터로서 나답게 살고자 하는 청춘들을 위해 다양한 프로그램을 기획하고 진행 중이다.

"상기 본인은 새로운 도전을 위해 사직하고자 합니다."

사직서를 작성하고 팀장님께 결재를 올렸다. 워낙 믿고 따랐던
분이다. 그런지라 '언제 다시 이런 팀장님을 만날 수 있을까' 하는
마음에 아쉬움도 남았다. 하지만 가슴속에는 꼭 하고 싶은 일이 어
느새 자리 잡고 있었다. 감사하게도 팀장님께서는 나를 설득하며
몇 번을 붙잡아 주셨다. 그렇지만 이미 마음을 굳힌 터라 결정을
번복할 수는 없었다. 대신 정말 열심히 해서 성공하겠다는 말씀을

드렸다. 나는 그렇게 자유의 몸이 되었다.

회사에 들어가기 전 나의 목표는 분명했다. 오직 한 가지뿐이었다. 많은 것을 배우는 것이었다. 특히 회사가 돌아가는 시스템을 배우고 싶었다. 그 이유는 과거에 도전했던 창업의 실패가 '제대로 된 회사 시스템'을 몰랐기 때문이라고 진단했기 때문이다. 그래서 무조건 많이 배울 수 있는 회사에 가고 싶었다. 제대로 배워서 다시 한번 창업하고 싶었다.

대학교를 3학년을 마치고 휴학했다. 그리고 자신 있게 사업에 뛰어들었다. 그러나 아름다웠던 청사진과는 달리 처참한 실패를 맛봤다. 사업하기 전에 두 곳의 회사를 다니기도 했다. 하지만 그 당시에는 거시적인 관점에서도 회사 운영을 바라봐야 할 필요성이 있다는 사실 자체를 인식하지 못했다. 당시 나에게 회사라는 존재는 그저 월급을 꼬박꼬박 주는 곳, 창업자금 마련을 가능케 하는 곳 그 이상도 이하도 아니었다. 하지만 실패를 겪어 보니 '시스템'을 구축하는 것이 중요하다는 것을 느꼈다. 그러곤 다시 회사에 다녀야겠다는 생각에 이르렀다. 나에게는 다양한 경험을 할 수 있는 환경이 필요했다.

나는 스타트업에 들어가기로 결심했다. 실제 벤처 기업은 어떻게 운영되는지 몸으로 체험하고 싶었다. 많은 것을 배울 수 있다는 확신도 있었다. 다만 회사를 선택하는 데 있어 몇 가지 기준을 세웠다. 첫째는 아이디어와 서비스가 좋더라도 수익모델이 확실하고 지속적으로 매출이 나고 있는 곳. 둘째는 투자를 유치해서 비교적 안정적으로 회사가 운영되고 있는 곳. 셋째는 수평적인 문화가 조성되어 다른 팀들과 자유롭게 협업할 수 있는 곳. 이것이 기준이었다.

이런 생각을 가지고 회사를 물색하던 중 괜찮은 회사를 발견해 지원했다. 다행히 그간의 경험을 좋게 봐 주셔서 팀에 합류할 수 있었다. 그곳은 25명 정도의 팀으로 구성된 회사였다. 기대 이상으로 만족스러운 회사생활을 경험할 수 있었던 곳이었다.

시스템을 배우고자 들어간 이곳에서 깊게 깨달은 또 한 가지의 인사이트가 있다. 그것은 '기술'에 대한 관점이라고 할 수 있다. 이 회사는 기술기반의 서비스를 만드는 회사였다. 그곳에서 나는 기술의 발전 속도가 생각보다 훨씬 빠르다는 것을 피부로 느꼈다.

같은 시장에 새롭게 유입되는 경쟁사들을 보면서, 기술의 발전 속도를 따라가지 못해 낙오하는 경쟁사들을 보면서 많은 생각이 들었다. 기술에서 앞서간다는 것과 뒤처지지 않게 따라간다는 것은 다른 차원의 이야기긴 하다. 하지만 어찌 되었든 빠른 기술의 변화를 따라가는 일이 보통 일은 아니라는 것을 처음 느꼈다. 미디어 기술이 빠르게 발전하고 있다는 이야기를 텍스트로 볼 때와는 차원이 다른 속도감이었다.

기술기반의 창업을 꿈꾸던 나는 스스로에게 이런 질문을 던졌다. '나도 이런 사업을 할 수 있을까?' 나는 '아니다'라는 답변을 내렸고 다른 질문을 던졌다. '미래에도 변하지 않는 것이 있을까? 있다면 무엇일까?' 그리고 오랜 시간 고민하기 시작했다. 그렇게 몇 달을 고민한 끝에 나만의 답을 찾을 수 있었다. 내가 찾은 답은 '행복'이었다. 행복이라는 가치는 변하지 않을 것이다. 오히려 시간이 지날수록 더욱 소중한 가치로 자리 잡을 것이라 생각했다.

결국 이 생각은 무언가를 해 볼 수 있겠다는 생각으로까지 이어졌다. 사람마다 행복의 기준은 다르다. 하지만 나는 행복에 대한 나만의 기준을 가지고 있었다. 나름의 행복을 추구하며 살아가는 사람이었다. 행복이라는 가치를 나만의 방식대로 누군가에게 전달해 보고 싶었다. 이것이 누군가에게는 큰 도움이 될 수도 있다고 생각했기 때문이다. 그리고 나는 회사를 나와 그 생각을 실현하고 있다.

20대의 나는 제법 운이 좋았다. 꿈이라곤 그저 '넉넉한 수준의 연봉을 받으면서 남들의 부러움을 살 수 있는 직장에 다니는 것' 정도였다. 그만큼 삶의 철학이 빈곤한 사람이었다. 하지만 그 당시에는 이런 사실조차 인지하지 못했다. 공부와 취업을 위한 경쟁에만 매몰되어 있었다.

학교라는 곳 안에서는 이러한 내 삶의 방향이 맞는지 의심하기 어려웠다. 주변을 둘러보면 친구들도 비슷한 삶을 살고 있었기 때문이었다. 친구들은 오히려 나를 안심하게 만드는 기제로 작용할 뿐이었다. 그러던 중 운 좋게 삶의 전환점이 찾아왔다. 군대를 다녀 온 직후, 우연한 계기에 창업을 결심하게 되었다. 그것이 행운의 시작이었다.

사실 창업을 결심한 데는 '돈과 욕망'이 중심에 있었다. 하지만 그것을 성취하고자 노력해 나가는 과정에는 많은 배움이 자리 잡고 있었다. 기존의 생각의 틀을 완전히 부셔 버릴 수 있을 만큼. 때문에 많은 것을 배울 수 있었다. '가치'라는 단어를 책으로 배우는 것과 경험으로 배우는 것에는 어마어마한 차이가 있다는 사실도 깨달았다.

다시 한 번 우리는 운이 좋다. 전 세계의 많은 사람들의 노력이 투입된 첨단기술의 결과물을 일상에서 자유롭게 쓸 수 있기 때문이다. 그런 시대를 살고 있기 때문이다. 심지어 무료로 말이다.

이제는 누구나 자신의 생각과 가치관, 경험과 철학, 지식과 지혜를 자유롭게 나눌 수 있는 환경이다. 과거 소수에게만 주어졌던 미디어를 이제는 누구나 활용할 수 있게 되었다는 뜻이다. 이는 엄청난 기회다. '나'라는 사람을 글과 사진, 영상을 통해 자유롭게 표현할 수 있다. 그리고 많은 사람들이 그것을 볼 수 있게 되었다. 그것은 나를 모르는 사람과도 신뢰관계를 구축하는 것이 가능해졌다는 뜻이다.

이러한 상황에서 진정으로 자신이 원하는 모습을 스스로 깨닫고, 자신만의 표현방식을 통해 메시지를 전달하고, 꾸준히 아카이빙 할 수 있다면 자신의 가치를 돈과 교환할 수 있는 기회가 주어진다. 여기에는 정년도 없다. 그뿐만 아니라 시간이 흐를수록 더욱 강력한 브랜드 가치를 만들어 내게 된다. 이것을 잘 활용할 필요가 있다.

나는 '목표를 성취하는 과정'에서 커다란 행복을 느끼는 사람이다. 그래서 다양한 도전을 하고 있다. 앞으로도 그렇게 살아가고자 한다. 인생이 재미있는 이유가 있다. 그중 하나는 내가 바라는 것이 명확하고 이루고자 하는 의지를 가지고 실행한다면 결국엔 이뤄지기 때문이다. 이 과정은 필연적으로 힘든 상황들을 동반한다. 하지만 신은 우리에게 충분히 극복 가능한 시련만을 준다고 하지 않았던가?

무언가를 달성하는 과정에서 우리는 필연적으로 힘든 상황을 직면하게 된다. 그것을 긍정적으로 바라보려는 노력을 해 보는 것은 어떨까. 운동을 하면 힘들면서도 힘이 생기는 것과 같다. '지금의 고생은 모두 나를 위한 것이다'라고 마음 편히 생각해 보는 것도 나쁘지 않을 듯싶다. 가벼운 아령만 드는 사람은 결코 무거운 아령을 들 수 없다.

서른 살의 나는 나만의 스토리와 목표 달성의 노하우를 바탕으로 나만의 브랜드를 만들어 가고자 한다. 그것이 누군가에게 동기부여가 되어 그의 삶에 긍정적인 영향을 미칠 수 있게 되길 소망하며.

꿈과 희망을 주는
작가, 동기부여가 되기

노경순 초등학교 교사, 청소년 희망 메신저

현재 초등학교 교사로 재직 중이며, 꿈을 잃어버린 채 방황하는 학생들에게 희망 메신저가 되어 새로운 꿈과 희망의 씨앗을 심어 주고자 노력하고 있다. 또한 교권이 바닥에 떨어져 힘겹게 살아가고 있는 교사들에게 새로운 비전을 제시하는 강연가, 동기부여가의 꿈을 키우고 있다.

나의 어린 시절을 떠올려 보면 우리 집은 항상 가난했다. 부모님께서는 농사로 생계를 꾸리시며 힘겹게 5남매를 키우셨다. 말 그대로 손가락 지문이 다 닳아 없어질 정도로 일만 하셨다. 그렇게 다섯 자녀를 모두 대학까지 공부시키셨다. 마을 사람들은 대부분 농사일에 종사하고 있었다. 딱 한 집만이 우체국으로 출근하는 공무원 집이었다. 엄마는 늘 그 집을 부러워하셨다. 그러시면서 이런 말씀을 하시곤 했다.

"쉬는 날도 없이 내 몸을 움직여야 돈이 나오는 직업 말고 빨간

날 쉬면서 돈이 나오는 직업을 가져야 한다."

당신은 잠을 줄여 가며 쉬는 날도 없이 힘들게 일해야만 돈을 벌 수 있었다. 그런데 쉬는 날 다 쉬면서 꼬박꼬박 월급을 받는 게 부럽다며 하신 말씀이다. 나는 이런 말을 듣고 자랐다. 그러다 보니 무의식중에 평생 안정적인 직장을 가져야겠다는 생각을 가지게 되었던 것 같다. 그래서 내가 지금의 자리에 있는지도 모르겠다. 나는 현재 16년 차 초등학교 교사로 재직 중이다.

나는 우여곡절 끝에 또래보다 늦게 교대에 들어갔다. 남들보다 늦은 출발은 나에게 콤플렉스가 되었다. 때문에 학교생활은 그리 즐겁지 않았다. 하지만 선생님이 되고자 하는 열망과 목표가 있었다. 그랬기 때문에 마침내 교대를 졸업하고 임용고시에 당당하게 합격했다.

신규발령이 났을 때 엄마는 자신이 선생님이 된 것처럼 무척이나 기뻐하셨다. 나 또한 학급 아이들과 행복한 나날을 보낼 생각에 말할 수 없이 기뻤다. 그때는 시간이 어떻게 흘러가는지도 모르게 학급 경영에 매진했었다. 학교에서 제일 먼저 출근하고 가장 늦게 퇴근하는 교사였다. 심지어 교장 선생님이 전체 교직원 회의에서 "우리 학교에는 전기세를 더 내야 하는 선생님이 계십니다."라며 빨리 퇴근하라고 말씀하신 적도 있었다.

방학 중에도 아이들에게 선물할 문집을 제작하느라 출근하는 날이 많았다. 자비를 들여 문집을 내기도 했었다. 그렇게 매해 아이들을 위한 학급 문집을 냈다. 그러곤 기뻐하는 아이들을 보면서 교사로서의 보람도 느꼈었다. 나는 좀 더 좋은 선생님이 되고자 여기저기 연수를 찾아다니며 들었다. 그렇게 배움의 즐거움과 열정을 갖고 다양한 연수를 들었다. 그러면서 나도 언젠가는 열정 가득한 강연을 하고 싶었다. 희망과 감동 그리고 동기부여를 해 주는 강사로서 무대에 서 보고 싶었다. 그런 생각을 막연하게나마 가졌다.

하지만 결혼하고 육아휴직과 복직을 반복하면서 나는 그냥 평범한 생계형 교사가 되어 있었다. 맞벌이 부부가 다들 그렇듯이 아침 출근 시간에는 마치 전쟁을 치르는 듯 정신이 없었다. 퇴근 후에도 아이들이 잠들 때까지 쉴 틈 없이 바쁘게 살았다. 그러다 보니 신규교사 시절의 열정은 어디로 다 사라지고 없었다. 가끔 도서관에 가서 책을 읽는 것이 자기계발의 전부가 되었다.

그러던 어느 날 《데일 카네기 성공대화론》이라는 책을 발견하고 흥미롭게 읽었다. 나에게는 어떤 능력으로 유명해져서 강연 무대에 설 것이라는 계획은 없었다. 하지만 어떻게 강연해야 청중을 사로잡을 수 있는지 궁금했다. 나는 이 책을 통해 궁금증을 해결하고 싶었다. 그러곤 곧 강연을 준비하는 사람처럼 주요 내용을 문서로 작성해서 보관해 두었다. 그게 벌써 7년 전의 일이다. 그러고는 까맣게 잊어버리고 있었다. 그러다가 얼마 전 책장 정리를 하다가 우연히 그 문서를 발견하게 되었다. 나의 꿈은 문서 속에서 잠자고 있었던 것이다.

유난히 더웠던 지난여름, 나는 피서를 위해 아이들과 함께 도서관을 자주 찾았다. 그러다가 우연히 발견한 책이 있었다. 바로 김수영의 《멈추지 마, 다시 꿈부터 써봐》라는 책이었다.

그녀에게는 가난, 왕따, 문제아, 폭력, 가출소녀 등의 수식어가 늘 따라다녔다. 중학교를 중퇴해야 했다. 그런 그녀가 온갖 실패와 좌절을 딛고 세계 최고의 투자은행에 들어갔다. 그러곤 억대 연봉을 받게 되었다. 그 과정을 읽으면서 '꿈이 있는 한 인간에게 한계는 없구나'라는 생각을 하게 되었다.

하지만 행복은 그리 오래가지 않았다. 그녀는 입사 9개월 만에 암 진단을 받게 되었다. 그러면서 죽기 전에 꼭 해 보고 싶은 꿈 리스트를 적게 되었다. 그리고 그녀는 현재까지 건강하게 버킷리스트를 차근차근 이뤄 나가고 있다고 했다.

이 책을 읽으면서 버킷리스트를 적는 것이 꿈을 실현하는 데 정말 효과적인지 알아보고 싶었다. 그렇게 버킷리스트와 관련된 책을 찾다가 눈에 띄는 책이 있었다. 《버킷리스트 10》이라는 제목을 가진 책이었다. 책 표지에 이런 문구가 쓰여 있었다.

'종이에 적는 순간 꿈은 이루어진다. 원하는 것이 있다면 버킷리스트를 가져라!'

이 책은 평범한 사람들이 자신만의 버킷리스트를 적어서 공동으로 출간한 형식으로 되어 있었다. 나는 이 책을 통해 '평범한 사람도 책을 낼 수 있구나'라고 생각하게 되었다. 동시에 〈한책협〉이라는 생소한 이름도 처음 접하게 되었다. 이후 나는 〈한책협〉 김태광 대표 코치의 책들을 검색해 읽기 시작했다.

김태광 대표 코치는 작가란 꿈을 종이에 적어 주머니에 넣고 다니며 이루기 위해 노력했다고 한다. 그런 끝에 3년 만에 첫 책을 냈다. 이후 지금까지 20여 년간 200여 권의 책을 출간했다고 했다. 그는 《천재작가 김태광》이라는 자전적 에세이를 통해 나를 낳은 것은 부모님이지만 나를 만든 것은 꿈이라고 고백했다. 꿈을 종이에 적어서 목표를 명확히 하는 것이 얼마나 중요한지 말하고자 했다.

성공철학의 세계적인 거장 나폴레온 힐도 《놓치고 싶지 않은 나의 꿈 나의 인생》이란 저서를 집필했다. 성공철학을 집대성한 이 책에서 그는 성공하고 싶다면 인생의 목표를 명확하게 종이에 쓰라고 여러 번 강조하고 있었다.

이제 나도 꿈을 이룬 많은 사람들의 말처럼 나만의 버킷리스트를 차근차근 써 내려가고자 한다. 우리나라가 OECD(경제협력개발기구) 국가 중에서 자살률 1위라는 신문기사를 본 적이 있다. 그만큼 꿈과 비전 없이 하루하루를 버텨 내는 사람들이 많다는 방증일 것이다. 왜 공부를 해야 하는지 모르겠다고 말하는 이 시대 청소년들에게 가장 시급한 것은 꿈과 비전을 심어 주는 일일 것이다.

이제 나는 마냥 바쁜 생계형 교사에서 벗어나고 싶다. 그리고 강연을 통해 아이들에게 꿈과 비전을 가지라고 외치는 열정 가득한 교사가 되고 싶다. 또한 교권이 바닥에 떨어진 이 시대를 힘겹게 살아가는 교사들에게도 비전을 제시해 주고 싶다. 그들에게 동기부여를 해 주는 멋진 동기부여가가 되고 싶다.

과거의 나는 감동과 희망을 주는 강연을 하고 싶었다. 그러나 어떤 내용과 방법으로 강연무대에 설 수 있을지 막연하기만 했다. 하지만 이제는 확신이 생겼다. 책을 쓸 것이다. 또한 책을 쓰기 위해 더 열정적으로 살아갈 것이다. 그리고 나만의 버킷리스트에는 다음 두 문장이 추가되었다.

- 누군가의 삶에 꿈과 희망을 주는 책 쓰기
- 누군가의 삶에 꿈과 희망을 주는 동기부여가 되기

내 회사 운영해
통장 잔고 1,000만 원 유지하기

김태현 **직장인, 자기계발가, 동기부여가**

직장인이면서 틈틈이 자기계발과 동기부여에 대해 연구하고 있다. 가끔씩 직장인들의 멘토로서 상담활동도 하고 있다. 1인 창업에
성공해 좀 더 체계적으로 직장인들의 고민을 공유하고자 노력하고 있다.

"엄마, 머리가 많이 아파요."

초등학생인 우리 집 작은아이가 추석 때부터 몸이 안 좋다고 했
다. 그러더니 연휴가 끝날 즈음 열이 많이 났다. 편의점에서 해열제
를 사 먹이고 나름대로 응급처방을 했다. 그런데도 차도가 별로 없
었다. 내일은 회사에 가야 되는데 큰일이다 싶었다. 그래서 연휴 마
지막 날에 문을 연 어린이 병원을 찾아 진료를 받고 약도 먹였다.

연휴가 끝나고 다음 날이 되었다. 여전히 아이는 아프고 나는
회사를 가야 했다. 나는 현재 초등학생 6학년, 4학년 두 아이를 둔

워킹맘이다. 아이들을 돌봐 줄 친척도 주위에 없다. 그래서 아이들은 학교와 학원을 갔다 오면 알아서 간식을 챙겨 먹고 논다. 그러면서 엄마, 아빠가 올 때까지 기다린다. 그나마 남편은 나보다 회사 근무가 여유로운 편이다. 그런지라 집에 일이 생기면 주로 남편이 처리한다.

"엄마, 일찍 와야 돼!" 둘째는 이말을 몇 번이나 강조했다. 나는 그런 둘째에게 빨리 낫게 집에서 잘 쉬고 있으라는 한마디를 내뱉고는 집을 나섰다. 하지만 회사로 가는 버스를 기다리면서 내내 마음이 불편했다. 보통 사람들은 아이들이 초등학교 고학년이면 엄마가 없어도 된다고 얘기들 한다. 하지만 아이들이 아프거나 하면 상황이 달라지고 말이 달라진다.

'나이가 더 들기 전에 어서 사회에 복귀해야겠다.' 그렇게 조바심을 쳤다. 혹여 내가 일할 수 있는 자리가 없어지는 건 아닐까 불안해하면서. 그런데다 아이들이 커 갈수록 사회생활에 대한 나의 욕구도 더욱 커졌다. 그래서 둘째가 유치원에 다닐 무렵부터 나는 육아와 병행할 수 있는 일을 본격적으로 찾아다녔다. 마침 언론에서 경력단절 여성에 대한 국가적 지원이 어쩌고저쩌고하면서 떠들어 댔다. 나는 내심 기대했지만 구직활동을 하면서 희망보다는 절망이 더 컸다.

경력단절 여성을 회사에 취직시켜 주면 기업과 개인에게 지원금을 주겠다는 취지는 알 수 있었다. 그런데 가장 큰 문제가 회사라는 조직이 육아를 병행하면서 다닐 수 있는 환경이 아니었다는 것이다. 회사는 면접을 볼 때부터 아이들은 누가 돌봐 주느냐를 중요하게 생각하고 물어봤다. 신랑이 잘 도와준다고 내뱉으면서도 정말이지 씁쓸했다.

나는 어느덧 40대 중반을 향하고 있다. 이 나이에 내 개인회사를 운영하고 싶다는 마음이 부쩍 커졌다. 먼저 1인 기업으로 시작할 것이다. 그리고 어느 정도 안정되면 직원을 둘 것이다. 그렇게 내 시간을 좀 더 여유롭게 쓰고 싶다.

회사를 운영하고자 하는 가장 큰 이유는 물론 아이들 때문이다. 회사를 다니다가 아이들 방학을 핑계로 일을 그만두고 집에서 쉬게 된 적이 있었다. 처음 며칠 동안은 어색했다. 일하다가 쉬는 내가 적응이 안 되었다. 집에 없다가 떡하니 있는 엄마를 보고 아이들도 적응을 못했다. 그렇게 서로 어색해했던 적이 있었다. 그러다가 적응된 후엔 아이들의 표정이 너무도 편안해 보였다. 난 그 모습에 너무 놀랐다. 엄마가 직장에 다닐 때와 안 다닐 때의 아이들의 모습이 확연히 달랐다. 그 모습에 과연 내가 일을 하는 게 맞는가 하는 의구심마저 들었다.

참고로 나는 아이들에게 간식도 챙겨 주고 공부도 봐 주는 부지런한 엄마가 아니다. 또한 워낙에 요리에 취미가 없다. 그래서 간식은 핸드메이드보다는 그나마 건강에 좋을 듯한 것을 사서 챙겨 준다. 공부는 엄마가 관여할 부분이 아니라고 선을 긋고 있다. 단지 아이들이 물어보면 그때만 알려 줄 뿐이다. 공부는 스스로 하라고 강조하는 편이다. 그런 나였다. 때문에 내가 일한다고 아이들에게 크게 나쁠 것도 없을 것 같았다. 오히려 자기 일은 알아서 챙기는 자립심을 키워 줄 수 있을 것 같았다.

물론 학교를 다녀와도 반겨 주는 사람 없는 빈집에서 덩그러니 간식을 챙겨 먹고 동생과 아옹다옹하고 있을 큰아이의 모습, 학교에 갔다 오면 가방을 던져 놓고 간식도 안 챙겨 먹은 채 뒹굴고 있을 둘째의 모습이 눈앞에서 어른거렸다. 하지만 그 정도의 엄마의 부재는 아이들도 잘 견딜 수 있을 것이라 생각했다. 오히려 일하는 엄마의 뒷모습을 보고 아이들도 부지런히 살지 않을까. 나는 나름 좋은 면만을 생각하며 일을 택했던 것이다.

그런데 학교에 갔다가 집에 오니 엄마가 있자 아이들은 괜히 신나 했다. 그 모습을 보면서 받은 그때의 충격은 평생 잊지 못할 것 같다.

지금은 다시 일하러 다니고 있지만 마음가짐이 예전과 달라졌다. 내 회사를 운영해야겠다는 마음과 간절함이 더 커지고 있다. 예전에는 막연한 동경 같은 것이었다. 하지만 지금은 꼭 해야겠다는 당위성이 생겼다. 남보다 특출 난 능력이 있는 것도 아니다. 눈이 번쩍 뜨일 아이템이 있는 것도 아니다. 그냥 회사를 운영하겠다는 간절함만 충만해 있는 상태다.

주위 사람들은 요즘 경기도 안 좋은데 회사에 다니면서 꼬박꼬박 나오는 월급을 받는 게 더 낫다고 얘기한다. 물론 나도 그렇게 안정적인 걸 더 선호한다. 하지만 지금 내 나이가 지나면 시도조차 할 수 없을 것 같다. 나이가 밑천이라고 했다. 많은 나이도 아니지만 적은 나이도 아닌 지금의 시점이 가장 적합할 것이다. 이제껏 겪은 경험들을 바탕으로 새로운 시작을 해 보고자 한다. 그 길은 당연히 힘들고 외로울 것이다. 하지만 의외로 나는 새로운 경험에 대한 겁은 없다.

앞으로 내 삶의 방향은 정해졌다. 《삼국지》의 제갈량은 전쟁 전에 출사표를 던졌다. 그렇듯이 나 또한 이 글을 적으며 나 자신에게 출사표를 던진다. 이제 목표를 정했으니 앞을 향해 나아가기만 하면 된다.

나는 꼭 내 회사를 운영해서 1,000만 원의 통장 잔고를 유지할 것이다. 이제까지는 부족함에서 오는 삶의 겸손을 추구했다. 하지만 이제는 풍족함의 여유를 누리고 싶다. 생활의 여유뿐만 아니라 마음의 여유도 갖고 싶다. 정인이 불렀던 〈오르막길〉의 한 구절이 문득 생각난다.

이제부터 웃음기 사라질 거야

가파른 이 길을 좀 봐

그래 오르기 전에 미소를 기억해두자

오랫동안 못 볼지 몰라

세계에서 영향력 있는
100인 안에 이름 올리기

윤정운 요가 강사, 행복 메신저, SNS 마케팅 전문가, 기초의회 의원

기초의회 재선 의원으로 어린이, 청소년 그리고 사회적 약자를 위한 정책에 많은 관심을 가지고 힘이 되어 줄 수 있는 영역에서 활동하고 있다. 보다 더 행복한 대한민국을 위해 어떤 자리든 마다하지 않고 최선을 다해 걸어가는 중이다.

10분의 쉬는 시간을 알리는 종소리가 울렸다. 동네의 유일한 여자 중학교. 갓 입학한 단발머리 여학생이 동년배 친구들을 찾아서 이리저리 두리번거렸다. 지나가다 같은 1학년 친구를 만나면 지나치게 밝은 목소리로 "안녕? 나 1학년 3반 윤정운이야. 친하게 지내자."라며 악수를 청했다.

어쩌면 그때부터 지금의 일을 하기 위한 과정을 밟은 것이 아닐까. 지금 나는 기초의회 의원으로서 두 번째 의정활동을 하고 있다.

지난 시간들을 돌아보며 과연 내가 진짜 하고 싶은 일인가. 혹

은 잘하고 있는 일인가. 나와 잘 어울리는 일인가. 이런 생각을 해 본다. 결혼 후 첫아이를 낳고 무료해하던 때 알게 되었던 지역의 봉사활동. 그것이 어쩌면 첫 정치활동이지 않았나 생각한다.

결혼 전에는 아이들을 가르치는 일을 했다. 작은 쇼핑몰도 운영하고 봉사활동도 가끔 했다. 그렇게 정신없지만 즐겁게 하루하루를 지냈었다. 난 늘 가만있지 못했다. 사람을 좋아하고 사람 모아 어떤 일이든 꾸미기를 좋아했다. 그들의 연애 상담, 인생 상담, 미래의 고민 상담까지 해 주면서.

나는 어릴 때부터 봉사할 기회가 많았다. 자연스럽게 여기저기의 어린이들을 보는 일이나 어르신들을 돌보는 일 등을 했다. 그러다 보니 나중에 자식들이 모두 성장하고 나면 대한민국이 아니더라도 세계 어디든 어려운 지역에 가서 조용히 봉사활동을 하고 싶었다. 그러다 생을 마감하고 싶은 마음이 생겼었다. 머리부터 발끝까지 나의 모든 것을 다 쓰고 생을 마감하고 싶은 생각이 간절했었다.

물론 지금도 그 생각은 변함없다. 그 나이가 언제가 될지는 모르겠지만. 난 형제 없이 무남독녀로 나름 귀하게 자랐다. 하지만 어머니는 항상 그런 내가 버릇없는 딸이 될까 봐 걱정하셨다. 그래서 단체활동이나 봉사활동에는 빠짐없이 참여하게 하셨다.

나는 자연스럽게 나보다 어려운 환경에 있는 이들을 만나 왔다. 그러다 보니 내가 처한 환경의 감사함을 알게 되었다. 그러곤 나보다 힘든 이들에게 힘이 되어 주어야 한다고 생각하며 자라 온 것 같다. 그리고 그들을 있는 그대로 인정하고 함께 어울리는 것이 따뜻함이라고 믿고 자랐다. 그들이 잠시라도 나로 인해 행복하길 바라는 마음이 따뜻함이라고 믿고 자랐다. 또한 그런 따뜻한 마음과 봉사를 아무도 모르게 하는 것이 진정성 있는 태도라 생각했다. 드러내 놓고 하는 것은 어쩌면 누군가에게 잘 보이고 싶어서라는 생각이 들어서였다. 누군가에게 칭찬받고 인정받고 싶어 하는, 진심보다는 가식적이지 않나 하는 그런 생각.

하지만 시간이 지나면서 생각이 바뀌었다. 그런 마음이나 일들이야말로 드러내 놓고 함께하고 싶어 하는 사람들과 나누는 것이라고. 그리고 좋은 영향을 미치는 일들은 드러내야 할 수 있다는 것을 깨닫게 되었다.

독거노인들을 위한 반찬봉사를 하던 때다. 그때도 어김없이 조용히 혼자 가서 정성껏 반찬을 만들고 담는 일들을 했다. 그러다 친한 친구에게서 전화가 와서 통화하게 되었다. 뭐 하냐고 묻는 말에 반찬봉사 한다고 너무 쉽게 나와 버린 말. 다시 주워 담을 수도 없었다. 괜히 이야기했다는 생각이 1초도 안 걸려 스쳐 지나갔다. 하지만 그다음 친구의 말은 많은 생각을 하게 했다. 어디서 하는지. 어떻게 해야 하는지. 하고 싶은 마음은 있었지만 잘 몰라서 시작하지 못했다는 말. 함께 봉사하고 싶다는 말.

그렇게 친구의 황당하지만 기쁜 질문을 들었다. 그 후부터 나는 SNS나 친구들과의 대화 중 꼭 내가 하는 일들을 사진과 함께 알리기 시작했었다. 그것이 누군가에게 좋은 영향을 미친다면 기꺼이 알려야 한다고 생각이 바뀐 날이었던 것 같다.

지금껏 살아오면서 늘 마음 한구석에 둔 희망이 있다. 그것은 바로 세상 어디선가 아프거나 힘들거나 어려워하는 누군가에게 힘이 되어 주리라. 나로 인해 기뻐하는 시간이 잠시일지라도 좋은 영향을 미치는 사람이 되리라. 그런 희망. 그런 생각들을 늘 해 왔다.

어린 시절 늘 바쁜 부모님 때문에 밤늦은 시간에도 혼자 집에 있는 날들이 많았다. 그 시절은 지금처럼 번호 키로 대문을 열 수 있는 때가 아니었다. 나는 목에 열쇠를 걸고 다녔다. 열쇠를 잘 잃어버려서 어머니께서 그렇게 만들어 주셨다.

어느 날, 아침에는 해가 쨍쨍했는데 수업이 끝날 무렵 비가 내렸다. 우산을 미처 준비하지 못했던 나는 교문을 바라보았다. 혹시나 어머니께서 우산을 들고 오시지 않을까 기다리면서. 다른 친구들은 하나둘 우산을 들고 기다리던 엄마 손을 잡고 눈앞에서 사라졌다. 못 오실 것을 알면서도 나는 어머니를 조금 기다렸다. 어쩌면 기다린다고 원하는 것이 다 오지 않는다는 걸 어린 그때 알게 되었는지도 모르겠다.

그렇게 어머니를 조금 기다리다 터덜터덜 비를 맞으면서 걸어갔다. 그러던 나는 금세 환하게 웃을 수 있었다. 우리 집 근처에 사시는 할머니셨다. 왜 비를 맞고 가냐며 우산을 씌워 주신 거다. 아직도 기억이 생생하다. 그때 얼마나 고맙고 기뻤던지. 지금은 그 할머니의 모습을 어렴풋이 기억할 뿐이다. 하지만 그때의 고마움과 기쁨은 평생 잊을 수가 없을 것이다.

성인이 된 지금의 나는 우리 동네 할머니 할아버지들께서 나를 키워 주신 거라 당당히 이야기할 수 있다. 저녁 늦은 시간까지 혼자 있을 때면 옆집 할머니께서 밥 먹으러 오라며 내 손을 이끌어가셨다. 시험 성적이 좋아 뛰어올 때면 가장 먼저 집 근처 할머니, 할아버지께서 아시곤 칭찬해 주셨다. 성인이 된 나는 그분들께 은혜를 갚고 싶은 마음이 가득했다. 정치를 시작할 때 가장 먼저 떠올랐던 것도 바로 그분들이었다.

우리는 수많은 일들을 겪으면서 성장한다. 여기서 말하는 성장이란 신체적 성장이 아니라 내적 성장이다. 즉, 더 깊이 생각할 수 있는 생각의 성장이다. 따뜻한 마음으로 누군가를 행복하게 해 주고 행복해하는 누군가로 인해 나는 더더욱 행복해지는 마음의 성장이다. 혹은 나쁜 기운이 나쁜 마음이 나쁜 생각이 우리를 불행하게 한다는 걸 깨닫는 성장이다. 불안한 미래에 대한 불안한 마음은 앞으로 나아가는 데 방해만 된다는 사실을 깨닫는 성장이다.

나 또한 크고 작은 많은 일들로 인해 참으로 많이 성장하고 있다고 생각한다. 정치를 하고 있는 지금 이 시간 또한 나를 성장하게 하는 동력이지 않나 생각한다. 그리고 우연이라 여기는 일들이 어쩌면 많은 관계를 가지고 있지 않나 생각한다. 미래의 어떠한 일을 위한 역사적인 그 길에 놓인 한 점이지 않나, 그렇게 생각하기도 한다.

이렇게 좋은 성장을 하게 된 사람은 반드시 또 다른 이에게 좋은 영향을 미쳐야 할 것 같다. 그들이 좋은 성장을 하도록 해야 하는 작은 책임이 지어지는 것 같다. 지금의 나 또한 매사에 긍정적으로 밝은 기운을 그리고 좋은 영향을 미치기 위해 노력한다. 그것 또한 누군가의 덕분인 것이다. 그러한 좋은 성장이 많은 사람에게 연속된다면 얼마나 좋은 세상에서 살 수 있겠는가. 이러한 성장은 물질적인 가치로 따지기 힘들다. 현대사회니만큼 이러한 성장에 물질적 가치를 부여할 수도 있다. 만약 그렇다면 누구나 살 수 있을 만큼의 적은 액수는 아니리라 확신한다.

지금의 나는 정치라는 한정된 영역에서 일하고 있다. 하지만 앞으로의 내 인생 역사에서 볼 때 한 부분에 지나지 않을 것임을 알고 있다. 언젠가는 다른 영역에서 또 다른 좋은 영향을 미치는 사람으로 성장하고 싶은 생각이 간절하다. 더 나아가 '세계에서 영향력 있는 100인' 안에 이름을 올릴 수 있는 날을 꿈꿔 본다.

나는 정치라는 분야에 한정되지 않았으면 한다. 어쩌면 경제인

으로, 경영인으로 혹은 아동인권이나 여성인권, 장애우, 소외계층을
위해 일하는 인권운동가로 기억되고 싶다. 그런 이름으로 대한민국
뿐만 아니라 세계에 좋은 영향을 미치는 인물로 기억되고 싶다.

한글의 세계화에
기여하기

정연수 유튜버, 블로거, 상담사

3년째 네이버 블로그를 운영하고 있으며 이제 막 5개월 차 된 신입 유튜버다. 이행시 짓기 공모전에 당선되어 2018년 7월에 당선자들의 이행시를 엮은 책 《아니 이거시》를 출간했다. 앞으로는 자신의 이름으로 된 개인저서를 쓰는 것이 목표다.

내 꿈은 외국인들을 대상으로 한글을 알려 주는 것이다. 어디에서? 유튜브에서!

예전에는 '꿈'이라 하면 이루어질 가망성이 아주 희박한 것들을 말하고는 했었다. 이를테면 '평생 동안 100조 원 벌기.' 그때는 몰랐다. 그런데 시간이 지나고 나서 생각해 보게 되었다. 그것은 별 볼일 없던 당시의 내 모습을 감추기 위한 하나의 수단이 아니었나 생각했다. '꿈이 이루어지지 않을 수도 있다. 설령 그렇더라도 애초에 내가 아닌 그 누구라도 이루기 어려운 그런 부류의 꿈이었다'고

스스로를 위안 삼으려는 심산이었다. 지금 생각해 보면 비겁하기 짝이 없는 발상이다. '사실 꿈이라는 것의 또 다른 이름은 계획일 텐데…' 이런 생각에 자신감과 추진력이 부족했던 내 모습을 반성하게 된다.

그래서 다시 한 번 힘주어 말한다. 내 계획은 빠른 시일 내에 유튜브를 통해 외국인들에게 한글을 알려 주는 것이다. 외국인들에게 한국어를 알려 주고 싶은 이유는 간단하다. 무분별하게 외국어를 배우는 데 급급한 한국 사람들에게 경종을 울리고 싶기 때문이다. 한국 사람으로서 얼마나 떳떳하게 자국인 포함 외국인들에게 한국과 한국어에 대해 말해 줄 수 있는지. 그것을 자가 테스트도 해 보고 싶기 때문이다.

사실 나는 네이버 브이로거 탄탄과 유튜버 탄탄으로 온라인상에서 활동하고 있다. 네이버는 한 지 1년 6개월이 조금 더 되었다. 유튜브는 시작한 지 이제 5개월쯤 되었다. 유튜브는 경제적으로 조금 더 자유로워지고 싶은 마음에 시작한 것이 맞다. 그런데 하나의 확고한 콘텐츠를 정하기까지에만 3개월의 시간이 들었다. 그나마 초반의 북 리뷰어로서의 작은 활동도 노력한 만큼의 결과가 나오지 않았다. 그러자 더 이상 영상을 촬영할 힘도, 편집할 힘도 없어졌다.

그렇게 한 번의 실패를 맛보았다. 그러고 나자 '아! 유튜브는 내 관심사, 그러니까 나에 대한 콘텐츠를 올려야 하는구나'라는 깨달음을 얻게 되었다. 그래서 약간의 휴식시간을 가진 후에 재도전하려고 하는 것이다. 바로 한글 콘텐츠를 가지고 말이다. 왜 '한글'인지 물을 수도 있을 것이다. 그러면 나는 이렇게 말할 것이다. 직접 영상을 편집하면서 영상 편집이 얼마나 시간과 정성이 많이 들어가는 작업인지 알게 되었기 때문이라고. 그래서 영원까지는 아니더라도 오랫동안 사랑받을 수 있는 정직한 영상을 만들고 싶어서라고 말할 것이다.

그런데 요즘 유튜브, 유튜버를 모른다고 하면 "저 사람이 한국 사람이 맞는가? 아니, 지구인이 맞는가?"라고 되묻는다. 그 정도로 그 열기가 뜨겁다. 열기가 뜨거운 만큼 하려고 하는 사람들도 많을 것이다. 이미 유튜브 시장은 레드오션이라는 말 또한 심심치 않게 들리곤 한다. 이런 분위기에서 살아남으려면 남들과는 다른 차별화된 전략이 필요할 것이다.

그러면 내가 준비한 전략은 무엇인가? 준비한 전략은 크게 세 가지다. 유튜브에서 외국인들에게 한글을 알려 주기 위해서 필요한 것이 있다. 먼저는 한글 교수법·교안일 것이다. 다음은 영상을 지루하지 않게 만들 편집 기술일 것이다. 이 때문에 나는 현재 컴퓨터 학원의 동영상 편집반에 수강 등록을 해 놓은 상태다.

또한 외국인이 타깃이기 때문에 그들이 알아들을 수 있는 언어가 필요할 것이다. 이때 1차적으로 준비할 언어가 있다. 바로 흔하지만 많은 사람들이 필요로 하는 영어다. 물론 나의 영어실력 또한 출중하지는 않다. 그렇기 때문에 나 또한 영어를 공부하면서 노력을 기해야 할 것이다.

이것들을 준비하는 과정 중에 또 한 번 더 깨닫게 되는 것이 있다. '나'라는 사람에 대해서다. 나는 뭔가 2%가 아닌 98% 준비가 부족하다. 그 가운데 1%도 되지 않는 목표를 가지고 있다. 그것만으로 계란으로 바위 치듯이 뛰어드는 것 같다는 생각이 많이 들었다. 특히 이 글을 쓰면서 한 번 더 실감하고 있다. 나라는 사람이 얼마나 준비가 부족한 사람인지.

내가 꿈을 계획한 기간은 100일이다. 그리고 앞으로 100일 내에 이 모든 것을 완수해 보려고 한다. 솔직히 말하자면 한 달간 동영상 편집 기술을 배울 것이라는 것. 한 달이 되지 않는 시간에 국어와 영어 공부에 매진할 것이라는 것. 그렇게 지루하지 않은 영상을 만들어 내겠다는 다짐. 그것밖에 아직은 아무것도 손에 잡힌 것이 없다. 어떻게 보면 '그 정도 준비로 무얼 하겠어?'라는 생각이 들 정도로.

하지만 시작이 반이라는 말이 있다. 지금 내가 쓰고 있는 이 글을 시점으로 삼을 것이다. 그렇게 지금의 계획을 조금 더 구체화할 것이다. 이 책이 언제 출간될지는 모르겠다. 하지만 그때까지 한발 더 앞으로 나가 있는 나를 발견하게 될 것이다(때로는 행동하듯 말을 먼저 던져 놓는 것도 필요하다). 그리고 발간된 이 공동저서를 보면서 나의 꿈이 탄력을 받기를 희망해 본다.

죽기 전에 꼭 하고 싶은 것들 2

29 – 43

이규정 김효연 김근학 노보리
김성현 조은미 지성희 지　영
김민정 이현주 이정화 손지희
강인철 오성욱 김미경

29

행복한 그림을 그리는
아티스트 되기

이규정 하브루타 미술교육 이팝아트 대표, 하브루타 교재 개발자, 독서지도사, 부모교육 강사

아이들이 즐겁고 행복하게 공부하기를 바라는 마음으로 사업을 시작하고 교재를 개발하고 있다. 학교에서 배우는 교과서를
하브루타와 연계해 인성교육을 위한 다양한 프로그램 및 교재를 개발하는 데 힘쓰고 있다.

현대사회에서는 자신이 무엇을 원하는지도 모르고 살아가는 사
람이 태반이다. 나도 그렇게 살았다. 그래서 내 버킷리스트를 만드
는 데 꽤 오랜 시간이 걸렸다. 그 버킷리스트 중에서 불가능한 것
처럼 보이는 것들도 있었다. 가능할 것 같은 것도 있었다. 1년 전의
버킷리스트와 지금의 버킷리스트는 많이 다른 성향을 띤다. 그만
큼 내가 성장했다는 증거인 것 같다.

정말로 나는 인생을 그냥저냥 사는 사람이었다. 늘 하고 싶은
것도, 목표도 없었다. 목표를 세워도 매번 포기하기 일쑤였다. 왜

그렇게 살았냐고 물어본다면 그럴 수밖에 없었다는 말밖에는 할수 없다. 그때의 나는 언제나 불안에 떨며 살았다. 불면증과 악몽에 시달리면서 살았다. 어떤 일을 하려 하면 불안과 부정적인 생각이 나를 괴롭히기 일쑤였다. 나는 다른 사람들조차 하지 않는 짓을 매번 나에게 가했다. 그러면서 매일같이 죽고 싶다는 생각만 하고 살았다.

그런데 지금의 나는 백팔십도로 달라졌다. 불안도, 공포도 없어졌다. 나는 늘 힘없이 축 처진 어깨와 천근만근 무거운 몸을 간신히 끌고 다니는 병자 같았다. 그랬던 내가 밝아지고 건강해졌다. 활기차게 인생을 다시 시작하게 되었다. 이것은 나에게 기적과 같았다. 그렇게 내 인생의 2막을 다시 살게 되었다. 아이들에게도 밝게 웃어 주고 같이 행복하게 놀아 주는 엄마가 되었다.

이렇게 변하기까지 매우 많은 노력이 필요했다. 하지만 결과는 대만족이다. 그래서인가. 지금의 버킷리스트는 예전과 많이 다르다. 지금 이루고 싶은 나의 최고의 버킷리스트는 행복한 아티스트가 되는 것이다.

보는 사람들에게 행복과 즐거움을 선사해 주는 그림 작가가 되고 싶다. 작가가 되어서 개인전도 하고 싶다. 내 그림을 많은 사람들에게 팔아서 행복도 나누고 싶다. 지금은 경제적인 이유로 잠시 미뤄 두고 있다. 하지만 죽기 전에는 꼭 이루고 싶은 버킷리스트 1위다.

나는 너무 힘들고 고통스럽게 부정적으로 살았다. 때문에 현대 아티스트들의 그림들을 보면 솔직히 안타깝다. 끔찍한 것들과 자극적인 것들이 너무 많다. 그리고 어떻게든 한탕 해 먹으려고 하는 작가들도 많아졌다. 예전만큼 탄탄한 실력만으로는 인정받기 힘든 시대가 되었기도 하다. 그래도 너무 아쉽다. 미술 역사상 행복한 그림을 그린 작가들은 손에 꼽힌다. 행복하기보다 슬프고 고통스럽거나 부정적인 자아를 드러내는 그런 그림들만이 즐비하다.

그래서 나는 최대한 행복한 그림을 그리고 싶다. 그렇게 예전의 나처럼 자신을 괴롭히는 사람들에게 위로와 힘이 되어 주고 싶다. 개인전도 열고 싶다. 내 아이들에게 나이가 들어도 쉬지 않고 도전하는 엄마의 멋진 모습을 보여 주고 싶다.

한때는 그림을 그리기 위해서 그림사업을 같이 하면 되지 않을까? 그런 생각도 했다. 그렇게 사업도 구상했었다. 그런데 역시나 아트사업에는 돈이 굉장히 많이 필요하다. 지금의 여건으로는 너무 버겁다. 때문에 잠시 보류해 두었다. 여건만 된다면 언제든지 그림사업과 함께 개인전에 도전해 볼 것이다.

지금은 하브루타로 아이들 교육 사업을 진행하고 있다. 나는 엄마들의 자아 성장을 위한 프로그램을 만들고 싶다. 그래서 나와 같이 힘들고 고통스러운 시간을 보내는 엄마들에게 도움이 되고 싶다. 돈도 벌면서 사람들을 도와줄 수 있다는 것은 정말 즐겁고 행복한 일이다.

'메이크 리더'라는 유튜브 채널도 운영하고 있다. 아이들을 어떻게 하면 행복하고 건강하고 훌륭하게 키울 수 있을지 고민하는 엄마들을 위해서 좋은 정보와 책을 소개하는 채널이다. 아직 시작 단계지만 많은 사람들에게 도움이 되었으면 한다.

마지막으로, 나는 평생을 고통스럽게 부정적인 생각에 갇혀 살았다. 그런 나를 통해서 많은 사람들이 지금의 상황을 극복할 수 있으면 좋겠다. 지금의 상황을 행복으로 바꿀 수 있다는 희망을 가졌으며 좋겠다.

부정적인 생각은 뿌리가 깊다. 그만큼 끊어 내기도 매우 힘들다. 나처럼 30년 이상을 그렇게 살아온 사람에게는 이미 삶의 일부가 되어 있다. 때문에 그것을 끊는다는 것은 매우 힘든 일이다. 그러나 한번 끊어 내면 다른 세상이 펼쳐진다. 이것은 느껴 본 사람만이 알 것이다. 세상이 어둠에서 빛으로 바뀌는 느낌. 죽지 못해 사는 인생이 아니라 콧노래가 나오는 인생. 어둡고 숨 막히는 동굴을 탈출해서 세상 밖으로 나온 느낌. 정말로 그렇다. 콧노래가 나오는 인생을 생각하면서 포기하지 않기를 바란다.

30

시골 개 봉사단 운영하기

김효연 **행복 탐구가, 창업가, 기획자**

동물을 무척이나 사랑한다. 직접 강아지를 키우며 느낀 불편함을 바탕으로 '닥터고홈'이라는 서비스를 기획해 운영하고 있다. 좋은 기운을 주고받을 수 있는 사람이 될 수 있도록 노력하는 행복 탐구가다.

나는 진돗개 세 마리를 키우고 있다. 이 친구들은 내 집과 20분 떨어진 외가의 시골집에서 살고 있다. 열 살 된 진순이, 세 살 된 판순이, 두 살 된 요다가 그들이다.

한번은 진순이가 심한 피부병에 걸렸다. 동물병원 수의사 선생님의 도움이 꼭 필요한 상황이었다. 하지만 동물병원은 차를 타고 20분은 가야 있었다. 평소 가려워서 예민해진 진돗개를 낯선 동물병원까지 데려가려면 얼마나 사나워지고 스트레스를 받을까 싶었다. 병원에 데려가는 것이 망설여졌다. 그래서 시작한 사업이 반려동물 방문 진료 중개 서비스였다. 또한 그래서 꿈꾸기 시작한 버킷리스트가 '시골 개 산책 봉사단'을 꾸리는 일이다.

우리 강아지들과 마찬가지로 시골 개들은 대개 묶여서 키워지게 된다. 실내에서 강아지를 키우시는 분들은 강아지를 묶어 놓는 것에 거부감이 들 수도 있다. 하지만 안전상의 이유로 강아지를 묶어 놓는 것이 시골에서는 불가피할 때가 많다. 다만 여기에 반려견을 위한 산책은 필수적이라고 생각한다. 사실 시골의 대부분의 강아지들은 실수로 줄이 끊어지지 않는 이상은 평생 그 자리에서 머물다 생을 마감하게 된다.

물론 시골에도 강아지를 예뻐하시는 할머니, 할아버지들도 많다. 최근 인식이 변하며 산책을 시켜 주시는 분들도 계시다. 그렇지만 시골에서 키우는 강아지는 대부분 중형견 이상이다. 그러므로 실질적으로 이분들이 산책을 시켜 주시기는 어려운 일이라고 이해한다. 그렇기 때문에 '수의사, 훈련사, 미용사, 일반 봉사자'로 구성된 '시골 개 무료 산책 봉사단'을 조직하고 싶은 것이다. 강아지 주인분께 허락을 구하고 그들을 통해 매달 강아지를 산책시켜 주고 싶은 것이다.

시골 개는 집을 지키는 역할을 수행해 왔다. 또한 대부분 사회화 훈련이 덜 되어 있다. 그렇기 때문에 낯선 사람이 방문하면 사나워지는 경우가 많다. 훈련사와 동행해 사나운 개들을 진정시키고 모든 강아지가 빠짐없이 산책할 수 있도록 해 주고 싶은 이유다. 또한 수의사도 동행해 접종이나 치료 등 상대적으로 의료혜택을 받지 못하는 시골 강아지의 복지를 증진시켜 주고 싶다.

어렸을 때는 성숙한 성인이 되어 있을 줄 알았던 스물여섯 살의 나이가 되었다. 사회에 완벽히 적응하고 있을 것 같은 '스물여섯 살'이란 나이에 대한 환상 때문일까? 아직도 결정에 서툴고, 중요한 결정을 한 밤이면 불안해하는 나를 보고 대체 이 나이에 무얼 하고 있는지 잡념이 들 때가 있다.

한 세미나에서 만난 친구가 "강한 자가 살아남는 게 아니라, 살아남는 자가 강한 거야."라는 말을 한 적이 있다. 지금 나는 제일 강한 자가 아니다. 하지만 더 노력하고 발전하며 끝까지 살아남을 것이다. 그리고 마침내 반려동물을 사랑하는 사람들로 구성된 '시골 개 봉사단'을 전국적으로 조직할 것이다. 그리하여 우리나라의 모든 시골 개들이 적어도 일생에 한 번은 마음껏 산책하며 건강할 수 있도록 돕고 싶다.

내 삶의 주인이 되어
자수성가하기

김근학 **직업상담사, 직장인, 동기부여가**

인력 채용 관련 회사 팀장으로 근무 중이며, 직장만으로는 내 미래를 책임질 수 없다는 생각으로 자기계발 및 여러 가지 아이디어를 기획 중이다.

당신의 목표는 어떤 것인가? 행복한 인생? 부자 되기? 슈퍼카 갖기? 강남 아파트 입성?

사람들은 저마다 인생의 목표와 추구하는 방향이 다를 것이다. 하지만 누구나 '잘살고 싶다는 생각'을 할 것이다. 나의 인생 목표는 포괄적 의미지만 자수성가다.

자수성가(自手成家)란 물려받은 재산(財産) 없이 스스로의 힘으로 일가(一家)를 이룸. 곧 스스로의 힘으로 사업(事業)을 이룩하거나 큰일을 이룸이라는 뜻이다.

이렇게 나는 나 스스로의 힘으로 성공하는 것이 목표다. 그것이 물질적인 것이든, 정신적인 것이든 내 인생을 나 스스로 개척하는 것이다. 솔직하게 부모의 도움을 받을 수 있다면 더 빠른 시간 내에 더 풍족하게 시작할 수 있다. 이는 누구나 아는 사항이다. 하지만 내 현실은 그렇지 못했다.

나의 과거는 가난했다. 물질적인 가난, 정신적인 가난, 항상 메꾸기에 급급한 가정환경이었다. 내가 자라 온 환경에선 도전과 희망, 배움, 노력이 아닌 포기, 부정, 사는 대로 사는 삶을 보아 왔다. 물론 나도 그러한 영향으로 인해 한때는 굉장히 부정적인 부분이 많았었다.

머릿속에서 생각만 하다가 그치는 경우도 많았다. 말을 쉽게 하고 책임감이라는 게 별로 없었다. 어린 시절의 다짐 또한 세월이 지남에 따라 잊고 싶거나 잊은 기억이었다. 한때는 시련을 이겨 내지 못하기도 했다. 부끄러운 얘기지만 하루 종일 한 달 내내 일해서 150~200만 원 버느니 그냥 일을 안 하는 게 낫다고 생각하기도 했다. 그렇게 몇 년 동안 일도 안 하고 그냥 게임하며 무의미하게 시간을 보내 본 적도 있었다.

하지만 무의미하게 시간을 보낼수록 나의 자존감을 바닥으로 내려가고 있었다. 돈이 없으니 현실을 피하고 싶었다. 인정하고 싶지도 않았다. 입에 욕을 달고 살았었다. '된다'라는 생각보단 '어렵다', '해 봤는데 안 된다'라는 생각이 더 많았었다. 무언가를 시작하려 해도 용기가 쉽게 나지 않았었다. 물론 지금 그렇다는 건 아니니 오해 없길 바란다.

중국의 최대 온라인 전자상거래 업체 알리바바의 마윈 회장은 이렇게 말했다.

"자유를 주면 함정이라고 이야기한다. 작은 비즈니스를 이야기하면 돈을 별로 못 번다고 한다. 큰 비즈니스를 이야기하면 돈이 없다고 말한다. 새로운 것을 시도하자고 하면 경험이 없다고 한다. 전통적인 비즈니스라고 하면 어렵다고 한다. 새로운 비즈니스 모델이라고 하면 다단계라고 한다. 상점을 같이 운영하자고 하면 자유가 없다고 한다. 새로운 사업을 시작하자고 하면 전문가가 없다고 이야기한다."

이 이야기의 핵심이 파악되었다면 당신은 어떤 쪽에 해당하는가? 당신은 가난한 사람인가? '힘들 것 같아', '경험이 없어.' 뭐든 시도하지 않고 이런 부정적인 생각만 많은 사람인가. 나의 삶이 가난한 삶은 아닌지, 가난한 삶을 지향하고 있는 것은 아닌지 점검해 보길 바란다.

혹 당신이 가난한 사람이어도 괜찮다. 지금부터 바로 자신을 인정하라. 자신에게 솔직해져야지만 받아들이고 변할 수 있다. 그리고 생각하는 것이 있다면 완벽하지 않아도 되니, 일단은 시작해 보라.

부모에게서 물려받은 것이 없다? 시간적인 여유가 없다? 누구에게나 상황은 다를 것이다. 인생이라는 것이 언제나 좋은 상황에서 시작할 수만은 없다는 걸 명심해야 한다.

나의 소중한 시간을 한탄만 하지 말고 의미 있게 보내라. 당장 결과가 나오지 않더라도 말이다. 다른 사람보다 더 많이 노력해야 할 수도 있다. 작은 노력으로 크게 성공하고 싶은 욕구는 누구에게나 있을 수 있다. 하지만 현실은 다를 수 있다. 그러니 자신의 현실을 인정하고 받아들여라. 지금 내가 할 수 있는 것이 무엇인지. 또한 자수성가를 위해 어떤 행동과 고민을 하고 해결해야 하는지. 완벽하지 않더라도 일단 실행하자. 타인과 자신을 비교해 가며 자신을 깎아내리거나 핑계를 만들지 말자.

어느 날 문득 아직 태어나지도 않은 내 아이를 나와 같은 환경에서 자라게 하고 싶지 않았다. 가난한 생각을 하면서 성장하게 만들고 싶지 않았다. 그래서 나를 변화시키기 시작했다. 나는 주위에 멘토가 없어서 책을 읽기 시작했다. 좋은 모임에 가입했다. 그러곤 좋은 사람들을 사귀며 내 안의 가난한 생각을 버렸다. 그렇게 나의 환경을 바꾸어 가고 있다.

내 자녀를 잘 교육시키고 싶은가? 그러면 내가 변하고 노력하는 모습을 보여 주어야 한다. 나는 출근하기 전에 책을 읽고, 휴일에 의미 없이 시간을 보내지 않는다. 늘 무언가를 한다. 그런 나의 모습을 아내도 응원해 준다. 참 고마운 사람이다.

작은 것이어도 좋다. 지금 내가 할 수 있는 게 무엇인지 고민해보고 과정을 만들어라. 나의 목표인 자수성가는 꼭 물질적인 부분만 이야기하는 것은 아니다. 내 노력으로 좋은 가정을 만들 것이고, 내 노력으로 경제적인 자유를 얻을 것이며, 내 노력으로 나의 지식을 나눠 줌으로써 영향력 있는 사람이 될 것이다. 실패를 겪더라도 그 안에서 경험을 찾을 것이다. 그 과정에서 내가 할 수 있는 최선을 다할 것이다. "나도 해냈는데 당신도 할 수 있다." 나 스스로에게도 타인에게도 이 말을 해 주며 응원하고 싶다.

"생각대로 살지 않으면 사는 대로 생각하게 된다." 나는 이 말을 무척이나 좋아한다. 나 스스로에게 하는 다짐이기도 하다. 지나간 날들이 때로는 사는 대로 생각할 수밖에 없었던 환경일 수도 있다. 하지만 나는 미래에 생각대로 삶을 살 것이다. 내 삶의 주인은 나라는 사람이다. 나는 생각한 대로 행동하고 생각한 대로 실천하고 생각한 대로 살 것이다. 내 안의 리더인 나는 사는 대로 살지 않도록 나를 이끌 것이다. 그리고 말할 것이다 "나는 자수성가했다."라고.

아이들을 위한 멘토이자
'진짜' 교사 되기

노보리 | 영어 공부방 선생님

현재 인성과 영어를 함께 가르치는 공부방을 운영하며, 태어날 아이를 위한 태교에 전념하고 있다. 앞으로 자신의 아이를 직접
키우면서 엄마들의 유아교육 멘토가 되고자 한다. 그렇게 '엄마의 정리정돈', '엄마표 교육' 분야에 대한 콘텐츠를 만들고 영감을
주는 것이 목표다.

나는 29세가 되던 해, 한국에 귀국했다. 3년 6개월 만에 귀국해
서 하게 된 일은 '방문 영어교사'였다. 그전까지는 디자이너로 일했기
때문에 교사로서의 도전은 낯설었다. 딱히 원해서 시작하게 된 일도
아니었기 때문이다. '언제든 관두자'라는 마음으로 귀국한 지 3일 만
에 면접을 보고 첫 수업을 시작했다. 지금도 생생한 첫 수업, 첫 아이,
첫 30분. 아이라고는 접해 본 적도 없던 내게 작은 방에서 마주한 조
그만 아이가 얼마나 크게 느껴지던지…. 어떻게 수업이 끝난 지도 모
르게 30분을 보냈다. 그렇게 시작한 일을 같은 회사에서 6년이나 했

다. 방문교사 일은 몹시 고되고 힘들었다. 때문에 중간에 관두고 싶었던 적이 정말 많았다. 실제로 관둔다는 말도 많이 했었다. 하지만 워낙 자유분방하고 하고 싶은 일이 많았음에도 나는 회사를 그만두지 못했다. 내가 쉽게 회사를 그만두지 못하고 머물게 되었던 것은 바로 가르치던 아이들에 대한 책임감 때문이었다.

그렇게 오랫동안 일한 덕분에 서로 다른 연령의 아이들을 길게는 6년간 지켜볼 수 있었다. 그러면서 아이가 성장하고 영어를 습득하는 것을 가까이서 보게 되었다. 그 아이들이 성장함에 따라 나 역시 교사로서 성장하게 되었다.

아이들을 대하며 말투가 변하고 상대방을 이해하고 개개인의 다름을 인정하는 법을 배웠다. 그러면서 내가 아이들을 가르친 것이 아니라 아이들이 나를 가르치고 성장시켰다는 생각이 들었다. 그리고 언제부턴가 교사일이 천직이라고 생각하게 된 것 같다. 큰 잠재력을 가지고 있는 아이는 한 명 한 명이 서로 다르고 소중한 존재라는 것을 배울 수 있었던 시간이었다. 무엇보다 2년간 주임교사를 하며 많게는 13명의 교사들까지 지도하게 되었다. 그러곤 교사가 어떻게 학습지도를 하는지에 따라 어떻게 아이의 행동이 변하고, 학습의 흥미 정도가 달라지는지 지켜보게 되었다. 또한 나는 교사의 마음가짐과 자질이 아이에게 어떤 영향을 미치는지 관찰하게 되었다. 그러면서 교사와 가정에서의 교사인 부모의 역할의 중요성을 알게 되었다.

아이들을 가르치면서 느꼈던 아쉬운 점도 있었다. 아직도 우리나라에서 행해지는 대부분의 교육들이 내가 자라던 때와 별반 다르지 않다는 것이었다. 물론 하루아침에 변할 수는 없을 것이다. 하지만 여전히 아이들은 개성을 존중받지 못하고 창의적 사고를 제한받는 공부를 하고 있다. 가정에서나 학교에서나 '가만히 있기', '조용히 하기'만을 강요받고 있다. 아마 변하지 않는 교육 현실은 억압된 교육을 받아 왔던 어른이 지금의 교육을 시행하고 있는 당사자이기 때문이 아닐까 싶다.

어느 날 우리 공부방 아이들이 "Be quiet.(조용히 해.)"라는 말을 가장 먼저 배우고 많이 쓰고 있다는 사실을 알게 되었다. 나는 나 자신을 반성하게 되었다. 나 역시도 아이들이 조용히 말없이 공부만 하는 아이들이 되길 강요하진 않았는지. 질문을 하면 수업의 흐름이 끊어질까 봐 나중에 대답해 준다고 하지 않았는지. 그러면서 공부보다 더 중요한 것을 놓치진 않았는지 생각해 보게 되었다. 또한 이 아이들이 세상을 살아가는 데는 당장의 공부보다 그 내면에 올바른 철학을 심어 주는 것이 필요하다는 생각을 했다.

그러기 위해서 가정의 부모님, 학교의 선생님, 그리고 나처럼 학원에서 일하는 선생님들은 어떻게 아이들의 진정한 스승이 될 수 있을지 끊임없이 연구하고 고민할 필요가 있다. 그 후 공부방에 도입하게 된 것이 '인성교육'이다. 이제 걸음마 단계지만 앞으로도 내게 배우는 아이들에게 영어는 물론이고 시간이 흘러도 변하지 않는 내면의 가치들을 함께 가르치고 싶다. 더 나아가 여전히 변하지 않는 문법, 단어암기 위주의 영어공부로 힘들어하고 있는 아이들이 재미있게 영어를 배우고 접할 수 있는 발판을 만들어 주고 싶다. 점수를 내기 위한 목적의 영어가 아닌, 내가 살아가면서 진정으로 원하는 일을 하고자 할 때 수단이 되어 줄 수 있는 영어교수법을 계속 연구하고 싶다. 그렇게 많은 아이들이 더 즐거운 환경에서 효과적인 영어공부를 할 수 있도록 돕고 싶다. 그리고 그것을 더 많은 선생님들과 부모님이 공유할 수 있길 바란다.

한 가지 확실한 것은 우리 아이들이 살아가야 할 세상은 우리가 살아온 세상과 또 많이 다를 것이라는 것이다. 급격히 변하고 새롭게 생겨나고 각광받는 직업들 속에서 아이들은 자신들의 가치관을 지키고 원하는 일을 해야 한다. 그러려면 그 아이들의 보호자인 어른들이 새로운 것을 받아들일 준비를 해야 한다고 생각한다. 아이들에게 올바른 등불이 되어 주기 위해 끊임없이 공부해야 한다고 생각한다. 세상은 변하는데 예전의 낡은 방식으로 아이들을 가르치고 바라본다면 그 아이들은 미처 잠재력을 펼치지도 못할 것이다. 그런 면에서 나는 올해 3월부터 인성교육을 받은 우리 공부방의 아이들이 어떻게 성장해 가는지 글로 남기고 있다. 언젠가

이 경험들을 통해 내 아이는 물론이고 대한민국의 많은 아이들이 더 행복하도록 해 줄 수 있었으면 좋겠다.

올해 '선생님'이라고 불린 지 8년째가 되었다. 살면서 영원히 할 것 같지 않던 일을 8년이나 하게 되었다. 그것은 아이들에게서 더 큰 에너지를 얻고 더 좋은 사람이 되어 가는 것을 스스로 느꼈기 때문이었던 것 같다. 교사가 되어 아이를 가르친다는 것. 한 아이의 학습뿐만 아니라 크게는 삶에까지 영향을 미치는 것은 너무도 중요한 일이다. 부모가 되는 것도 마찬가지다. 부모가 된다는 것은 아이에게 바꿀 수 없는 인생의 선생님이 된다는 것이니까.

사람마다 영원히 잊히지 않는 순간이 있다. 나는 내 작은 공부방이 우리 친구들에게 잊히지 않는 추억이 되길 바란다. 그리고 언젠가 더 많은 사람들의 인생에 큰 영향력을 끼치는 사람이 될 수 있도록 아낌없이 멘토링해 주고 싶다. 곧 태어날 아이에게도 좋은 교사이자 부모로서의 역할을 다할 것이다.

나는 대한민국의 모든 아이들이 1%라도 더 행복해질 수 있게 부모와 교사들의 멘토이자 '진짜' 교사가 되고 싶다.

ADHD인들의 성공을 돕는
코치 되기

김성현 **ADHD 코치, 보험계리인, 아마추어 마라토너**

여러 사건들을 계기로 ADHD임을 알게 되었다. 치료를 받은 이후, 인지의 범위가 급속도로 넓어지고 삶의 질이 대폭 개선되었다. 현재 국내외에서 시판 중인 뇌과학, 대체의학, 영양학, 운동학, 자기계발 관련 서적들을 집중 탐구한 끝에 상황에 따른 다양한 치료법을 개발했다. 그동안의 경험과 노하우로 ADHD인들의 삶을 개선시킬 수 있도록 돕는 것이 목표다.

어렸을 때를 돌이켜 보면, 나는 내성적이고 늘 맥이 빠져 있는 소년이었다. 나는 정서가 불안했고 대인기피 성향이 있었다. 또래들과 모여 이야기할 때면 금세 흥미가 떨어졌다. 그렇게 대화의 흐름을 놓치고 홀로 공상에 빠져 있기를 잘했다. 놀이는 재미가 없었다. 놀이의 규칙과 역할에 좀처럼 몰입하지 못했기 때문이다. 이런 아이가 친구들 사이에서 각광받을 리가 없었다. 나는 또래들이 모이는 곳은 가능하면 피했다. 최대한 아무 말도 하지 않고 가만히 있었다. 이런 나의 행동은 점차 습관이 되었다. 그러곤 다시 성격으로 굳어졌다.

그나마 한 가지 다행이었던 것이 있다. 내가 좋아하는 대상에는 과하게 집중하는 성향이 있었다는 것이다. 내가 학창 시절 특히 좋아했던 과목은 수학이었다. 나는 남들과 대화하는 데 자신이 없었다. 그런 만큼 쉬는 시간에도 자리에 앉아 수학 문제를 풀었다. 그것밖에는 할 줄 아는 게 없었다.

이렇게 학창 시절까지는 인간관계를 요리조리 잘도 피해 다니면서 살아왔다. 문제는 직장생활이었다. 말주변이 없었던 나는 수많은 기업의 면접에서 탈락했다. 그러다가 현재 다니는 직장에 천신만고 끝에 합격했다. 그러나 직장생활은 학교생활과는 달랐다. 내가 가진 문제점은 수면 위로 곧바로 드러났다. 지금 돌이켜 봤을 때 내가 가진 문제점은 다음과 같았다.

첫 번째로, 사회성이 지나치게 결여되어 있었다. 회사에서는 회의와 대화가 일상이다. 그런 곳에서 사회성이 결여된 사람이 살아가는 것은 고통스럽다. 두 번째로, 주변의 분위기를 파악하는 능력이 없었다. 세 번째로, 나는 작업 기억에 문제가 있었다. 조금 전에 상사가 했던 말을 잊어버리는 것이 다반사였다. 그러다 보니 업무는 늘 실수투성이였다. 네 번째로, 일의 본질과 비(非)본질을 파악하는 능력이 없었다.

나는 그동안 그런 나의 모습을 덮어 놓고 보려고 하지 않았다. 그러다 직장생활을 통해 그런 나의 모습을 하나둘씩 발견하게 되었다. 그러면서 우울증이 점점 심해지다가 결국 공황장애로 이어졌다. 정신과 상담을 받고 우울증 약과 불안장애 약을 먹으며 회사를 다녔다. 그러다가 5년 차쯤에 어떤 계기로 공황장애가 심해졌다. 도저히 일상생활을 할 수 없는 수준에 이르렀다.

그때 의사 선생님이 혹시 모르니 검사를 한번 받아 보자고 하셨다. 여러 가지 테스트 및 전문가의 상담을 받았다. 그 결과 뜻밖에도 내가 ADHD(주의력결핍과잉행동장애)라는 것이었다. 다만 나의 경우는 조용한 ADHD였다. 어린 시절 과잉행동이 동반되지 않아 발견이 어려운 케이스였다.

진단을 받고 나니 모든 게 끝났다는 생각이 들었다. 우울증과 불안장애에 시달리며 일처리 하나 똑바로 못하는 사람을 누가 써 주겠는가? 그리고 누가 나와 결혼하겠다고 하겠는가? 앞이 보이지 않는 깜깜한 상황이었다. 그런 상황에서 처음으로 교회 옥상의 기도실에 올라가 사력을 다해 기도했다.

신경정신과에서 ADHD 환자에게 처방해 주는 약을 받았다. 약을 복용하자 효과가 잘 느껴졌다. 그렇게 한 열흘 정도 지나자 '어? 뭐지?' 하는 느낌이 들었다. 그때부터 내 인생이 백팔십도로 변화되기 시작했다.

늘 머릿속에 안개가 가득 낀 것만 같았던 '멍' 하던 느낌이 사라졌다. 꺼져 있던 감각들이 되살아났고, 민첩해졌다. 사람들과 나누는 이야기에 집중이 잘됐다. 때로는 이야기를 듣다가도 그와 관련된 나의 과거 경험과 지식들이 머릿속에 퍼뜩 떠올랐다. 내 머릿속에 떠오른 내용을 상대방에게 이야기해 주니 상대방은 크게 공감했다. 드디어 꼬리에 꼬리를 무는 대화를 할 수 있게 되었다.

직장생활은 당연히 질적으로 달라졌다. 호기심도 왕성해졌다. 나는 학창 시절에는 교과서만 읽었었다. 그런데 이제는 내 호기심에 기반 해 내가 읽고 싶은 책을 찾아 읽게 되었다. 가장 먼저, 나의 병에 대해 알기 위해서 시중의 뇌과학 책들을 사다 읽기 시작했다.

수많은 책들을 탐독한 결과 ADHD가 발생하는 원인에 대해 어느 정도 알게 되었다. ADHD는 대체적으로 대뇌의 커맨드센터(지휘본부) 역할을 맡고 있는 전두엽의 기능 저하로 생긴다고 한다.

나는 그동안 뇌과학 지식 및 해외 인터넷에 공개된 각종 ADHD인들의 임상경험들을 수집해 왔다. 그리고 그것을 바탕으로 내 뇌 상태에 최적화된 허브영양제들을 직수입 경로를 통해서 확보했다. 또한 꾸준한 운동과 영양 보급을 통해 내 뇌의 컨디션을 최적화하는 방법도 알게 되었다. 그동안 운동과 담쌓고 살았던 내가 지금은 수영, 복싱, 마라톤, 사이클을 즐기고 있다. 조만간 철인3종 경기도 준비하고자 한다. 늘 의욕 없고, 우울하고, 정서가 불안했던 나에게 일어난 변화는 참으로 놀라웠다.

지금까지 보았듯이 내 인생의 큰 전환점은 내가 ADHD라는 점을 발견하고, 그에 맞는 치료를 받았을 때 시작되었다. 통계에 의하면 ADHD는 전 인구의 약 4% 정도 존재한다고 한다. 한 학급에 한두 명은 있다는 이야기다. 부모 또는 스스로가 알고 치료를 받으면 다행이다. 하지만 그렇지 않은 경우 직장생활에서 손해를 너무 많이 본다.

　　ADHD는 양날의 검이다. 잘 다루지 못하면 장애다. 하지만 잘 다루면 비장의 무기다. 자신이 ADHD이지만 깨닫지 못하는 경우가 있다. 그럴 때는 각종 중독문제나 반사회적 인격장애로 발전할 가능성이 높다. 하지만 치료를 잘 받아 극복할 수도 있다. 그럴 경우 이 사람들은 다른 사람들보다 갑절이 넘는 창의력과 달란트들을 유감없이 발휘한다. 그렇게 상상할 수 없는 성공을 거두기도 한다.

　　과거 위인들 중에도 ADHD로 진단받을 만한 사람들이 다수 있었다. 에디슨, 아인슈타인, 레오나르도 다빈치, 월트 디즈니 등은 태어나면서부터 천재가 아니었다. 오히려 어릴 때 정서불안 증상으로 집중력도 떨어지고 집단생활에 어려움을 느꼈다. 그렇게 전형적인 주의력 결핍 증상을 보였다고 한다.

　　나는 하나님께서 내게 애초에 ADHD를 주신 것에 합당한 뜻이 있다고 생각한다. 또한 치료를 받고 온전한 삶을 살게 하신 것에도 합당한 뜻이 있다고 생각한다. 앞으로 하나님께서 내게 주신 잠재능력을 유감없이 개발할 것이다. 그 능력의 개발을 위해 내가 하고자 하는 도전 과제들이 나날이 나의 머릿속에서 움트고 있다. 블로그 운영하기, 세계 일주하기, 5개 국어 능통자 되기, 외국에서 살아 보기, 책 출간해 작가 되기, 직장생활을 졸업하고 창업해 기업가 되기, 내가 가진 물질과 달란트를 필요한 곳으로 흘려보내 누군가에게 기적을 주는 사람 되기 등등.

이제 하나씩 버킷리스트를 작성할 것이다. 그리고 그것을 어떻게 차례대로 이루어 나갈지 보물지도를 그릴 것이다. 그 보물지도에 계획된 것들을 하나씩 실천할 것이다. 그럼으로써 ADHD인들에게 영감을 줄 것이다. 뿐만 아니라 그들에게 구체적인 생활양식 개선 방법들을 가르칠 것이다. 그렇게 그들의 삶의 질의 개선을 도울 것이다. 그리하여 그들이 주저앉아 있던 삶에서 일어나게 할 것이다. 그렇게 그들이 자신들의 내면에 숨겨져 있던 천재성을 발견하게 돕고 싶다. 그래서 주어진 소명을 따라 세상을 변화시키는 주역이 되도록 하고 싶다.

맘빛 아카데미 창설하기

조은미 | 에비스 영어영재 아카데미 원장, 조기영어 전문가, 번역가

세 아이의 엄마이며 영어강사로서 다양한 연령의 학습자에게 영어를 가르쳐 왔다. 에비스 영어영재 아카데미를 운영하고 있으며 현재 중앙대학교 교육대학원 조기영어 석사과정을 밟고 있다. 유아교육과 영어교육의 경계에서 많은 고민을 하며 대한민국의 유아들이 영어를 행복하게 배워 나가기를 희망하면서 유아영어강사 전문가 과정을 진행하고 있다. 번역서로는 《생활 속 과학원리를 찾아서》가 있다.

내 나이 이제 서른여덟 살. 나의 버킷리스트를 써 내려가기 전에 내 나이부터 공개하는 이유는 간단하다. '마흔 살'이라는 이정표를 80여 미터 남겨 둔 바로 지금 내가 무엇을 하고 싶은지, 내가 진짜 원하는 삶이 무엇인지 처음 생각해 보았기 때문이다.

물론, 10대부터 20대 그 후 30대를 살아오면서 내가 꼭 이루고 싶은 것들, 내가 반드시 성취하고 싶은 일들을 노트에 기록해 오긴 했었다. 참 많은 시간을 공상 속에서 헤매며 꾸역꾸역 무수히 많은 목표들을 기록했다. 그런데 그 기록들은 시간 속에서 모두 다 흩어

졌다. 간절함이 없었다. 또한 추진력도 없었다. 무엇보다 내가 그렇게 살 수 있는 자격을 가진 사람이 맞는지 늘 의문이었다.

'나'의 인생을 살면서 그 주인인 나는 그동안 내 삶을 살아왔다고 할 수 없다. 그러기보다는 그저 '누군가'의 인생을 등 떠밀려 둘러보고 있었다. 조은미의 인생이 아니었다. 조은미라고 하는 사람의 어찌어찌한 인생을 그냥 살아온 것이었다.

지금으로부터 딱 10년 전 혼인신고를 했다. 그러곤 강남의 허름한 아파트를 전세로 얻어 신혼생활을 시작했다. 그리고 출산하고 나서 8개월이 된 첫아이를 데리고 웨딩드레스를 입었다.

삶을 바라보는 관점에 따라 인생은 표면적으로는 성공의 여부가 결정될 수 있다. 눈에 보이진 않지만 사람의 영혼과 관련된 '행복지수'가 올라가거나 내려가기도 한다. 나는 끊임없이 반복되는 우울한 생각들을 떨쳐 내고 싶었다. 그러기 위해서 할 수 있는 가장 쉽고 빠른 방법은 책 읽기였다.

나는 지금 세 아이의 엄마다. 평범한 엄마로서 대한민국의 경단녀에 자발적으로 이름을 올렸다. 하지만 나 자신을 사랑하려고 갖은 애를 썼다. 내 주변을 다른 관점으로 바라보려 쉬지 않고 노력해 왔다.

나는 준비가 부족한 엄마였다. 그리고 그 누구도 내게 알려 주지 않았다. 아이를 키우면서 자신의 꿈을 실현하는 것이 세상에서 제일 어려울 수도 있다는 사실을. 나는 나 자신의 꿈을 그리는 데만 시간을 할애했다. 엄마로서의 새 삶을 어떻게 살아갈지는 계획도 하지 않았었다. 그렇게 나약했던 내가 한 뼘씩 자라게 되었다. 배움을 온몸으로 실행한 것이 결정적인 계기가 되었다.

헬조선이라고 불리는 이 땅에서 다둥이맘으로 사는 것은 절대로 호락호락하지 않다. 하지만 이곳에서 나는 엄마라는 이름의 삶을 시작했다. 그러곤 스물아홉 살의 나는 아이들을 통해서 인생 어디에서도 배울 수 없는 강인함을 얻었다. 나는 500여 권에 달하는 육아서를 탐독했다. 그러면서 평생 배워도 부족한 인생의 한 길목에서 역설적이게도 무한한 정신세계의 확장을 경험할 수 있었다.

나는 전부터 나 같은 경력단절 엄마들에게 마련해 주고 싶었다. 어떤 식으로든 배우며 성장할 수 있는 기회를. 미혼모에게 한 달간 영어를 가르치는 경험도 했다. 특히 이 경험은 가르치면서 오히려 몇 배의 배움을 얻은 너무나도 소중한 시간이었다. 그러면서 미혼모들이 당당하게 자립해 아이를 키울 수 있는 프로그램과 지원 사업을 구축하고자 하는 열망이 생겼다.

그런데 이런 생각들도 실행하지 않는다면 그저 한낱 머릿속의 조각들일 뿐이다. 그러면 나는 아직도 집이라는 테두리 안에 머물고 있을 것이다. 그렇게 어제도 오늘도 내일도 똑같은 삶을 살고 있을 것이다.

아이를 돌보는 동시에 엄마인 자기 자신도 발전시킬 수 방법은 분명히 있다. 요즘에는 온라인과 SNS를 통해 실시간으로 소통하며 배울 수 있는 많은 길이 열려 있다. 그러니만큼 의지만 있다면 충분히 엄마로서 성장하며 결혼생활과 육아와 자기계발을 잘 유지할 수 있으리라 본다.

너무나도 미숙했던 내가 아이들 셋을 키우면서 이토록 성장할 수 있었다. 〈맘빛 아카데미〉는 그런 감사한 마음을 담아 만든 네이밍이다.

맘(Mom=엄마) + 빛(배우고 성장해 빛나는) + 아카데미(Academy=학교)

내가 세부적으로 나눈 〈맘빛 아카데미〉의 분야는 다음과 같다.

1. 미래아이(놀이학교)
2. 와이즈맘(엄마학교)
3. 캔캔맘(미혼모학교)
4. 맘앤아이(태교학교)

사실 나는 몇 달 전까지 임용시험 수험생이었다. 두 번의 불합격이란 꼬리표를 너무나도 떼고 싶었다. 아이들에게 자랑스러운 엄마가 되지 못한 것 같았다. 그렇게 말 못할 죄책감에 사로잡혀 있었다.

그런데 내가 그런 상황에 몰린 것은 전적으로 나의 수동적인 생각 때문이었다. 아이들을 낳고 뭐 하나 제대로 완성하지 못했다. 큰아이를 낳고 50일 무렵 재취업한 곳에서 몇 달을 못 버텨 냈다. 출산하고 왜 그리 일찍 일을 시작했느냐고 물을 수도 있다. 그 물음에 3월의 봄바람을 맞으면서도 극단적인 생각이 들었다고 하면 충분한 이유가 될까? 그 당시 나는 무능력한 사람이 된 것 같은 현실을 받아들일 수 없었다. 집 밖으로 나가야만 숨을 쉴 수 있을 것 같았다.

한없이 귀한 생명이 내게 왔는데. 나는 그 크고 넓은 아이를 머리로만 품었지 마음으로 품지 못했던 것이다. 그 이후 일찌감치 취업 생각을 접었다. 그리고 스스로 일을 만들어 내려고 노력했다. 하지만 마음처럼 잘되지 않았다. 생각의 생각들은 점점 더 작아지고 쪼개졌다. 결국 30대 중반의 나이에 안정된 직장인 교직을 바라보게 되었다. 하지만 아이 셋을 키우면서 공부하는 과정은 너무나도 고통스럽고 불만족스러웠다.

그러다 어느 순간 세 번째 시험은 내게 의미가 없어졌다. 나는 내가 진정으로 이루고자 하는 목표들을 곱씹어 보았다. 그렇게 지금 이 순간 천사처럼 잠자고 있는 아이들을 바라보며 글을 쓰고 있다.

그런 모든 시간들을 견뎌 내고 너무나도 사랑스런 아이로 자라 준 큰아이. 그 소중한 큰아이를 닮은 귀여운 2명의 아이들이 내게 더 왔다. 그것을 보면 어쩌면 이 아이들을 보물처럼 잘 대해서 다른 누군가에게 도움이 되는 선하고 바른 사람으로 키워 내라는 신의 뜻이 있다고 믿는다. 거기에 엄마로서의 나의 성장까지….

아이를 양육하면서 함께 성장하는 엄마. 그리고 그런 내공으로 내 아이를 더욱 잘 바라볼 수 있는 엄마. 그런 엄마가 아이를 사교육에 휘둘리지 않게 할 것이다. 더욱더 행복하게 물질적, 정신적 풍요를 얻으리라 확신하다.

비싼 영재교육을 벗어나 태교 때부터 엄마에게 지혜를 심어 줄수 있을 것이다. 그러면 큰돈 들이지 않고 아이를 행복한 노력형 인재로 키워 내는 엄마. 육아를 힘들게 생각하지 않고 성장의 한 과정이라고 여기는 엄마. 끊임없이 배움의 기회를 찾고 육아를 당당히 이겨 내는 엄마를 볼 수 있을 것이다.

이게 〈맘빛 아카데미〉에서 이룰 수 있는 나의 꿈이다. 〈맘빛 아카데미〉가 많은 엄마들의 꿈을 실현시켜 주는 곳이 되길 소망해 본다.

35

감사와 행복 속에서
경제적 자유 누리기

지성희 웅진 북 큐레이터, 하브루타 교육사, 부모교육 상담사, 콘텐츠 디자이너

아날로그와 디지털 두 분야를 활용하는 북 큐레이터라는 직업을 가지고 부모님과 아이들에게 책의 가치와 교육의 방향을 제시하는 일을 하고 있다. '세상이 바뀌는 것은 한 아이의 부모가 바뀌는 데서 시작된다'라는 생각으로 만나는 가정에 부모 역할의 중요성을 전하고 있다. 늘 새로운 도전을 하고, 하브루타 전문가의 길을 걷고 있으며, 앞으로 변해 가는 교육 속에서 중심을 잡아야 하는 엄마에 대한 이야기를 집필 중이다.

누구나 경제적으로 자유롭기를 꿈꾼다. 그것은 우리의 본능이라고 할 만큼 아주 자연스럽다. 그렇게 더 잘살기를 바라고 더 행복하기를 바란다. 그러나 우리가 가지고 있는 것에 대해서는 그만큼 감사하는 삶을 살기 어렵다. 그리고 불평불만과 꿈은 공통점이 없다. 불평불만은 마치 불행한 삶을 살게 해 달라고 비는 것과 다름없다.

"나는 잘살고 싶어!" 이 말인즉, 현실은 잘살고 있지 못하다는 뜻과 같지 않은가? 그리고 "나는 너무 행복해지고 싶어!" 이 말은 지금 당장은 행복하지 않다는 것으로 들린다. "돈을 더 벌고 싶

어!" 더 생각해 보지 않아도 나는 지금 돈이 없다는 것이 은연중에 상상이 된다. 즉, 우리는 부지불식간에 나의 안 좋은 상황을 끊임없이 세뇌하고 있는 것과 같다.

원효대사 또한 이와 같은 것을 깨달았다. 썩은 물을 먹었지만 갈증이 난 상황에서 그 물이 너무나 달고 시원했던 이유를 말이다. 바로 그 상황에서 물을 생각한 본인의 마음이 달랐던 것이다.

그런데 마음을 달리 먹는 것이 쉬운가? 많은 자기계발서 그리고 성공의 비밀을 알려 주는 책들은 말한다. 마음을 바꾸라고. 이미 원하고 바라던 것을 이룬 것과 같이 행동하라고. 그러면 뭐가 달라지는가? 나는 이 부분에 대한 고민이 많았다. 의심도 많고 생각도 많은 스타일인지라. 그러면 자격증 공부는 왜 하는가? 이미 자격증이 있다고 생각하면 되지. 행복하다고 생각하면 행복해진다는 보장이 있는가? 어떻게? 나는 이런 부정적인 생각들로 가득 찼다.

그러던 중 시댁과 친정 모두 불교였던 내가 개종하는 기적 같은 일이 일어났다. 먼저 친동생이 개종했다. 그래서인지 내 주위의 친한 친구가 개종을 권하며 나를 위해 눈물로 기도하는 일이 일어났다. 무려 20여 년 동안 나에게는 전도하려고 노력하는 사람들이 있었다. 난 불교 신자였다. 그래서 스스로 노력하면 부처가 될 수 있다는 겸양의 철학은 이해하고 공감할 수 있었다. 하지만 하나님의 사랑은 이해할 수가 없었다. 그리고 믿음을 가지면 무조건 행복해진다는 것을 믿을 수 없었다. 하나님이 세상을 만들었다는 것부터 나는 믿을 수 없었다.

그러다가 내 마음이 무척 외롭고 상처받아 힘들어지게 되었다. 그렇게 긍정적인 생각을 할 수 없는 지경에 이르렀을 때였다. 친구가 다니는 교회의 새벽기도에 하루 참석했다. 그날 난 많이 울었다.

사실 나는 하나님이 계시다는 막연한 생각은 늘 하고 있었다. 그러나 내가 하나님의 자녀이고 하나님이 나를 사랑하신다는 확신은 갖지 못했다. 그렇게 나를 사랑하신다면 나에게 왜 이런 인생의 고난을 주시는가? 왜 이런 고민을 주시는가? 왜 나를 아프게 하시는가? 왜 무고한 생명을 죽이시는가? 불만이 담긴 그러한 원망을 하고 있었을 뿐이었다.

어떻게 표현해야 할까? 내가 왜 눈물을 흘렸는지를. 왜 내가 하나님 아버지를 소리 내어 내뱉지도 못했는지를. 왜 울먹이며 억눌린 마음으로 눈물과 함께 토해 내는 숨소리 속에 주 예수의 이름을 담아내었는지를. 그러나 나는 분명 그날 무엇인가 달라졌다.

나는 울었다. 그것도 아주 많이. 그리고 개종을 결심했다. 그가 나를 위해 죽으시고 그가 나를 사랑하시어 내가 원하는 모든 것들을 내게 준비해 주시고 나를 위해 준비한 고난 속에 나를 이끄는 희망이 되시리라는 것을 발견했다.

그렇다면 개종하고 나는 무엇이 달라졌는가? 행복하다고 믿었더니 행복해지고 부자라고 믿어서 부자가 되었는가? 이 질문에 아직은 속 시원히 대답하기 어렵다. 왜냐하면 나는 아직 간절한 믿음의 신앙을 기르고 있는 중이기 때문이다. 하나님께 "초록색 바나나는 싫어요."가 아니라 "하나님, 노란 바나나를 주세요."라고 말하는 법을 배우는 중이기 때문이다.

여기서 생각과 인식이 달라지면 일어나는 일에 대해 내가 느낀 것을 말해 보고자 한다. 옛날이야기에도 나오는 대목이다. 깊은 산골의 3형제에게 한 도인이 찾아와 3개월 후면 아주 큰 부자가 될 것이라고 했다. 3형제는 너무 기뻐서 아무 일도 하지 않았다. 그래서 결국 가산을 탕진하고 부자도 되지 못했다. 그런데 이웃의 한 남자가 3형제의 땅을 샀다. 그러곤 곡식을 심기 위해 밭을 갈았다. 몇 개월 후에 그곳에서 금이 나왔다는 이야기다.

'나는 부자야'라고 생각하며 아무것도 하지 않는데 내가 부자가 될 수 있을까? 나는 '내가 부자야'라고 생각하며 내 표정에 생기와 자신감을 불어넣어야 한다고 생각한다. 그리고 내 행동에 선한 책임을 진다면 부자가 될 수 있을 거라고 생각한다. 그렇게 타인에게 온정과 미소 그리고 금전을 베풀며 살아가려고 노력한다면 부자가 될 수 있을 거라고 생각한다. 생각이 바뀌면 행동도 바뀔 수 있기 때문이다.

심지어 유머 속에서도 등장하는 이야기가 바로 이것이다. 어떤 사람이 "하나님, 로또에 당첨되게 해 주세요."라고 말했다고 한다.

그러자 하나님이 이 사람에게 이렇게 말했다고 한다. "제발 로또 좀 사렴. 사야 내가 당첨되게 해 줄 것 아니겠느냐."

성공에 대한 믿음을 갖기 위해 내가 제일 먼저 시작한 것은 감사다. 내게 주어진 혜택과 은혜에 대한 감사. 이렇게 말하면 내가 굴곡이 없는 인생을 산 사람이라 생각할지도 모르겠다. 그러나 나는 열두 살에 삶과 죽음에 대해 고민했었다. 결혼 후 가족이 사기를 당해 모아 두었던 전 재산의 대부분을 잃었다. 소파수술을 하며 유산을 했다. 임신했을 때는 전신소양증에 걸렸다. 그래서 출산할 때까지 눈물을 흘리며 왜 내게 이러한 일들이 일어나는지 끊임없이 하늘을 원망했던 사람이다.

그러나 하나님이 하시는 모든 일들은 서로가 모여 커다란 선을 이룬다. 그렇듯이 나를 위해 커다란 그림을 그리신 것이다. 그 그림의 크기가 너무 커 나는 붓 자국으로라도 그것을 가늠할 수 없었지만. 그 모든 일들이 맞물려 나는 개종하게 되었다. 믿음을 가지게 되었다. 감사할 수 있게 되었다.

감사. 감사는 행복의 가장 큰 원동력이다. 감사한 마음으로 내가 가지고 있는 것을 되뇌어 보자. 이 글을 읽을 수 있으니, 당신 또한 두 눈이 보일 것이다. 게다가 소리를 들을 수 있고 말을 할 수 있고 글을 쓸 수 있을 것이다. 만약 차 한 잔을 마시고 있다면 당신은 돈을 주고도 살 수 없는 건강을 선물 받은 것이 아니겠는가. 그리고 아이들이 걸어서 학교를 가고 배우자가 걸어서 직장에 간다면 그 또한 너무나 감사한 일이 아닌가?

그렇게 감사하고 나면 내가 원하는 것에 다다를 수 있는 정신을 불러들일 수 있을 것이다. 경제적인 자유는 그냥 얻어지지 않는다. 내가 가진 것에 감사하고, 내 가족에게 감사하고, 내 주위 사람들을 사랑할 때 내 얼굴은 승리자의 미소를 머금을 것이다. 나 또한 이미 성공한 사람처럼 많은 것을 가지고 있음을 알 것이다. 그렇게 성공을 향해 강하게 확신을 가지고 걸어 나갈 수 있을 것이다.

성공은 거저 얻어지지 않는다. 내게 주어진 것에 충분히 감사해야 한다. 내가 꿈꾸는 것을 생생히 그려 가며 이미 받았다고 생각해야 한다. 그렇게 감사를 느끼며 앞으로 나아가야 한다. 내가 꿈꾸는 것을 이미 가지고 그렇게 꿈으로 다가가는데 어찌 성공하지 않을 수 있으랴.

내가 죽기 전에 꼭 하고 싶은 것은 바로 감사와 감사를 나누는 행복 속에서 경제적인 자유를 누리는 것이다. 그렇게 그리스도의 향기를 풍기는 사람으로서 주님이 주신 천국인 이 세상을 살아가는 것이다.

36

런던에서
좋아하는 작가들의 숨결 느끼기

지 영 **교육 컨설턴트, 청소년 상담사, 독서논술 지도사, 영어 강사**

대학에서는 영문학을, 대학원에서는 교육학을 전공했다. 교육과 입시 컨설턴트로 활동 중이며 문학서평과 교육 관련 칼럼 등을 쓰고 중이다. 개인적으로 심리학과 역사를 공부하며 학생과 학부모들에게 도움이 되는 방향을 연구 중이다. 현재 '지금 중2 아이와 전쟁 중인가요?'를 주제로 개인저서를 집필 중이다.

어제도 오늘도 똑같은 하루. 나라는 존재가 하나의 부속품처럼 느껴지는 요즘. 나는 런던으로 떠나고 싶어졌다. 그곳에 가면 다시 나를 찾을 수 있겠지. 그동안 참 열심히 정신없이 살아온 것 같은 데…. 어디에도 내가 없다는 느낌을 받는다. 그건 아마 너무 오랫동안 나를 위해서가 아닌 나에게 주어진 의무에 충실하며 살았기 때문일 것이다.

나는 영문학도였다. 지금은 잊힌 내 20대의 정체성이지만. 그때는 영문학을 공부하고 읽고 쓰는 것이 무척 행복했다. 취업을 위해 영문학과에 진학한 친구들에 비해 나는 정말 영문학 작품들을 좋아하고 사랑했었다. 한 작품을 읽고 감흥을 받으면 그 작가의 생애와 모든 작품들, 심지어 논문까지도 찾아 가며 보고 또 보고 생각하고 또 생각했다. 그러는 것이 너무 행복했다. 지금으로 말하면 나는 덕후였던 것 같다.

셰익스피어는 말할 것도 없거니와 여성 작가로서의 삶을 보여준 버지니아 울프, 제인 오스틴… 아! 그녀들을 정말 사랑했었다. 그때의 꿈은 학생이라는 신분을 벗어나 나에게 시간과 경제적 여유가 생긴다면 꼭 런던으로 떠나는 것이었다. 그들의 삶과 작품들을 만나며 문학기행을 하는 것이었다. 그리고 나는 분명 그렇게 할 수 있으리라 믿어 의심치 않았다.

그런데 나는 순간이동을 한 것일까? 그 엄청났던 에너지와 바람은 다 어디로 가 버린 걸까? 어느 순간부터 나는 그 고전작품들이 시대에 뒤떨어졌다고 느끼게 되었다. 내게 아무런 도움이 되지 않는다고 느끼게 되었다. 그러면서 내 책장에 가득 찼던 고전들이 점점 자기계발서와 경제서적에 자리를 내주기 시작했다. 그러더니 어느 순간 모두 떠나 버렸다. 행여 닳을까 봐 책장조차 조심조심 넘기던 영문학 책들이 그저 재활용 종이만큼의 가치를 갖게 된 것이다.

나는 현실에서 살아남기 위해 당장 필요한 것을 먼저 찾았다. 살아남고 인정받는 것이 내 꿈이 되었다. 굳이 변명하자면 내가 해

내야 할 너무 많은 의무들이 주변에 쌓여 있었다. 나는 그것들을 먼저 해치워야 했다. 그 의무들은 강력히 나에게 그 자리에 있으라 며, 내가 필요하다며 나를 붙잡았다. 나에게 그곳이 곧 나의 자리라 고 느끼게 만들었다. 그렇게 오롯이 나를 위해 존재했던 버지니아 울프, 제인 오스틴, 셰익스피어가 내 책장에서 나를 떠났다. 나는 점점 내가 아닌 다른 사람으로 살아가고 있었다.

그런데 어느 날, 문득 너무 공허해졌다. 외로웠다. 분명 열심히 살았는데 왜 이런 거지? 곰곰이 생각하다 지금의 나는 내가 아니 라는 걸 알았다. 나는 내게 주어진 의무를 이행하며 그 자리를 지 키고 있는 사람이었지, 나는 아니었던 것이다. 한참을 생각했다. 나 는 이제 어떻게 살아야 할까? 무엇으로 이 공허함을 채우고 나를 사랑하며 살 수 있을까?

그러다 그 시절 나의 꿈이 떠올랐다. 런던으로 가자. 버지니아 울프를 찾아야겠다. 그녀를 만나면 지금 내 마음을 털어놓고 조언 을 받을 수 있을 것이다. 예전에 《자기만의 방》에서 그녀가 내게 말 해 주었다. 여성이 글을 쓰려면 돈과 자신만의 공간이 있어야 한다 고. 그런데 20대의 나에게는 돈이 없었다. 지금은 나만의 공간과 시간이 없다. 온통 내가 채워야 할 의무만 한가득인 채였다. 그래, 그랬었다. 나는 내가 아닌 내가 나인 걸로 착각하며 살았다. 그때도 지금도 나는 글을 쓰고 싶었지만 잊고 있었던 것이다. 글을 쓰면 다시 나를 찾을 수 있을 것이다.

책 표지에 실린 흑백사진 속의 가냘픈 그녀는 한참의 시간이 지난 후에도 나에게 다시 울림을 준다. 나만의 공간과 시간을 가지고 나의 글을 쓰라고. 나의 삶을 찾아 떠나 보라고. 그것이 내가 진정 나로 사는 길이라고. 다시금 그녀의 책들을 찾아 읽었다.《댈러웨이 부인》과《올란도》도 만나고《등대》에도 가 보았다. 그녀의 생애도 찾아보고 내 주머니의 3기니도 떠올려 보았다.

내 마음이 꿈틀거리기 시작했다. '그래, 바로 이거였잖아.' 내가 살아 있는 느낌. 조금씩 20대의 나로 돌아가는 것이 느껴졌다. '맞아, 내가 이걸 보고 이런 생각을 했었지. 그래, 그랬었어.' 다시 심장이 뛰기 시작했다. 두근거리고 설렌다.

다시 탐독하기로 했다. 내가 사랑했던 제인 오스틴, 브론테 자매. 로렌스…. 이번에는 제임스 조이스와 피츠제럴드도 덕질을 해 봐야지.

그래서 나는 런던으로 꼭 떠나야겠다. 언젠가 멋모르고 사람들 무리에 떠밀려 빅벤과 광장으로 시간에 쫓겨 다녔었다. 그런 여행이 아니라 오랜 시간 런던에 머물며 작가들의 생가에서 그들의 숨결을 느껴야겠다. 작품 속에 등장한 거리들을 거닐며 그들이 본 풍경을 나도 봐야겠다. 그리고 대영박물관으로 출퇴근하며 그들 책의 원본에서 그들의 피땀 어린 글씨도 보아야겠다. 그렇게 하루를 보내고 돌아오면 얼마나 가슴이 뛸까? 글쓰기 벌레가 가슴속에서 얼마나 꿈틀거릴까? 미천한 글솜씨임에도 저절로 글들이 쏟아져 내릴 것만 같다.

그리고 우즈강에 가 봐야지. 나에게 처음으로 글을 쓰라고 속삭여 주었던 버지니아 울프. 그녀가 왜 어떤 마음으로 생을 마무리했을지 생각하며 그녀에게 감사인사를 해야겠다.

37

뉴욕에서
크리스마스 보내기

김민정 영어 교사

현재 육아 중이지만 주부의 위치에서 벗어나 자아를 찾으려고 고군분투하고 있다. 엄마이기 이전에 자신의 이름 석 자를 찾기 위해서라면 무엇이든 시작하려 한다. 책 쓰기도 그중 하나다. 시작이 반이라고 스스로를 칭찬하며 내년에는 조금은 더 성장해 있길 기대한다.

대학 시절의 나는 교환학생으로 잠시 미국에 간 적이 있었다. 그때 나는 그리스에서 사는 친구를 사귀게 되었다.

교환학생으로 지낸 지 2~3일쯤 되었을 때 한국에서 온 친구들을 환영하는 행사가 있었다. 그 행사에 미국 학생 및 다른 나라의 유학생 여러 명이 왔었다. 거기에 그 친구도 왔었다. 활달한 성격에 이것저것 친절히 알려 주는 그 친구와 친해졌다. 그래서 한국에 온 후로도 쭉 연락하고 지냈다. 20대 시절부터 40대인 지금까지 연락하며 지내고 있다. 참 고마운 인연이다.

그 친구 하면 생각나는 아쉬운 일이 하나 있다. 20대 후반쯤이었던 듯하다. 그리스로 다시 돌아간 그 친구는 좋은 회사에 취직했다. 그러면서 화려한 싱글 라이프를 즐기며 살고 있었다. 자신의 일을 즐기면서 이곳저곳 여행하며 살고 있었다. 그 모습이 여유롭고 신나 보였다.

유럽 사람들에게 이웃나라 여행은 우리나라 사람들이 서울에서 경기도 놀러 가듯 자연스러웠다. 친정엄마는 유럽 한번 다녀오시며 통장이 텅-장이 되었다고 하셨다. 그러면서 한 번 더 가고 싶어도 돈 때문에 가기 어렵겠다고 하셨다. 그 때문인지 유럽인들이 참으로 부럽다는 생각이 들었다.

어느 날 메신저를 하다가 그 친구가 무심히 "민정, 이번 크리스마스는 뉴욕에서 보낼 건데 너도 같이 가서 재밌게 보내자."라고 했다. 숙박은 책임질 테니 항공권만 끊어서 오라는 제안이었다. 사실 비행기 티켓만 끊으면 된다는 건 지금 생각해 보면 아주 괜찮은 제안이었다. 그런데 당시 난 이런저런 핑계를 대며 다음에 가겠다고 거절했다.

결혼도 하지 않았고 딸린 식구도 없던 내가 훌쩍 떠나지 못할 이유가 뭐가 있었을까. 가장 큰 이유라면 금전적 여유 때문이었을 것이다. 다른 하나는 용기 부족이었으리라. 미지에 그 친구 하나만 믿고 간다는 게 많이 무서웠다. 그래도 그 뒤로 아쉬움이 많이 남았던 것 같다. 가끔 적어 보는 버킷리스트에 항상 등장했던 것이

뉴욕에서 크리스마스 보내기였던 것을 보면.

북적북적거리는 거리. 네온사인이 반짝거리고, 크리스마스 분위기에 맞게 예쁜 장식들이 꾸며져 있는 상점들. 가족, 친구들과 아담하지만 고급스러운 분위기의 레스토랑에서 와인과 맛있는 음식들을 즐기고 있는 나. 연말 드레스코드는 블랙 앤 레드. 거기에 맞춰 난 가벼운 블랙 미디움 원피스 차림으로 참석한다. 그러곤 루프 탑에서 내려다보는 뉴욕의 야경을 즐기고 있다. 아직은 상상만 해본다. 하지만 이런 상상만으로도 행복해진다.

생각해 보면 뉴욕에서 크리스마스를 보낸다는 것은 내게는 단순한 여행 이상의 의미다. 함께할 사람들이 있는 따뜻한 삶을 의미한다. 시간, 금전, 자유 모든 것이 있는 여유로운 삶을 뜻한다. 그리고 용기 없고 소극적이었던 내게 이제는 도전할 수 있다는 자극이기도 하다.

지금부터 하나씩 하나씩 버킷리스트를 실천해야겠다. 그리고 또 더 많은 버킷리스트를 만들어 봐야겠다. 최소한 미련과 후회는 남지 않도록. 적은 만큼 이뤄지고 그만큼 더 행복해질 날을 위해.

내 이름으로 된 책 쓰기

이현주 직업상담사, 집단상담 진행자, 〈독서포럼〉의 충남 〈커피나비〉 운영회원, 독서지도사, 갈등관리사

현재 직업상담사로 근무하고 있으며 남은 인생을 행복한 글쟁이로 살고 싶어 꾸준히 준비하고 있다. '꿈은 꿀 수 있는 사람의 것이다'라는 신념으로 이제는 그 꿈을 이루는 사람이 되고자 한다.

나는 지극히 평범하고도 평범하다. 그러다 보니 마흔 살을 훌쩍 넘기기까지 그 수많은 시간들을 어떻게 보냈는지 알지 못하겠다. 내 것이었지만 온전히 내 것이 아니었던 시간들. 누군가에게 도둑맞은 것처럼 기억이 안 난다. 어떤 일도 궁금해하지 않았다. 그냥 하루하루 흐르는 시간에 내 삶도 따라 흐르는 것이 맞다 생각했다. 하긴 지금이니 생각이란 말을 쓰는 것이지 그때는 그럴 여유조차 없었다. 그저 살림조차 어설픈 평범한 가정주부였다.

커 가는 아이들을 보면서, 아이들의 꿈을 이야기하면서 나도 나

만의 일을 하고 싶다는 생각이 들었다. 하지만 그때는 전문적인 지식이나 기술이 전혀 없어 겁났다. 나에게는 대학 졸업 후 결혼 전까지 아이들에게 미술을 가르친 경험이 전부였다. 나는 다시 그 일을 시작할 자신도 없었다.

무언가 내가 좋아하는 일을 찾고 싶었다. 하지만 엉켜 버린 실타래처럼 어디서부터 어떻게 풀어 나가야 할지 알 수 없었다. 막막했다. 무엇을 시작한다는 것은 쉽지 않았다. 나이가 들수록 무서움과 두려움이 많아진다. 그것이 성공경험이 없어서인지 아니면 실패에 대한 두려움 때문인지 알 수는 없다. 하지만 다행히 나에겐 나를 변화시킬 기회가 주어졌다.

나는 '취업성공패키지' 고용노동부 프로그램에 참여했다. 그러면서 나의 성향과 흥미를 알 수 있게 되었다. 그래서 도전하게 된 것이 '직업상담사'였다. 자격증 공부를 하면서도 그저 아이들에게 조금은 당당한 엄마의 모습을 보여 주자는 것이 목표였다. 그러운 좋게 바로 취업했다. 일을 시작하면서 자신감과 할 수 있다는 생각이 깊어졌다. 그때쯤 독서모임을 하자는 제안을 받고 무작정 참여하게 되었다.

하지만 변하는 것이 어디 쉬운 일인가. 책을 가까이한다는 것이. 나는 1년 365일의 길고긴 40년 세월 동안 단 한 장의 책장도 넘기지 않았다. 그런 나에게는 독서를 시도한다는 것 자체가 크나큰 모험이었다. 아이들에게 책을 읽겠다고 큰 소리로 선포했다. 의지력이 약한 나 자신을 잘 알기 때문이었다. 그렇게라도 하지 않으면 너무 쉽게 포기해 버릴까 봐 큰 소리로 다짐했던 것이다.

일주일에 한 권의 책을 읽고 본 것, 깨달은 것, 적용할 것을 나누는 새벽 독서모임. 한 번, 두 번, 모임이 진행될수록 책을 읽는 재미가 생겼다. 장르는 가리지 않았다. 담쟁이 넝쿨이 벽을 타고 올라가듯 뚜렷한 목표는 없었다. 하지만 꾸준히 참여하면서 읽는 즐거움을 알았다. 1년이 지나고 2년이 지날 때쯤 서서히 변하는 내 모습이 보였다. 그러면서 나에게도 이루고 싶은 꿈이 하나둘 생겨났다.

나만의 버킷리스트. 나는 지금도 버킷리스트는 특별한 능력이 있는 사람들만의 성공 목록이라고 생각한다. 어쩌면 꿈을 현실로 바꾸는 것은 내 몫인데 나는 그것이 아직도 두렵다. 너무 간절하게 원하기 때문에 이루어지지 않으면 상처받을까 봐 두려움이 더 크다. 사실 너무나 막연한 이야기지만 책을 읽다 보니 글을 쓰고 싶었다.

그 많은 꿈 목록 중 가장 이루고 싶은 것이 내 이름으로 된 책을 출간하는 것이다. 그래서 이 공저에 참여하게 되었다. 가슴이 터질듯 두근거리고 정신이 아득하다. 글을 쓰는 지금 이 순간에도 내가 무슨 짓을 한 건지 손끝이 떨리고 부끄러움에 속이 탄다. 누군가 "다들 그렇게 시작한다"라는 말을 해 준다고 해도 지금은 큰 위로가 되지는 않을 것 같다. 그래도 정말 하고 싶었다. 지금이 아니면 기회가 없을 수도 있으니까. 그렇게 나 스스로를 다독여 본다.

살면서 내가 이토록 간절히 무언가를 원했던 적이 있었나. 내가 하고 싶은 일을 하며 온전히 시간을 보내고 행복해했던 적이 있었나. 이제 겨우 찾은 내 꿈 목록인지라 지금부터 하나둘 이루어 보려고 한다. 나는 피하지 않고 시도했다. 결과가 어떻게 될지는 모르겠다. 하지만 "끝날 때까지 끝난 게 아니다."란 말처럼 지금 이 순간을 즐기고 싶다. 나를 토닥여 주고 기특하다고 칭찬해 주고 싶다. 늦었지만 버킷리스트를 이루려고 도전하니 얼마나 다행이냐고 말해 주고 싶다. "파이팅! 시작이다. 이현주!"

39

독자에서
책 쓰는 작가 되기

이정화 **해양경찰공무원**

세 아이를 키우며 직장생활을 하고 있는 평범한 대한민국 아줌마다. 해양경찰생활 중 경험한 스펙터클한 사건과 사고를 통해 느낀 것들을 사람들과 공유하고, 남성의 전유물로만 알고 있는 해양경찰 경비함정생활에서 살아남는 노하우와 생존전략에 대해서 글을 쓰고자 한다. 더불어 공무원생활을 하며 짬짬이 취미생활 겸 퇴직 후 노후를 위해 열심히 준비 중인 미싱(쏘잉)에 대한 이야기, 세 아이를 키우며 치열하게 가사와 직장생활을 병행한 이야기를 나누고자 한다.

지금 나는 평범한 40대 가정주부다. 세 아이를 키우는 대한민국 아줌마이기도 하다. 또한 평범한 아줌마라고 하기에는 조금은 특별한 대한민국 해양경찰공무원이기도 하다. 나는 결혼한 지 15년 차, 직장생활 경력은 18년 차인 워킹맘이다. 결혼생활에도, 직장생활에도 서서히 권태기가 오는 시기에 직면했다.

바다에서 일어나는 각종 해양경찰 업무가 일반인에게는 생소하고 스펙터클한 일일 수 있을 것이다. 하지만 18년 차에 접어드는 나에게는 조금은 지루한 느낌이 들기 시작한다. 또한 3교대 근무를

5년간 하는 동안 바닥을 칠 정도로 체력은 저하되었다. 그 무렵 친한 여경 후배의 갑작스런 죽음은 40대 아줌마에게 우울증을 가져다주었다.

몸이 지쳐서인지 우울증 바이러스는 몸과 마음속에 급속도로 퍼졌다. 계급사회인 경찰 조직에서 18년을 근무했다. 하지만 결혼과 출산을 반복하며 점점 내 자리를 잡아 가지 못했다. 진급 시험은 엄두도 내지 못했다. 그저 육아와 가사에 아등바등하며 직장생활을 해 왔다. 당연히 진급은 늦어졌다. 게다가 항상 같은 직종에 있는 남편의 진급을 우선시하며 뒷바라지했다. 그러다 보니 어느새 나에겐 그냥 평범한 대한민국 아줌마라는 타이틀만 남게 되었다. 신임 순경 시절에 가슴속에 품었던 야망과 비전은 어느새 사라지고 없었다. 나는 그런 나 자신을 마주하게 되었다.

나는 후배와 직장 내 스트레스와 육아의 애환을 항상 수다로 승화시키곤 했다. 그러다 후배의 죽음을 맞이하게 된 것이다. 그로부터 시작하게 된 휴직 1년. 열심히 앞만 보며 달려오던 나에게 브레이크가 걸렸기 때문이다. 그렇게 넘어지기 직전의 휴직은 나에게 구원 같은 단어였다.

나는 대출금도 갚아야 한다. 아이들의 미래, 우리 부부의 미래를 위해 열심히 저축하며 살아야 한다. 그렇게 경제적으로 넉넉하지 않은 나에게 휴직 결정은 어려운 선택이었다. 하지만 숨은 쉬고 살아야 할 것 같아 결국은 휴직하게 되었다.

24시간 파출소 밤샘 근무로 지칠 대로 지쳤다. 그래서인지 일에서 도망치고 싶었다. 우울한 내 마음을 달래기 위한 수단으로 휴직이라는 도피처를 찾았다. 하지만 한편으로는 아이들을 키우며 취미생활로 짬짬이 해 왔던 미싱을 전문적으로 더 배우고 싶었다. 그런 욕심에 나만의 시간과 쉼이 필요했던 것이다.

내 바람대로 휴직 1년간 오롯이 나만을 위한 시간들을 가졌다. 중·고등학교 시절, 대학교 시절 즐겨 들었던 음악들, 고전들을 하나둘씩 소환해 가며 듣고, 읽었다. '예전에 내가 책 읽기를 참 좋아했었지' 하며 서점도 자주 가게 되었다.

경찰공무원이 되기 전 나는 일본 유학 준비를 하며 일본어에 흠뻑 빠졌었다. 그때도 주말이면 일본어책이 꽂혀 있던 종로 3가의 교보문고 바닥에 앉아 하루 종일 책을 읽곤 했었다. 그 시절이 갑자기 떠올랐다. 대학 시절에도 학교 도서관을 매일 다니며 여러 권씩 도서를 대여하곤 했다. 그리고 책을 다 읽고 나면 책 마지막 페이지에 붙어 있던 도서열람전에 내 이름과 학번을 적었다. 그러면서 희열감을 느꼈었다. 그런 기억이 언뜻 떠오르기도 했다.

그때 그 시절 책이 있던 곳은 나와 친근한 곳이었다. 그러다 20년이 훌쩍 지난 지금 다시 서점을 출입하는 나 자신을 발견했다. 참 오랜만에 느껴 보는 기분 좋은 설렘이었다. 그렇게 휴직기간 중 서점 출입을 다시 시작했다. 그러면서 마치 그 시절로 돌아간 것 같은 착각에 빠졌다. 그렇게 행복감에 젖었다. 책을 다시 손에 잡게 되니 읽는 속도도 늘기 시작했다. 난 계속해서 책을 읽어 나갔다. 그때 유독 자기계발서들이 눈에 들어왔다. 나는 나도 책의 주인공들처럼 성공하고 싶다는 다짐을 자연스럽게 하게 되었다. 그러다 우연히 〈한책협〉 카페를 알게 되었다. 그러곤 김태광 대표 코치님을 통해 '나도 언젠가는 책을 읽는 독자에서 책을 쓰는 작가가 될 수 있다'라는 꿈을 꾸게 되었다.

작가가 되기 위한 첫걸음으로 나는 열심히 다양한 책을 읽고 나만의 꿈들을 적어 나가는 작업을 시작했다. 그리하여 죽기 전에 꼭 하고 싶은 것들을 적어 나가 보기로 했다.

죽기 전에 꼭 하고 싶은 것들을 우선 크게 다섯 가지 목록으로 분류해 보았다.

첫 번째, 작가가 되기 위해 내가 준비해야 할 목록

두 번째, 언젠가는 '강의'를 하는 나의 모습을 상상하며 준비해야 할 목록

세 번째, 나의 버킷리스트를 이루어 나가는 데 필요한 '체력'을 만드는 목록과 50대가 되기 전에 꼭 해 보고 싶은 버킷리스트

네 번째, '해양경찰 재직 중에 이루고 싶은 꿈'과 '퇴직 후 제2의 삶'을 시작하기 위해 준비해야 할 목록

다섯 번째, 이 모든 것들을 같이 공유하고 싶은 나의 '가족'들과 함께 하고 싶은 목록

나는 나의 버킷리스트가 반드시 실현되리라 믿는다. 여러분도 '가족'과 함께 하고 싶은 버킷리스트를 적어 보길 바란다. 더 눈부신 미래가 펼쳐질 것이다.

40

50개 나라에
내 발자취 남기기

손지희 직장인

청소년기부터 '선한 영향력을 가진 사람이 되는 것', '순수한 마음을 지키며 사는 것'을 인생의 가장 큰 목표로 삼았다. 자연이 주는 감동, 여행, 책, 사진, 음악, 사람들과의 대화 등을 통해 일상의 영감을 얻기를 좋아한다. 그렇게 더 많은 사람과의 소통을 통해 사랑을 나누고, 마음을 나누며 살길 소망한다.

'여행'이라는 단어를 떠올릴 때 싫어하는 사람은 사실 많지 않다. 준비과정에서의 피곤함이나 일정을 소화하면서 느끼는 긴장감 때문에 자주 떠나지는 못한다. 그럼에도 불구하고 대부분의 사람들이 일상을 떠나 잠시 쉼을 갖고 싶어 한다.

나 역시 그중 한 사람이다. 누구보다 여행을 좋아한다. 어렸을 때부터 나는 호기심이 매우 많았다. 지하철역에서 집까지는 걸어서 10분이면 족했다. 그런데도 그 길에 보이는 간판들의 글자 색과 글자체, 각 집마다의 대문 색깔, 지나가는 강아지와 살랑거리는 바람의 느낌, 저 가게는 사과가 얼마이며 저 카페에는 오늘도 사람이 가득한지 등을 살피곤 했다. 그러다 보면 어느새 30분이 훌쩍 지나 있었다.

자라면서 가족들과는 자주 여행했다. 하지만 내가 혼자 본격적으로 해외를 다니기 시작한 것은 스물네 살이던 2009년도였다. 어학연수를 떠난 캐나다가 시작이었다. 아직 많은 세계를 경험해 보지 못했던 나에게 새로운 세상이 열렸던 것이다. 그러면서 나에게 변화가 일어나기 시작했다.

장기 거주자였던 나는 일주일치의 먹을 것들을 사야 했다. 그런데 이전의 나는 그저 어머니의 심부름으로만 잠깐씩 시장이나 마트에 다녀왔던 게 전부였다. 그러다 보니 캐나다 마트에서 아무것도 장바구니에 담지 못하고 한 시간을 계속 배회만 했던 기억이 있다. 그렇게 첫 주의 식량 구매에 나는 100달러라는 큰돈을 썼다(당시 보통 유학생들의 일주일치 식비는 60달러 정도였던 걸로 기억한다). 일상적인 것들을 너무 모르고 살았다는 생각에 나 자신이 한심하기도 했다. 첫 주의 시행착오를 겪은 후에 나는 예산을 세우는 연습을 하기 시작했다. 장보기 실력은 점차 나아졌다.

캐나다에서 1년여를 지내고 나는 다시 한국으로 돌아왔다. 그러면서 연수생이 아닌 여행자로서 여러 나라를 가 보고 싶다는 생각이 들었다. 그러다 일을 시작하곤 어느 정도 안정을 찾게 되었다.

그 후 스물여덟 살이 되던 해에 도쿄로 자유여행을 가게 되었다. 그러나 쉽지 않은 여행이었다. 처음 타 보는 도쿄 지하철에서 길을 잃기도 했다. 내가 정말 세세하게 짜 왔던 3박 4일간의 일정은 일본에 내린 폭우와 태풍으로 인해 이미 지킬 수 없었다. 나는 당황해하며 일정의 반을 숙소 근처에서 비를 피하다가 돌아온 기억이 있다.

다음 여행은 더 잘해 보고 싶었다. 난 지난 도쿄여행에서 플랜 A만 있고, 만약의 사태에 대비한 B, C가 없었음을 깨달았다. 그래서 여유 있는 일정을 짜 보게 되었다. 하루에 쓸 용돈을 정하는 것부터 내가 가려는 나라의 대중교통 이용법, 현지 물가 등을 알아보게 되었다. 그렇게 다시 여행을 떠났다. 그러다 보니 짧은 기간이지만 현지인의 삶을 좀 더 들여다볼 수 있는 장점이 있었다. 나는 색다른 재미를 느꼈다.

나는 여행할 때마다 기간을 점차 늘려 가기 시작했다. 처음의 도쿄여행은 3박 4일, 그 이후로는 5일, 일주일, 열흘, 2주, 3주까지. 그리고 가장 최근에 다녀온 태국의 치앙마이는 한 달까지 늘어났다. 특히 이번 한 달간의 여행은 오롯이 나에게만 집중한 시간이었다. 내가 나 자신을 더 잘 마주할 수 있는 시간이었다. 내가 오랫동안 고민하고 끙끙 앓고 있던 문제들이 있었다. 거기에 대해서도 여행지에서 만난 친구들과의 대화를 통해 힌트를 얻게 되었다.

이렇게 여행을 해 오다 보니 벌써 열 군데가 넘는 나라를 다녀왔다. 처음 여행을 떠날 때 나의 목적은 일상 탈출이었다. 그런데 계속 여행을 다니면서 다양한 국적, 연령, 성별, 종교, 직업의 사람들을 만났다. 찰나의 순간이지만 함께 각자의 일상을 나누면서 많은 영감을 얻었다. 그러면서 내가 그동안 갖지 못했던 다른 시야를 발견하게 되었다. 이미 우리가 이방인인 것은 그리 큰 문제가 되지 않았다.

예상치 못한 만남들을 통해 내가 차근차근 성장하고 있음을 발견하게 되었다. 하지만 아직 가 보지 못한 나라가 훨씬 더 많다. 때문에 내 마음은 늘 호기심과 기대로 가득 차 있다. '저 나라에서는 누구와 어떤 얘기를 나누게 될까?', '그곳에서 나는 나의 어떤 모습을 만나게 될까?' 등의 질문이 끊이질 않는다.

평생에 50개의 나라를 다녀 본다는 것은 어쩌면 어려운 일일 수도 있다. 하지만 그동안의 나의 여행은 예정에 없이 갑작스레 떠나는 경우가 많았다. 그러니 그리 불가능한 것만도 아니라고 생각한다.

처음 혼자 떠났던 여행이 떠오른다. 혼자 떠나 오히려 '너무 많은' 준비를 했었던 여행이었다. 그래서 제대로 즐기지 못했던 그때를 시작으로 나는 여행을 통해 점차 성숙해지고 있다. 여행의 끝엔 항상 나에게 깊은 울림을 주는 무언가가 생긴다.

나는 "간절히 바라면 이루어진다."라는 말을 믿는다. 바라는 바가 있기 때문에 그 목표를 향해 한 걸음 더 뗄 수 있고, 기다려 볼 수 있다. 그러다 보면 나는 어느새 30번째, 40번째, 50번째 나라의 여행자가 되어 있을 것이다. 그렇게 또 새로운 사람들, 환경들을 만나고, 인생의 지혜를 깨달으며 더 멋진 사람이 되어 있지 않을까.

41

다양한 형태로 작곡해서
선한 영향력 전파하기

강인철 《참교육영재연구소(유)》 대표, 영어학원장, 동기부여가

2011년부터 초·중등 대상 영어학원을 운영 중이다. 영어를 가르치는 것과 더불어 한 달에 한 번 마인드 교육도 병행하고 있다.
올바른 학습태도와 생활상을 세우도록 학생들에게 동기를 부여하는 것이다. 성인들에게도 '성공자의 삶'을 전파하기 위해 저술과
강연 활동을 활발히 펼치겠다는 비전을 가지고 있다.

죽기 전에 꼭 하고 싶은 일이 무엇인지 신이 내게 물으면, 음악을 만드는 것이라 할 것이다. 왜인지 이유도 묻는다면, 그 음악을 듣고 사람들이 즐거워하는 모습을 보고 싶다고 할 것이다. 그리고 덧붙여 청할 것이다. "개코와 함께 곡 작업을 하고 싶습니다."라고.

난 랩을 좋아한다. 발라드, 디스코, 클래식 등도 즐겨 듣는다. 하지만 그중에서도 랩을 할 때 신이 난다. 랩의 묘미는 글자를 박자에 맞추는 것이다. 라임(각운)을 맞춘다고도 한다. 우리나라 동요

〈리자로 끝나는 말〉을 떠올리면 이해하기 쉬울 것이다. 랩을 듣고 있으면 단어의 끝 글자들이 박자를 타고 들어갈 때마다 고개를 끄덕이게 된다. 때에 따라서는 다소 힙합적인 손짓을 하고 있는 나의 모습을 심심치 않게 발견하기도 한다.

언젠가 경연대회를 위해 자작곡을 쓴 적이 있다. 4분 남짓한 노래를 만들며 절실히 느낀 것이 있다. 엄청난 에너지가 쓰인다는 것이다. 쓰고 지우기를 반복하는 것은 말할 것도 없다. 완성한 후에도 대회를 위해 72번 이상은 족히 불렀던 것 같다. 창작의 성취감 뒤에 있는 창작의 고통을 직접 경험한 것이다. 그동안 흥얼거리며 따라 불렀던 가수들의 랩은 그냥 나온 게 아니었던 것이다.

그 경험 이후로 경외감을 가지고서 가수들을 보았다. 한 곡의 노래가 나오기까지 얼마나 많이 다듬는 과정을 거쳤을까. 내가 따라 불렀던 랩은 대부분 개코의 노래다. 그런데 그 노래들도 마찬가지의 과정을 통해 세상에 나온 게 아닐까.

개코와 함께 랩을 하고, 곡을 만들고 싶은 가장 큰 이유가 있다. 그는 발전하고 있는 사람이기 때문이다. 최정상 래퍼이면서 보컬(노래)도 소화한다. 프로듀서이자 소속사 대표이기도 하다. 한 분야에서 최고이면서 관련 분야를 하나씩 섭렵하고 소화해 낸다. "가장 바쁜 사람이야말로 시간을 가장 잘 활용하고 있는 사람이다."라는 말은 그를 묘사하기에 부족함이 없어 보인다. 나 또한 그처럼 해내고 싶다. 필시 그렇기 때문에 그런 모습들이 눈에 들어왔을 것이다.

함께 작업하고 싶은 또 다른 이유는 그가 사용하는 언어가 좋기 때문이다. 〈다시 쓰는 이력서〉(다이나믹 듀오 3집 앨범, 2007년)에서 그는 이렇게 말한다.

"겸손치 못하게도 전혀 만족을 못하고 새로운 돌파구, 더 완벽한 몽타주를 원해"

이처럼 그는 본인의 소신을 확신으로 가사에 담아낸다. 나는 영어를 가르치는 직업을 갖고 있다. 그래서 그런지 사람들의 말과 행동이 일치하는지 유심히 살필 때가 있다. 개코의 랩, 그의 언어가 내 귀에 쏙 들어왔다는 것은 그의 가사와 행동이 일치했기 때문일 것이다. 그는 해마다 앨범을 발매한다. 다른 가수들의 곡에도 참여한다. 그리고 독실한 기독교 신자다. 그런 점들이 그의 가사를 더욱 신뢰하게 한다.

'죽기 전'에 하고 싶은 일을 생각해 봄으로써 느낀 부분이 있다. 현실을 감당하고 있는 동안 하고 싶은 일을 마음속 깊이 묻어 놓았다는 것이다. 이제 꺼내 놓을 것이다. 적어도 현실을 방패삼아 묻어 두지 않을 것이다. 많은 시간이 아니어도 수시로 떠오르는 랩을 노트에 적어 나갈 것이다. 개코가 언제라도 나에게 연락해 합동으로 곡 작업을 하자고 제안할 수 있으니 말이다.

먹음직한 열매는 농부에게 거두어져 필요한 곳에 쓰인다. 그렇듯이 한 곡의 노래가 이 세상에 나오면 누군가에 의해 연주되고, 누군가는 듣게 될 것이다. 그리고 한 권의 책이 출간되면 누군가에게 읽히고, 누군가의 삶은 변화될 것이다. 삶은 찾는 게 아니라 만들어 가는 과정이다. 그러니만큼 맛 좋고 품질 좋은 열매를 위해 기꺼이 흘리는 땀과 발자국이 되리라.

이제 앞으로 나아가야 할 방향이 선명해진다. 책 쓰기를 마음먹고 난 후부터 훨씬 더 뚜렷해졌다. 내게 주어진 삶 동안 다양한 형태로 창작을 할 것이다. 그렇게 세상에 선한 영향력을 전파할 것이다. 생을 다해 눈을 감을 때쯤 신에게 이렇게 말하길 원한다. "저를 이 세상에 보내 주셔서 감사합니다."

42

강연 프로그램에 초대받아
TV 출연하기

오성욱 스피치 전문가, 소통령, 청년 멘토

평범한 학원 강사에서 더 넓은 세상으로 나아가고자 강연가의 길을 택했다. 현재 스피치 전문가, 소통 전문가라는 뜻의 소통령이라는 수식어로 사람들에게 다가가고 있다. 또한 꿈이 절실한 대학생들을 대상으로 면접 코칭 활동도 하고 있다.

"바다는 비에 젖지 않는다."

내 좌우명이다. 군 생활을 하면서 헤밍웨이의 《노인과 바다》를 읽었다. 그 소설에서 바다와 사투를 벌이던 노인이 광활한 바다의 존재를 두고 한 말이다. 나는 이 대사를 응용함으로써 힘들었던 군 생활을 꿋꿋이 견뎌 낼 수 있었다. 또한 지금의 내가 될 수 있었다.

어릴 적 지붕을 뚫고 새어 들어오는 비를 그릇에 받아 놓았었다. 그것은 빗물이다. 땅에 비가 떨어져도 그것은 빗물이다. 그러나 바다에 비가 떨어지면 그것을 빗물이라고 하지는 않는다. 바다는 비를 맞아도 바다다.

나는 비 따위에 끄떡없는 바다가 되려고 정신적으로 많이 노력했다. 그것이 지금도 습관이 되었다. 저 문구를 주문처럼 외우며 더욱더 바다에 가까워지려 노력하며 살아가는 중이다.

우리의 삶에는 무수히 많은 종류의 비가 존재한다. 그 비는 때와 장소를 가리지 않고 내린다. 많은 사람들이 비를 맞으면 몸이 젖느니만큼 가던 길을 멈춘다. 하지만 비에 젖지 않는 바다인 나는 다르다. 인생에서 어쩌면 가장 중요한 직업 선택의 기로에서 이 좌우명이 나에게 큰 영향을 끼쳤다.

전공과는 아무 관련 없는 수학학원 강사 일을 6년 동안 해 왔다. 이유는 단 하나. 내가 정말 하고 싶은 일을 하며 살고 싶어서였다. 나는 말하는 직업을 갖고 싶었다. 그런데 그 당시 상황으로는 학원 강사가 가장 빠른 길이었다. 그러나 학원 강사 일을 선택하려 하자 예기치 못한 엄청난 '비'들이 내렸다. 내가 도둑질을 한다는 것도 아닌데 우리 어머니는 남사스러워서 이제 죽을 수밖에 없겠다며 폭풍 오열하셨다. 그리고 4년 동안 만났던 여자친구는 7급 공무원인 본인과 학원 강사는 도저히 수준이 안 맞는다며 곧바로 이별을 통보했다.

그때는 아무리 내가 바다라고 주문을 외워도 참 많이 슬프고 고통스러웠다. 가장 가까웠던 두 사람이 나의 직업관에 등을 돌리니 모든 것이 혼란스러웠다. 이것은 '남들이 알아주는 직업을 택할 것이냐', 아니면 '꿋꿋이 내가 원하는 일을 택할 것이냐'라는 선택의 문제였다. 나는 아프고 두려웠지만 결국 두 번째 길을 택했다.

막상 그러고 나니 비는 곧 잠잠해지고 나의 일상은 점점 화창해졌다. 하고 싶은 일을 하고 산다는 것. 그것은 실로 어마어마한 즐거움과 행복을 가져다준다는 사실을 만끽할 수 있었다. 이는 아는 사람만 아는 특별한 만족감일 것이다.

'내 나이 현재 36세. 비정규직. 미혼. 자택 없음.'

지금으로부터 2년 전, 내 마음에 슬슬 바람이 일었다. 학원에서 아이들을 가르친 지 6년. 말하는 직업. 내 말로써 아이들을 변화시킬 수 있다는 매력. 다 좋으나 무대가 작다는 생각이 들었다. 중·고등학생들에게 한정되지 않은, 수학뿐만 아니라 내가 이야기하고 싶은 모든 분야에 대해 말할 수 있는 직업, 강연가가 되고 싶어졌다.

이쯤 되니 나 스스로도 새롭게 알게 된 사실은 내가 도전을 좋아한다는 것이다. 도전하려니 또 한 번 바다가 되어야 했다. 이번에도 수많은 비가 있었다. 어떤 사람은 이런 나에게 철이 없다거나 현실감각이 떨어진다는 말을 던지기도 했다. 우리 어머니는 또 한 번 땅을 치고 통곡하셨다. 하지만 나는 이제 이런 비에 젖고 싶지도 않고 젖지도 않는다. 내 좌우명에서 다시금 활활 타는 용기를 얻는다. 스피치를 기반으로 한 멋진 강연가의 길에 아장아장 발걸음을 옮긴다.

이 세상에 둘도 없는 이 멋진 직업은 나로 하여금 햇살 같은 보람과 번개 같은 깨달음을 얻게 한다. 한 여성 관련 교육센터에서 스피치 관련 강의를 진행할 때의 이야기다. 어떤 50대 아주머니가 쉬는 시간에 오셔서 말씀하셨다.

"나이 먹은 아줌마들이 우리 젊은 강사님을 보고 많이 배웁니다. 감사합니다."

아직 많은 강의를 하진 않았다. 하지만 이렇게 가끔 청중이 직접 찾아오셔서 감사를 표할 때면 가슴이 마구 벅차오른다. '아, 정말 나의 말 한마디로 사람들을 변화시킬 수 있구나.' 그러고는 내 마음도 전한다.

"강사의 말을 잘 받아들여 주심이 대단하십니다. 그리고 나이가 드셨는데도 남들 다 쉬느라 바쁜 이 시간에 여기에 오신 그 배움의 열정이 더 대단하십니다."

나는 많은 사람들이 가지지 못하는 독특한 색깔의 만족과 그로 인한 행복을 느끼며 살아간다. 아직 유명한 강사도 아니고 강연 문의가 쇄도하는 위치도 아니다. 단, 내가 가진 능력과 열정을 펼칠 만한 시간이 충분히 흐른 후에는 자타가 공인하는 성공한 인생을 얻었다고 당당히 외칠 확신이 있다. 하고 싶은 일을 하고 사는 사람, 사람을 좋은 방향으로 변화시킬 수 있는 멋진 힘을 가진 사람, 더불어 그런 사람들을 통해 더욱 발전하는 사람이 되어 보겠다.

이 정도 이룬 후에는 TV 강연 프로그램에서도 나를 초대해 주지 않겠나. 나의 다음 도전은 TV 출연이다. 그만큼 큰 바다가 되면 나에게 내렸던 그 '비'들에게, 나를 이렇게 강하게 만들어 준 원동력이었던 그 '비'들에게 시원한 미소를 날릴 것이다. 내 선택이 옳았음을 보여 주며 감사를 표할 것이다.

43

버킷리스트를 이뤄
행복해지기

김미경 **아동 스피치 지도사, 마술 지도사**

현재 아동 스피치 지도사로서 개인교습소를 운영 중이다. 또한 직접 마술 공연을 다니면서 청소년들에게 마술 교육을 해 주는 지도자의 길을 가고 있다.

내가 몇 살까지 살 수 있을까. 불확실한 기한이다. 그럼에도 불구하고 꼭 해 보고 싶은 것들 몇 가지를 써 본다.

첫 번째, 진정한 벗 만들기.

나는 초등학교 3학년 때부터 반 아이들의 따돌림 대상이었다. 그래서 나에게는 어린 시절의 친구가 존재하지 않는다. 사회생활을 하면서 만난 친구는 있었다. 그러나 뼈저리게 느낀다. 사회 친구는 사회 친구일 뿐이라는 것을. 지금 난 두 아이의 엄마다. 현재 나의 지인들은 그저 같은 학부모일 뿐이다. 그래서 지금까지도 저 꿈을 이루고 싶다.

두 번째, 최고의 스피치 강사 되기.

나는 검정고시 출신이다. 어린 시절 이런저런 이유로 학업을 중단했다. 그러곤 식당, 의류 판매 등 사회생활을 일찍 시작했다. 그러다 결혼한 후 아이를 낳고 공부를 시작했다. 이때 스피치 자격증까지 획득했다. 지금은 초등학생을 가르치는 키즈 스피치 선생이다. 하지만 언젠가는 많은 성인들 앞에서 당당하고 자신 있게 스피치하고 싶다. 그런 최고의 스피치 강사가 되려고 노력 중이다.

세 번째, 아빠를 만나 사과 한마디를 듣고 싶다.

또 어린 시절 이야기로 시작한다. 나는 초등학교 2학년 때부터 계모의 학대에 몸과 마음이 너덜너덜 찢긴 채 하루하루를 살았다. 그런 딸을 보면서도 방관했던 아빠의 마음을 지금이라도 알고 싶다. 미안했단 말 한마디를 언젠가는 꼭 듣고 싶다. 이루어질까? 지금 살아 있기는 하실까? 돌아가셨을까? 뭐, 이 꿈은 못 이룰 수도 있겠다.

네 번째, 내 이름으로 된 건물을 갖는 것이다.

10년 동안 꿈꿨던 내 집이 생겼다. 도시라면 상상도 못했을 것이다. 하지만 남편의 고향으로 귀농한 터라 6년 고생하고 내 이름으로 된 집을 샀다. 이것은 예전의 내 버킷리스트 중 하나이기도 했다. 그런데 사람의 욕심은 끝이 없나 보다. 집을 갖고 나니 이젠 건물을 갖고 싶다. "사람은 한 가지에만 만족할 수 없다."라는 말을 공감하는 중이다.

다섯 번째, 최고의 스피치 강사가 되어 학대로 힘들어하는 청소년들을 위해 강의하며 봉사하고 싶다.

이것 역시 나의 꿈이다. 내가 학대의 당사자였으니까, 누구보다 그 마음을 잘 안다. 그 당사자가 되어 보지 않으면 그 친구들의 마음은 아무도 모를 것이다. 그저 이론으로만 알고 있겠지. 기다려라, 내가 곧 너희들 마음을 만져 주러 갈 테니. 그 아픔 함께하자. 그리고 함께 씻어 버리자.

여섯 번째, 내 인생 이야기를 출간하는 것이다. 다섯 번째 꿈과 연결되는 것이다. 그 친구들이 내 책을 읽고 또 내 강의를 듣고 과거에 얽매이지 않고 열심히 행복하게 살았으면 하는 이유에서다. 사실 이 글을 준비하면서 지금의 여섯 번째의 꿈이 생겼다. 이 꿈도 이제 내 마음 한편에 자리 잡는구나.

일곱 번째, 가슴 수술하기.

큰아이 11개월 모유수유. 막내 6개월 모유수유. 처녀 시절 나의 가슴은 그래도 패드가 필요 없을 정도로 봐 줄만 했다. 그런데 모유수유 후 나의 가슴은 점점 쪼그라들고 쪼그라지더니 지금은 패드만 30여 종류가 되는 것 같다. 마음 같아선 당장이라도 수술하고 싶다. 하지만 마취하다 사망한 사람도 있다고 하니 갈팡질팡하는 것도 같다. 언젠가는 할 수 있겠지?

여덟 번째, 난 내 딸과 옷과 신발 때문에 싸워 보는 게 꿈이다.

이 꿈은 사실 내 지인들에게도 항상 하는 이야기다. 내 딸이 빨리 커서 옷과 신발을 서로 입고 신겠다며 싸울 수 있으면 좋겠다고. 쓸 이야기가 없으니 막 쓰는 게 아니냐고 할 수도 있다. 하지만 진정 내 꿈 중의 하나니 긍정적으로 읽어 주길 바란다.

아홉 번째, 시어머님처럼 맛있는 김치를 담그는 것이다.

아무리 보고 따라 해도 내 김치에는 깊은 맛이 전혀 없다. 시어머님의 김치는 생김치도 맛있지만 묵은지는 기절할 정도로 맛있다. 식당에서도 탐내는 김치 맛. 물론 나도 요리 하면 자신이 있다. 그런데 시어머님의 김치 맛은 도저히 따라잡을 수가 없다. 똑같이 했는데 왜 안 되지? 손맛 때문인가? 고무장갑이나 비닐장갑을 끼고 담그시는데….

열 번째의 나의 간절한 꿈. 우리 네 가족끼리 뉴욕여행을 가고 싶다.

사실 우리 가족이 움직이면 항상 남편과 다투게 된다. 물론 아이들이 있으니 난 입을 열지 않고 고개로만 대답한다. 남편은 여자처럼 종알종알 끝도 없이 잔소리하는 잔소리 대마왕이다. 잔소리가 시작되면 기본 30분이다. 그것으로 끝이 아니다. 집에 들어와서 2차전이 시작된다. 잔소리는 아이들에게도 마찬가지로 퍼부어진다. 그래서 우리 가족의 즐거운 여행은 집 현관문을 나서는 그 순간뿐이다.

난 뉴욕에 꼭 한 번만이라도 가고 싶다. 남편을 놔두고 가면 잔소리는 10년짜리가 될 것이 뻔하다. 명약관화(明若觀火). 이럴 때 쓰는 사자성어가 맞는 듯하다.

사실 사람들의 꿈은 이뤄지는 것도 이뤄지지 않는 것도 허다할 것이다. 내가 지금 쓴 버킷리스트를 이뤄야만 나 스스로 행복이란 단어에 공감할 수 있을 것 같다. 어차피 내 리스트는 노력만 하면 이뤄질 수 있을 테니…. 이 글을 읽고 있는 여러분들도 바라는 꿈을 모두 이루길 바란다.

·
죽
기

전
에

꼭

하
고

싶
은

것
들

2
·

44 - 58

이성엽 여득환 김수경 정유미
조영주 최선아 임성빈 김현민
안영옥 최영아 김서희 박병석
김서영 이보은 홍보배

44

나를 찾아 주는 코칭으로
유명 강사 되기

이성엽 **방송작가 및 진행자, 공감소통 코치, 자기계발 강사**

라디오, 유튜브 등 여러 매체의 작가 및 진행자로 활동 중이다. 또한 청소년, 청년들의 고민 상담가와 진로코칭 강사로도 활동 중이다. 그리고 〈후엠아이 공감소통연구소〉 대표로서 강의와 상담 활동을 하고 있으며 '자신을 알면 행복해진다'라는 주제로 개인저서를 집필 중이다.

이제 곧 불혹의 나이 마흔 살이다. 불혹이 되면 세상일에 혹해서 판단을 흐리는 일이 없다고 한다. 과연 그러할까? 많은 사람들은 여전히 흔들리고 불안하고 불편하다. 사는 게 어렵기만 하다.

사람은 태어날 때부터 특정한 기질을 가지고 태어난다고 한다. 거기에 환경이 더해져 성격이 형성된다고 한다. 그리고 성격대로 평생을 살아간다. 바쁜 인생 가운데 내 기질이 어떤지, 성격이 어떤지, 내 욕구가 무엇인지, 내가 진정 원하는 게 무엇인지 고민할 겨를도 없이 시간은 흘러간다. 그리고 그런 삶은 답답하고 힘들기만 하다.

흔히 나를 알면 세상이 보인다고 한다. 나를 알면 관계도 좋아진다고 한다. 내가 누구인지 알면 타인과 비교하지 않아도 되고 사는 것이 훨씬 편해진다고 한다. 그렇다면 나를 안다는 게 뭘까? 어떻게 해야 나를 알 수 있는 걸까?

20대의 나는 미래를 꿈꾸는 게 좋았다. 열정적으로 무언가를 하는 것이 좋아 정신없이 달렸다. 늘 사람들 사이에 있었고 중심에 있었다. 그것으로 만족해하며 즐거워했다. 나 자신이 어떤 사람인지, 내가 무엇을 좋아하는지, 무엇을 잘하는지 자세히 살펴볼 겨를이 없었다. 그럴 깊이도 없었다.

30대에 접어들고서야 비로소 나를 바라볼 수 있게 되었다. 그런데 문제가 생겼다. 내가 바라보는 나는 부정적인 모습만 가득했다. '왜 나는 사람들의 관심 속에서 살고 싶어 할까?', '왜 나는 끈기가 없지?', '왜 나는 어떤 일에 깊이가 없는 걸까?', '왜 나는…', '왜 나는…'

나는 꽤나 자존감이 높고 자신감이 넘쳤다. 그렇게 어디서나 활력이 넘치는 사람이라 생각하고 살아왔다. 그런데 깊은 곳의 나를 들여다보니 그 모든 것이 사라졌다. '나는 왜 이럴까'라는 생각에만 사로잡히게 되었다.

그때부터 나는 '난 왜 이럴까'에 대해 공부하기 시작했다. 기질에 대한 책을 읽고 강의를 들었다. 성격유형에 대한 여러 프로그램들을 배우고 공부했다. 상담대학원에 들어가 인간에 대해 탐구했다. 그리고 비로소 나를 제대로 보게 되었다.

내가 어떤 사람인지 알게 되니 사는 게 편해졌다. 내 마음의 욕구가 무엇인지, 내가 왜 이렇게 행동하는지, 그것을 알게 되니 나 자신을 미워하지 않게 되었다. 내가 할 수 있는 만큼만 최선을 다하자고 생각하니 사는 것이 즐거워졌다. 타인을 평가하지 않게 되었고 비교하지 않게 되었다. 타인과의 다름을 인정하고 나를 이해하게 되었다.

내가 알게 된 이것들을 다른 사람에게도 알려 주고 싶었다. 그래서 가까운 사람들에게 내가 배운 것을 코칭해 주었다. 그들도 사는 것이 한층 편해졌다고 했다.

20대 때 나의 꿈은 성공 동기부여 강사였다. 나는 내가 알고 있는 좋은 것, 새로운 것, 유익한 것들을 다른 사람에게 알려 주는 것을 좋아했다. 휴대전화 싸게 사기, 좋은 책 선택하기, 학점 잘 받는 법 등. 혼자 알고 있기보단 다른 이에게 그것들을 알려 주면서 기쁨을 느끼는 성격이었다.

어느 날 어떤 설교 중에 한 목사님께서 "우리는 창조자가 될 수는 없으니 창조주의 일을 전달하는 전달자가 됩시다."라고 말씀하셨다. 이 말씀이 내 마음에 깊은 감동을 주었다. 그래서 나는 '좋은 것들을 전달해 자신들이 원하는 삶을 살 수 있도록 돕는 성공 동기부여 강사가 되자'라고 다짐했다. 그것이 나의 비전이 되었다.

그러던 어느 날 그 거창한 꿈 안에 숨겨져 있던 나의 개인적인 욕망들을 보게 되었다. 신앙적인 고뇌 속에서 나는 그 꿈을 포기했다. 그리고 다른 일을 하게 되었다. 그렇게 30대를 보내며 나를 찾아 가는 여정을 계속해 나갔다. 그리고 나를 알게 된 후 나의 인생은 자유로워졌다.

나를 아는 것은 너무나도 중요한 일이다. 나를 알게 되면 나다움을 찾게 된다. 나다움을 찾게 되면 거추장스러운 것으로 나를 가리거나 꾸밀 필요가 없어진다. 삶이 온전해지고 자유로워진다. 삶이 자유로워지면 우리는 행복해진다. 우리를 힘들게 하는 우울함과 열등감은 비교에서 온다. 나를 알게 되면 비교할 필요가 없어진다. 그리고 불안감을 이길 수 있게 된다. 막연한 미래를 두려워하는 것이 아니라 현재라는 땅에 두 발을 딛고 미래를 준비하게 된다. 슬픔과 두려움이 오는 순간에도 건강하게 그 감정을 받아들일 수 있게 된다.

나는 좋은 것들을 전달하는 전달자가 되고 싶다. 나는 지금 돌고 돌아 다시 꿈을 위해 달리고 있다. 20대의 욕망을 이겨 내고 30대의 고민과 여러 실패의 경험들을 무기 삼아 다시 달려가고 있다. 내가 알게 된 이 좋은 것을 다른 사람들에게도 알려 주고 싶다. 다른 사람들도 나처럼 편하고 행복하게 세상을 살 수 있도록 돕고 싶다.

그러면 나의 버킷리스트는? 많은 사람들에게 자신이 어떤 사람인지 알 수 있도록 코칭해 주는 강사가 되는 것이다. 바쁘고 싶다. 유명해지고 싶다. 1년에 300일은 스케줄이 가득 차 있는 강사가 되고 싶다. 그래서 많은 사람들을 만나고 싶다. 더욱더 많은 사람들에게 선한 영향력을 끼치고 싶다. 쉽지 않은 세상에서 많은 사람들이 우울해하지 않고 자신을 인정하고 행복하게 살 수 있도록 돕는 강사! 이것이 나의 버킷리스트다. 이것을 위해 나는 오늘도 달려가고 있다.

45

수학적 사고력을 갖춘
인재를 기르는 학교 설립하기

여득환 기찬 수학전문학원 원장, 대입 컨설팅 전문가, 스토리텔링 수학 지도사, 심리상담 지도사

수학 교육 부문으로 다수의 상을 받고, 방송 출연을 했다. 현재 학생들과 수학 강사들에게 강의를 하고 있으며 수학적 사고력을 키울 수 있는 수학학교 설립을 준비하고 있다.

조선시대의 과거시험에는 국어, 영어, 수학이 없었다. 시대에 따른 인재상이 달랐기 때문이다. 따라서 그 시대에 필요한 교육과 정책은 지금과 달랐다. 현대는 기술의 발전 속도가 상상을 초월할 정도로 빠르다. 시대는 마치 100km/h로 가는데 교육과 정책은 30km/h로 달린다. 우스갯소리로 1970년대 선생님이 1980년대 교실에서 밀레니엄 세대들을 가르치고 있다고 말한다.

2010년 스물일곱 살의 한 청년이 사진 공유 앱을 개발했다. 그

앱의 이용자는 한 달 만에 100명, 1년 만에 1,000만 명을 넘어섰다. 2년 뒤엔 4,000만 명을 넘어섰다. 페이스북에서 그 청년에게 회사 인수 제안과 인수 후의 CEO 자리를 약속했다. 그 앱의 인수 금액은 무려 10억 달러(약 1조 1,200억 원)였다. 그 청년은 바로 인스타그램의 창업자인 케빈 시스트롬이다. 불과 2년 만에 일어난 일이다.

빌 게이츠는 대학에서 수학과 컴퓨터 사이언스를 집중적으로 공부했다. 구글을 만든 세르게이 브린은 수학의 천재였다. 미국 최고의 10대 직업 중 수학 관련 직종이 반 이상을 차지한다. 기업들도 수학 전공자를 우대한다. 그 이유는 빠르게 변하는 세상에서 생각을 잘하는 사람이 필요하기 때문이다.

앞으로 세상이 어떻게 변할지 누구도 예단할 수 없다. 하지만 필요한 인재상은 확신할 수 있다. 지금 필요한 인재는 수많은 정보 가운데 필요한 정보를 분별해 분석하고 해석하며 통합하는 인재다. 그런 통합적 사고력을 지닌 인재다. 그리고 이를 바탕으로 새로운 정보를 창출할 수 있는 창의적 사고력을 가진 인재다. 그리고 문제를 극복하고 대안을 제시할 수 있는 문제해결력을 갖춘 인재다. 한마디로 수학적 사고력을 갖춘 인재가 되어야 하는 시대인 것이다.

내가 죽기 전에 꼭 이루고 싶은 소망은 시대에 꼭 필요한 인재를 교육하는 'Kichan Mathematical school(가칭)'을 만드는 것이다. 수학자를 양성하겠다는 것이 아니라 수학적 사고력을 갖춘 인재를 기르고 싶다는 것이다.

지금으로부터 28년 전 나는 초등학교 6학년이었다. 어느 날 많이 좋아하고 따르던 교회의 전도사님이 미국으로 유학을 간다는 소식을 들었다. 나는 그 전도사님이 떠나기 전에 꼭 만나서 인사하고 싶었다. 내가 아는 정보는 오직 비행기 출발시간밖에 없었다. 28년 전에는 인터넷도 휴대전화도 없었다. 나는 공항 가는 버스 노선을 몰랐다. 공항을 가 본 적도 없었다.

우리 집에서 김포공항까지는 20킬로미터쯤 되었다. 그런데 처음 가 보는 곳에 대한 두려움보다는 전도사님을 만나야겠다는 생각이 더 간절했다. 어머니께서는 가도 못 만날 것이라고 했다. 나는 꼭 가야 한다고 어머니를 설득했다. 그렇게 버스 노선을 알아냈고 차비를 받았다. 그러곤 홀로 공항으로 출발했다. 가는 길에 버스를 두 번 갈아탔다. 2시간이 걸려 공항에 도착했을 때는 비행기 출발 시각까지 1시간 정도 남아 있었다.

나는 버스에서 내려서 열심히 달렸다. 내가 처음 본 공항은 고속버스 터미널 수준이 아니었다. 무엇인가 많이 복잡했고 사람들도 많았다. 전광판에는 알 수 없는 영어만 잔뜩 쓰여 있었다. 시간은 가고 있었다. 비행기 출발 시각은 점점 다가왔다. 사람들에게 물어 게이트 앞에서 기다렸다. 비행기 출발 시각까지는 30분도 안 남았다. '비행기가 출발하기 전까지는 포기하지 말자.'

비행기 출발 시각까지 15분쯤 남았을 무렵 나는 나의 이름을 부르는 친숙한 음성을 들었다.

"득환아, 어떻게 여기까지 왔어?"

"떠나기 전에 만나고 싶어서요."

"어떻게 만날 줄 알고 왔어? 근데 어쩌지… 비행기 시간이 촉박해서 빨리 가 봐야 하는데…."

나는 말없이 그를 안았다. 그러곤 건강하게 잘 다녀오라는 인사와 함께 게이트 뒤로 사라지는 그를 보았다. 그를 만난 시간은 불과 1분 정도밖에 되지 않았다. 그렇지만 나는 그를 만났다.

수학적 사고력은 특별한 것이 아니다. 그가 떠난다(문제 인식)에서부터 그를 만난다(문제 해결)에 이르기까지 나는 방법을 생각하고 해결했다. 그 중간 과정에서 행해진 생각과 새로운 문제에 직면했을 때 해결방안을 고민하는 과정이 바로 수학적 사고력인 것이다.

출근할 때 길이 막히는 경우 어떻게 하면 지각을 하지 않을까, 점심시간에 무엇을 먹어야 시간 안에 먹을 수 있고 나에게 가장 만족감을 줄까, 주어진 수입으로 어떻게 하면 저축을 많이 할까, 어디에 투자해야 나의 재산이 더 많이 불어날까 등 누구나 일상 속에서 수학적 사고를 한다. 하지만 문제의 수준이 높아질수록 생각의 과정은 복잡해지고 해결 과정은 더 어려워진다. 문제를 해결하기 위해 더 깊은 수학적 사고력이 필요한 것이다. 수학 문제를 푸는 것은 '문제를 인식하고 조건을 분석하며 최적의 해결방안을 찾는 것'이다. 그런 면에서 일상생활에서 마주하는 문제 해결 과정과 상당히 닮았다.

　나는 수학을 전공하고 수학전문학원을 운영하며 13년째 강의하고 있다. 나는 원리를 중요하게 생각한다. '왜? 어째서?'라는 질문을 던지고 그 이유 찾기를 즐긴다. 그리고 문제를 원리에 따라 해석하고 분석하려고 노력한다.

　대부분의 원리는 천재들에 의해서 만들어졌다. 그것이 예술이든지, 물건이든지, 서비스든지, 인문학적인 지식이든지 아니면 자연과학적인 법칙이든지 말이다. 원리에 따라 해석하고 분석하다 보면 천재들의 생각을 엿볼 수 있다. 그리고 그들의 생각을 알게 되면 감탄이 절로 나온다.

　'세상을 이롭게 하기 위해 너는 무엇을 할 것인가. 경험하고 실패하고 도전하라!'

　잠자리에 들기 전에 나는 'Kichan Mathematical school'을 상상해 보곤 한다. 그리고 가상의 시간표를 생각해 본다. 1교시 '3,000원으로 서울에서 부산까지 가장 빨리 가는 방법 찾기', 2교시 '내가 가진 1,000원짜리 물건을 외국인에게 10,000원에 팔기', 3교시 '10년 전 지도를 보고 도시를 계획하고 지금과 비교하기', 4교시 '나의 꿈이 어떻게 세상을 이롭게 할 수 있는지 설명하기', 5교시 '나의 꿈을 위해 기초공부 하기'…. 이렇게 해서 사고력이 커진 아이들은 스스로 세상의 난제에 질문을 던질 것이다. 그리고 그 문제를 해결하기 위해 도전할 것이다. 세상에는 이들을 필요로 하는 곳이 너무도 많다.

'Kichan Mathematical school'은 나 혼자 이룰 수 있는 소망이 아니다. 하지만 나와 비슷한 생각을 하고 뜻이 맞는 많은 사람들과 함께할 수 있을 거라 믿는다. 시대가 필요로 하는 인재를 육성하고 싶은 사람은 나 말고도 많이 있기 때문이다. 다시 한 번 'Kichan Mathematical school'을 가슴속에 새겨 본다.

자서전 전도사 되기

김수경 청소년 상담사, 직업 상담사, 청년창업 멘토, U's dream on center 대표, 자기계발 작가

대학원에서 상담을 전공하고 현장에서 심리상담과 진로상담을 하며 좌절하는 청년들의 멘토가 되었다. 세상에 하나뿐인 자신을 사랑스럽고 귀한 존재로 만들어 가며, 본래의 자신을 찾아 가는 내비게이터의 역할을 수행하기 위한 쉽고도 강력한 상담모델을 개발, 적용하고 있다. 청년의 취업과 창업을 지원하면서 현장 사례들로 구성한 '의심스러울 땐, 꿈부터 적어 봐'를 주제로 개인저서를 집필 중이다.

일본인 투수 오타니 쇼헤이는 투타 양면에서 뛰어난 성적을 보여 주고 있다. 그리고 그것을 기반으로 현재 메이저리그에서 최고의 신인 중 한 명으로 손꼽히고 있다. 그만큼 일본에서 가장 주목받는 스포츠 스타다.

그런 오타니 쇼헤이를 더욱 유명하게 만든 것이 있다. 바로 그가 고교 1학년 때 만들었다는 야구인생계획표다. 만다라트 기법을 사용한 것이다. 사각표의 중앙에는 구단 드래프트라는 최종 목표가 있다. 그것을 둘러싼 8개의 칸에는 목표를 이루기 위한 세부 방

법들이 적혀 있다. 몸만들기, 인간성, 멘탈, 변화구 등의 목록으로 채워져 있다. 그 주위에 각 세부 목표를 달성하기 위한 구체적 방법들이 제시되어 있다. 예를 들어, 멘탈 항목의 하위 요소로는 뚜렷한 목표 세우기, 감정에 휘둘리지 않기 등의 구체적 지침이 있다. 그리고 인간성이라는 세부 항목의 구체적인 지침에는 청소, 휴지 줍기, 책 읽기, 인사하기가 적혀 있다.

이뿐만이 아니다. 열아홉 살부터 은퇴 고려 시점까지 나이별 야구인생계획도 철저하게 수립했다. 메이저리그에서의 활약을 전제로 한 영어공부부터 수상 계획, 은퇴 기록 등이 빼곡히 적혀 있다. 최종 목표는 메이저리거로서 명예의 전당에 입성하는 것이라고 한다.

1992년에 만들어진, 로버트 레드포드 감독의 영화가 있다. 바로 〈흐르는 강물처럼〉이다. 이 영화는 가족의 사랑과 회한을 담았다. 영화 속 저자이자 큰아들은 엄격한 아버지에게 순종한다. 하지만 동생은 원하는 것을 얻기 위해 찰나적 욕망에 충실한다. 그러나 결국 시비 끝에 동생은 목숨을 잃는다. 그런 비극적인 삶의 이야기가 주변의 강과 산림을 배경으로 펼쳐진다.

영화 속 저자는 실제 인물인 노먼 매클린이다. 그는 70세가 넘은 나이에 가슴에 묻어 두었던 이야기를 글로 펴냈다. 그러곤 퓰리처상 후보에 오르는 영예를 누렸다. 그리고 〈흐르는 강물처럼〉으로 영화화된 그의 이야기는 미국문학의 걸작으로 인정받았다. 하지만

출판 단계에서는 여러 번의 거절 끝에 어렵게 세상에 나올 수 있었
다고 한다. 저자는 글을 쓰고 나서야 자신에게 어떤 일이 일어났는
지 분명히 알게 되었다고 한다.

오래된 어느 여름날, 나는 완전히 혼이 빠져 있었다. 물놀이를
하느라 동생이 물에 빠진 것조차 눈치채지 못했다. 동생의 수박색
원피스가 저수지 한가운데에 떠 있는 것을 보고서야 목이 터져라
고함을 질러댔다. 그리고 그 소리를 들은 큰집 언니가 달려왔다. 언
니는 치마를 훌렁 뒤집어쓰고 저수지 한가운데로 헤엄쳐 가서 동
생을 안고 나왔다. 물을 많이 먹은 동생은 생사의 갈림길에서 다행
히 잘 견뎌 내고 회복했다.

나는 한 해를 시작하며 계획을 세우는 일에 익숙하다. 직장에서
목표를 설정하고 평가하는 일에도 비교적 익숙하다. 나는 2018년 새
해를 맞이하는 시점에서 세 가지의 목표를 설정하고 노트에 기록했
다. 원하는 일을 해내기 위해서는 건강한 몸이 우선이라고 생각했다.
그래서 매일 운동하기 100일 계획을 수립했다. 그러곤 동호인들과 인
증영상을 올려 격려하며 어렵지 않게 달성했다. 다음 단계는 자서전
쓰기였다. 5명의 동호인들과 글쓰기를 시작했다. 두 달 후에는 파일
형태의 책을 갖게 되었다. 프롤로그와 에필로그를 저자의 음성으로
읽을 때 울컥하지 않은 사람은 없었다. 살아 낸 인생 이야기는 이렇게
큰 의미를 갖는다.

나의 삶의 기록을 읽으며 울컥했던 건 열 살 무렵을 회고할 때였다. 수십 년이 흐른 시점에서 그 일을 지면에 옮기는데 눈물이 났다. 우선은 감사의 눈물이었다. 사랑스런 동생이 내 곁에 있다는 당연한 사실이 너무도 고마웠다. 두 번째는 아무나 할 수 없는 일을 해낸 큰집 언니가 고마워서였다. 가까이 살면서 고마움보다는 해묵은 원망만 간직했었다. 때문에 한 번도 고마워해 본 적이 없었다는 사실도 알게 되었다. 세월이 오래되어서 이제는 새삼스럽게 말로 꺼내기도 민망하다. 하지만 언젠가는 허리를 굽혀 감사를 전하고 싶다. 그리고 아버지가 행복해지는 것을 도와 드리고 싶다.

자서전 쓰기는 내게 두 가지의 관점을 갖게 해 주었다. 우선은 살아온 날들을 관조하게 되었다. 동생이 생각났고 처음으로 자매간의 우애를 돌아보게 되었다. 결혼하고 두 아이를 키우며, 일과 자기계발에 보낸 시간들은 한편으론 허무하게도 느껴졌다.

"당신의 삶은 어땠나요?"라고 물으면 주저 없이 열심히 살았다고 답해 왔다. 하지만 자서전 쓰기는 그 열심히 살아온 것의 결과를 생각하게 해 주었다. 얼마 전 무리 지어 날아가는 새 떼를 망연히 바라본 적이 있었다. 철새들은 매년 수천 킬로를 이동해 산란한다. 그런데 이동 중에도 위도와 경도를 정확히 파악한다고 한다. 그래서 길을 잃지 않는다고 한다. 새 떼의 무리 속에는 우두머리나 연장자가 있을 것이다. 하지만 어린 새들에게도 저 타고난 감각이 있어 길을 잃는 일은 없다고 한다.

때로는 새 떼보다도 갈 길을 몰라 헤매는 우리들이다. 목표 지점을 알고 나아가기 위해서는 두말할 것도 없이 자서전이 가장 유용한 도구가 될 것이다.

오타니 쇼헤이는 이미 자신이 최고의 야구선수가 될 것으로 믿었다. 그러곤 그 방법을 세분화해 하나하나 만들어 나갔다. 그리고 마침내 목표에 도달했다. 입학과 취업에서 자기소개서 쓰기가 보편화되고 있다. 그러면서 고등학교에서도 이를 확장한 자서전 쓰기의 필요성이 커졌다. 글쓰기를 무척이나 두려워하는 관내 30개의 고등학교 학생들이 있다. 그들을 대상으로 글쓰기가 아닌 자신을 세우는 작업의 수업을 진행할 것이다.

자신의 꿈에 대해 진지하게 생각하고 하나하나 적는다. 그러다 보면 과연 그 길이 자신이 도달해야 할 곳인가에 대한 통찰이 일어난다. 이루어져도 행복할 것 같지 않을 수도 있다. 그러면 진로를 수정 변경해 보는 것도 가능하다.

청소년기에는 경험도 많지 않다. 또한 학교라는 공간에 한정되어 있다. 때문에 진로를 선택하는 데도 많은 제약이 있다. 그런 만큼 과연 내가 무엇을 해 보고 싶은가, 나는 어떤 일에 흥미가 있는가를 생생하게 적어 본다. 그러다 보면 몇 가지로 압축될 것이다. 그때 진로탐색과 현장 진로체험을 곁들여 보는 것이 좋은 방법이다. '지구 절반의 생명을 구한 공학자' 또는 '우리 동네 마음주치의 심리상담사.' 이런 타이틀을 미리 나에게 붙여 보는 것은 불확실한 미래를 현실로 앞당겨 준다.

나는 '우물쭈물하다가 이렇게 될 줄 알았다'라는 조지 버나드 쇼의 묘비명처럼 살고 싶지 않다. 과거에 겪은 일이 대단한 사건이라고 하자. 그래도 기록하지 않으면 사고의 과정이 생략된 것이다. 사고의 과정을 거치면서 좋은 일이든 나쁜 일이든 의미를 찾을 수 있게 된다. 그렇게 우리의 의식은 확장된다.

10대는 꿈을 꾸기 시작하는 때다. 그때에는 오타니 쇼헤이의 경우처럼 구체적인 목표에 다가가는 일상이 필요하다. 그러기 위해 미리 쓰는 자서전을 접해야 한다. 20대는 사회에 첫발을 내딛는 때다. 그때에는 자신의 명확한 커리어를 설계하기 위한 방법으로 자서전을 활용하면 좋다. 30대는 인생의 황금기를 구가하는 때다. 그때에는 자신과 커리어의 균형 있는 삶을 다지기 위해 자서전 쓰기는 필수라고 할 수 있다.

그리고 40대. 40대에는 40평대에 살아야 하고 50대에는 50평대에 살아야 한다는 농담이 있다. 이처럼 이 시기는 한없이 불안한 시기라고 할 수 있다. 가계 지출은 정점을 찍는다. 하지만 아이러니하게도 이 시기에는 자기계발 욕구가 동시에 일어난다. 그러다 보니 재정 불협화음이 최고조에 이르는 시기이기도 하다. 그래서 살아온 시간과 미래를 시각화하는 작업이 꼭 필요하다.

50대, 삶은 이제부터다. 자녀들은 정서적으로 독립한다. 직장에서는 새 일을 모색해야 하는 위치에 내몰린다. 때문에 자기성찰은 필수가 된다.

60대, 사회는 60대를 청춘이라고 부른다. 일손을 놓은 지 오래되었다. 그런데 제2의 청춘이 도래했다. 그러니 사고의 전환은 필수다. 어떻게 살아야 할지. 인생의 로드맵을 그려야 한다. 미래를 희망적으로 설계하고 실행해야 한다. 그것이 이 시기의 자서전의 역할이다.

70대는 한 세기의 역사에서 가장 위대한 일은 자신이 태어난 일이었다는 것을 잊지 말아야 할 시기다. 후손에게 자신이 살아온 역사와 신념을 남기는 것은 어떤 왕조의 실록보다 가치가 있다.

나는 자서전 쓰기가 불러올 개인 역사의 위대함을 알릴 것이다. 그리고 1인 1꿈 자서전 쓰기 프로젝트를 통해 다음에 제시하는 다섯 가지 가치를 실현할 것이다.

1. 지난날에 의미 부여하기

2. 있는 그대로의 나 사랑해 주기

3. 현재를 토대로 미래 설계하기

4. 원대한 인생계획 설정하기

5. 세부적인 계획을 작성해 매일 그대로 살아가고 실행하기

47

카타르에서
2022년 월드컵 보기

정유미 **승무원**

날마다 다른 계절의 옷을 입으며 중동항공사 비즈니스 클래스에서 근무 중인 6년 차 직장인이다. 세계의 계절을 담은 사진수필집
출간을 목표로 두고 있다.

나는 축구 마니아가 아니다. 사막 예찬론자는 더더욱 아니다.
그런 내가 버킷리스트 그것도 제1순위로 '카타르에서 2022년 월드
컵 보기'를 꼽았다. 그것은 내 인생을 생생하게 살아가겠다는 스스
로의 다짐이다.

나는 6년 차의 중동항공 승무원이다. 아홉 살 때부터 키워 온
승무원이란 꿈. 그 꿈을 고이 접어놓고 2007년 은행원으로서 직장
생활을 시작했다. 하지만 행복하지 않았다. 가슴 한편에서 꿈틀대

는 열망을 외면할 수 없었기 때문이다.

승무원이란 인생의 목표를 이루어야 할 것 같았다. 그렇게 전세계를 다녀야만 죽을 때 편히 눈을 감을 것만 같았다. 언제나 내 편이 되어 주시던 아버지조차 "유미야, 그냥 차 한 대 사서 여행 다녀라. 그렇게 한국에서 지내면 안 되겠니?"라며 나를 붙잡으셨다. 하지만 나는 흔들리지 않았다. 꼭 비행기가 내 집이 되고 내 차가 되게 만들리라. 그렇게 가슴에 꿈을 새겼다. 그렇게 모든 노력을 쏟아부었다. 그러곤 2012년 가을, 나는 마침내 승무원 합격 통지서를 받아 들었다. 그렇게 내 인생의 풍경이 살아 숨 쉬기 시작했다.

승무원으로서의 나의 일상은 다음과 같다.

첫째, 나는 날마다 출국한다.

나는 외국인 승무원으로서 전 세계 노선을 비행할 수 있는 몇 안 되는 회사에 다니고 있다. 국내 항공사에는 거의 노선이 없는 동유럽과 아프리카를 다닌다. 그럴 때마다 '이 맛에 비행하는구나' 싶다. 특히 규모가 매우 큰 회사 덕분에 매일 비행을 가는 편이다. 어제는 분명 일본의 도쿄 수산물 시장을 다녀왔다. 그런데 오늘은 파리 몽마르트 언덕에서 마카롱을 먹는 jet-set life를 살고 있는 것이다.

제일 좋아하는 목적지는 몰디브다. 바다 한가운데서 2시간 동안 하는 전투 스노클링. 밤바다를 보며 먹는 참치스테이크. 눈을 의심할 만큼 영롱한 에메랄드빛 바다 등. 한국의 평범한 직장인이었다면 감히 엄두도 못 냈을 감성 사치를 언제든지 할 수 있다.

둘째, 나는 날마다 좋은 추억을 만든다.

우리 항공사의 승무원들은 매달 각기 다른 스케줄을 배정받는다. 비딩이란 시스템을 통해 가고 싶은 비행, 원하는 날짜 등을 신청할 수 있다. 이 장점을 이용해서 한국에 사는 친구의 경조사는 물론, 명절까지 챙길 수 있다. 2018년 10월에는 부산에 있는 동생을 이탈리아에서 재회하기까지 했다!

줄리엣의 도시 베로나에 가서 마셨던 달콤한 모스카토 와인과 빼놓을 수 없는 피자. 종탑에서 내려다본 주황색 색깔의 지붕들. 기차에서 도란도란 나누던 대화. 모든 게 평생 간직할 추억이 되었다. 동생도 몇 번이나 감탄했다. "언니, 우리 부산에서 살았으면 이런 기회 없었겠죠? 그래서 더 감사해요." 아무렴. 그렇고말고. 나도 정말 공감한다.

셋째, 나는 날마다 성장한다.

승무원은 밥 나르는 게 전부라고 누가 그랬던가? 하지만 우리가 받는 교육의 절반만 들여다봐도 그런 소리는 쏙 들어갈 거다. 입사 후 뇌구조가 재배치되는 것 같았다. 그렇게 빡빡하게 두 달간 서비스, 안전, 응급처치를 배웠다.

그러고 나면 자유의 몸이 되는 줄 알았다. 하지만 매 6개월~1년마다 받는 재교육은 두말하면 입 아프다. 각종 승진시험과 세미나는 돌아서면 있고 또 있다. 응급처치라고는 어린이 적십자 시절에 배운 게 다였다. 그랬던 내가 비행기에서 빈번히 일어나는 손님의 기절사건에 직접 대응해야 했다. 화재사고를 대비한, 소화기로 불 끄는 연습, 테러범 체포술 등을 체득해야 했다.

또한 최고급 기내서비스를 통해 히말라야 핑크 소금이 몸에 좋다는 것. 정찬 서비스를 즐기는 법. 중동 사람들은 '라마단'이라는 금식기간을 갖는다는 것 등. 다양한 정보를 습득할 수 있었다.

넷째, 나는 날마다 감사한다.

사람으로 태어나 원하는 꿈을 이루고 직업으로 삼는 행운을 얻어 정말 행복하다. 적성에도 꼭 맞는다. 한 번도 권태롭거나 일을 그만둬야겠다는 생각을 해 본 적이 없다. 정말이지 질리지가 않는 매력적인 직업이다. 승무원이 된 그날 이후 삭막하던 내 미래가 밝은 빛깔의 그림이 되었다. 승무원이란 직업이 나를 살게 했다. 이 무지개는 나를 항상 웃게 만든다. 마음이 가득 차는 시간으로 데려다준다. 그래서 앞으로도 몇 년간은 더 승무원으로 살고 싶다. 이룬 꿈을 지켜 내는 것 또한 인생의 목표가 될 수 있지 않은가!

2022년은 내가 항공사에 입사한 지 딱 10년이 되는 해다. 그리고 대망의 '카타르 월드컵'이 열리는 해다. 그때쯤에 나는 한 비행기를 책임지는 수석 매니저가 되어 있을 것이다. 인천 출발 항공편에 430명의 손님을 꽉꽉 채워 축제의 현장으로 모셔올 것이다. 도하의 숨은 명소를 알려 드릴 것이다. 알짜배기 맛집 목록도 공유할 것이다. 그리고 한밤중에 울려 퍼질 응원의 열기도 함께 나눌 것이다. 이것이 나의 No.1 버킷리스트다.

'비바람을 타고 넘어 그날까지 무사 운항해야지.' 생각만 해도 짜릿한 나의 목표를 이루기 위해 오늘도 나는 출국한다.

세계를 돌아다니면서
선교 여행하기

조영주 영어 선생님, 독서지도사, 작가

아주대에서 불어불문학을 전공하고 다년간 해외에서 거주했다. 미국에서 한국에서 외국인들에게 한국어를 가르치고 있다. 작가이자 영어, 한국어 독서지도사로서 아이들에게 한국어, 영어 독서를 지도하고 있다. 아이들과 청년들에게 선한 영향력을 미치며 글로벌 인재로 키우고자 많은 노력을 기울이고 있다.

나에겐 꿈이 있다. 누구에게나 꿈은 소중하고 절실하다. 왜 그런 꿈을 꾸게 되었는지, 누가 그런 꿈을 심어 주었는지는 모르겠다. 하지만 나는 꿈 때문에 산다. 꿈 때문에 처절하게 나와 싸운다.

마음 한구석의 가장 소중한 장소에 숨겨 둔 버킷리스트 하나를 꺼내 보려 한다. 죽기 전에 꼭 내가 해 보고 싶은 것. 세계를 돌아다니면서 선교 여행을 하는 것이 바로 나의 꿈이다. 사도 바울처럼 말이다.

남편은 대중설교를 잘하고 좋아한다. 나는 새로운 사람들을 만

나는 것을 좋아한다. 어느 한곳에 몇 달간 머물면서 그 나라를 파악하고 기도하며 광고하는 일. 가가호호 방문하는 일. 집회 날짜를 알리고 몇 명이건 모이면 하늘을 증거 하는 일. 많은 인원이 아니어도 상관없다. 나는 그런 일을 하고 싶다.

그 꿈을 이루기 위해서 언어는 필수적으로 정복하고 싶은 과제다. 꼭 이루고 싶기 때문에 나는 오늘도 보이지 않는 투쟁을 한다. 아니 끝이 없는 산을 오르듯 한 걸음씩 무작정 달려 나가 본다.

나는 5개 국어를 하고 싶다. 외국어를 공부해 본 사람들은 안다. 얼마나 공부해야 다른 나라의 말이 들리기 시작하는지. 몇 번을 좌절하고 넘어졌는지. 늘지 않아 정체된 느낌과 싸워야 했는지 말이다. 왜 나만 안 늘지 생각하며 얼마나 실랑이를 벌여야만 했는지 알 것이다. 나도 다르지 않다. 넘어지고 울고 무시당하고. 그래서 더 이 악물었다. 수도 없이 좌절하고 일어났다.

요즘은 조기교육으로 어려서부터 외국어에 노출되는 것이 가능해졌다. 하지만 나 때만 해도 안 그랬다. 처음으로 영어를 접했던 순간이 아직도 생생하다. 중1 때의 일이다. 가장 친하고 반에서 웃기기로 소문났던 단짝이 있었다. 그녀가 내 손을 잡곤 칠판 앞으로 황급히 데려갔다. 그러면서 뭔가 신기한 것을 알려 주기라도 하듯이 손으로 가려 가며 조심히 단어를 썼다. LOVE(사랑)라는 단어였다.

그러곤 단짝은 귓속말로 속삭였다. "영주야! 너 이게 무슨 뜻인지 알아?", "아니. 뭔데 그게.", "이게 사랑이라는 뜻이야, 영어로."
나에겐 콜럼버스가 신대륙을 발견한 것과 같았다. 헬렌 켈러는 앤
설리번 선생이 수없이 손에다 단어들을 써 주어도 깜깜했다. 그러
다 드디어 그것이 물이라는 것을 처음 깨달았다. 그것과 같았다. 그
만큼 내게는 새롭고 흥분을 불러일으키는 세계였다.

그 후 나는 '태평양 너머에는 내가 모르는 세계가 있을 것이다.
내게 새로운 세계를 열어 줄 것이다'라고 어렴풋이 생각하며 영어
에 매달렸다. 도전하고 싶고 미지의 세계에 가 보고 싶었다. 그래서
"고통 없이는 얻는 것도 없다."라는 글귀를 크게 책상 앞에 써 붙
여 놓고 영어공부에 몰두했다.

그때 당시에는 나이 든 미혼 여성에게 비자가 나오는 법이 없었
다. 인터뷰할 생각에 두렵고 떨리는 마음으로 미국 대사관으로 가
는 전철에 올랐다. 그 안에서 '여호와 이레'라는 마음의 음성을 들
었다. 그렇게 나는 미국에서 세계 여러 나라 사람들을 만나 친구가
되었다. 한국과는 다른 여러 문화와 음식을 접했다. 말은 안 통해도
인간의 감정과 사랑은 다르지 않다는 것을 깨달았다. 애정은 남다
르게 쌓여 갔다.

내게는 2명의 원어민 선생이 있다. 나와 내 딸에게 스페인어, 프
랑스어를 가르쳐 주는 친구들이다. 베네수엘라에서 온 친구를 통
해 떨어진 베네수엘라의 화폐 가치, 3~4시간을 줄서서 기다려 음

식을 사려 해도, 돈이 있어도 못 사는 현실, 오래된 고기를 몸에 들여도 탈이 나지 않게 요리하는 방법 등이 있다는 것도 알았다. 부모님을 그곳에 두고 불안해하는 친구를 위해, 그 나라를 위해 눈물로 기도해 본다.

이렇게 한 나라, 한 나라에 대해 알아 가면 그 나라는 내게 특별한 나라가 된다. 생텍쥐페리의 《어린 왕자》에 나오는, 사랑하는 꽃이 있는 별이 그에게 특별한 별이 된 것처럼 말이다.

내가 당장 뭔가를 바꿀 수는 없을 것이다. 그럴지라도 같이 공감하고 걱정하고 기도해 주는 마음은 선한 파장으로 전달될 것이다. 그러다 언젠가는 나비효과처럼 퍼질 것이라 믿는다.

나는 그 친구에게 이것저것 필요한 것을 챙겨 준다. 그러면 그 친구는 자신이 짐이 되는 것이 아닌가 걱정한다. 그런 마음 착한 친구에게 나는 "언젠가는 꼭 너희 나라에 가서 살 거야. 그러면 그때 네가 도와주고 잘해 주면 되잖아."라고 말한다. 그렇게 나는 프랑스에서 1년, 스페인에서 1년, 일본에서 1년 살고 싶다는 꿈이 생겼다.

언어와 문화를 알아 가는 것은 그렇다 치자. 하지만 나는 한 달 벌어서 한 달 생활해야 하는 월급쟁이다. 그런 나에게 내 꿈을 이룬다는 것은 불가능해 보였다. 아무리 머리를 굴려도 답이 안 나온다. 우연한 기회에 알게 된 "성공해서 책을 써야 하는 것이 아니라 책을 써야 성공한다."라는 말. 이 말은 망설이던 내게 이렇게 첫 펜을 들게 용기를 준 무척 고마운 말이다.

책 쓰기, 1인 창업, 유튜브가 내 꿈을 이루는 데 큰 날개를 달아 주리라 믿는다. 어디에 있어도 돈이 들어오는 시스템을 만들지 않으면 내 꿈을 이룰 수 없기 때문이다. 시작이 반이라 했던가. 그러고 보면 나는 성공한 것이다. 이미 시작했으니까.

이 세상에는 얼굴색과 사용하는 언어가 다른 수많은 사람들이 살고 있다. 우리 모두는 같은 하늘 아래 귀한 생명을 가진 존재로 태어났다. 때문에 자신만의 개성의 빛을 발하며 살기를 희망한다. 조화롭고 평화롭게 미움과 싸움이 없는 사랑의 세계. 그런 이상세계가 언젠가 이루어지기를 꿈꿔 본다.

이 모든 것들은 인력으로 할 수 없음을 안다. 때문에 나부터 사랑의 불씨가 되어야겠다. 공감과 소통으로, 작은 사랑의 실천으로 다시 태어나야겠다. 나의 멘토가 "하면 되고 안 하면 안 된다."라고 했다. 그 말처럼 계속적으로 꿈을 이루려 한다. 그런 몸부림으로 안 되면 나는 틀에 박혀 생각하고 움츠릴지도 모른다. 그러면 방법을 달리해서 뚫고 나가야겠다.

성경의 빌립보서 3장 14절에서는 "푯대를 향해 그리스도 예수 안에서 하나님이 위에서 부르신 부름의 상을 위해 쫓아가노라"라고 한다. 그것처럼 나도 꿈을 향해 전진할 것이다. 꿈이여! 내가 오늘도 너를 향해 달리리로다. 그 푯대에 내 마음과 정신을 고정하고 나아간다면 언젠가 도달하리라는 믿음을 가지고서.

49

사람들에게 내면의 행복을
알려 주는 멘토 되기

최선아 **프로공감러, 유튜버, 동기부여가**

인생살이를 힘들어하는 지인들에게 동기를 부여해 줌으로써 좀 더 나은 삶을 개척하도록 도와주고 있다. 상처를 받았던 경험이나 힘든 부분을 공감해 주면서 난처한 상황에 어떻게 대처하는 것이 가장 좋은지 상담해 준다. 그렇게 좋은 해결책을 찾아내도록 이끌어 주고 있다. 또한, 다수와 다른 소수의 생각과 상처를 가진 사람으로서 삶의 노하우를 제시하는 유튜버로 활동 중이다.

나의 버킷리스트는 무엇일까? 사실 내 버킷리스트에 대해서 생각하는 데 오랜 시간이 걸렸다. 내가 살면서 하고 싶은 것들을 생각하면 물질적인 것부터 현상적인 것까지 다양하게 나열할 수 있다. 하지만 버킷리스트에는 '죽기 전'이라는 심오한 단어가 포함되어 있다. 그래서 함부로 작성하는 것은 마치 진정한 내 꿈을 존중하지 않는 것 같은 느낌이 든다.

과연 어떤 것이 내게 가치가 있는 것일까? 살아생전에 하고 싶은 일이라는 질문이 있다. 그리고 죽기 전에 하고 싶은 일이라는 질문이 있다. 나는 이 두 가지 질문에 동일한 답을 찾고 싶다.

버킷리스트를 쉽게 만드는 사람들을 보면 부럽기까지 하다. 왠지 그들은 나보다 자기 자신을 좀 더 잘 알고 있는 것처럼 느껴지니 말이다. 나에겐 버킷리스트를 만드는 것 자체가 마치 내가 한 번도 접해 보지 않은 양자물리학을 접하는 것 같은 느낌이 든다.

다른 사람들의 리스트를 조금이나마 모방이라도 해 보자. 그런 생각에 한국뿐만 아니라 외국 사람들의 버킷리스트까지 구글에 검색해 봤다. 거기서 내가 얻은 해답은 문화와 환경이 달라서 다양한 꿈으로 보이는 것뿐이라는 것이다. 큰 범주로 축약하면 원하는 것은 거의 같았다. 여행, 인간관계, 자유, 액티비티, 돈, 물건 등등.

아무것도 아닌 것 같지만 쉽게 표현할 수 없는 버킷리스트. 나는 이것을 찾기 위해 1년 동안 나를 찾는 데 몰두했다. 내일 당장 죽는다고 했을 때 어떤 것을 이뤄야 진정 행복할까. 그런 의문을 항상 염두에 두고 객관적인 시각에서 나를 바라봤다.

그리고 드디어 찾았다. 그것은 바로 내면의 성장과 이것을 토대로 사람들을 도와주는 일이다. 사람들의 아픈 마음을 어루만져 주는 것이다. 분별력과 판단력을 키워 주는 것이다. 인식을 개선시켜 주는 것이다. 그럼으로써 사람들의 삶 자체가 기쁨과 행복으로 가득 차도록 변화를 선물해 주는 것이다. 내가 이것을 내 버킷리스트로 확정 지은 이유가 있다. 인간관계, 여행, 돈, 건강, 가족, 차, 집 등을 가진다고 하자. 그래 봐야 마음이 가난하면 행복, 만족, 자유를 느낄 수 없다는 깨달음에 도달했기 때문이다.

나는 열정적이고, 추진력 있고, 활발하고, 오픈 마인드며, 사람들을 좋아하는 사람이다. 나를 설명한 단어들을 봤을 때 좋게 느껴지지 않는가? 이런 성향을 가진 사람의 삶은 어떨 것이라고 추측되는가? 예상은 빗나갔다. 지난 18년간 내 마음은 무척이나 아프고 가난했기 때문이다. 이 마음 동굴에서 벗어나기 위해 안 해 본 것이 없다. 마음수련, 심리상담, 단학, 최면, 독서, 종교생활 등. 이런 것들은 일시적인 도움은 되었다. 하지만 내 행동과 생각을 변화로 이끌 순 없었다. 이런 노력들을 했지만 무려 18년이라는 세월을 어두운 동굴 속에서 갇혀 살았다.

그런데 최근 1년 동안 나에게 아주 큰 변화가 일어났다. 끝날 것 같지 않았던 길고 어두운 터널에서 벗어나게 되었다. 쉽게 흔들리지 않는 마음을 장착하게 되었다. 삶이 늘 행복하고 설레는 일상을 살아가는 패러다임으로 바뀌게 된 것이다.

해답이라고 얘기해 주는 많은 이들의 추상적인 이론은 더 이상 도움이 될 수 없다. 나는 직접 변화를 겪은 사람이다. 그런 사람으로서 나와 비슷한 고통을 가지고 있는 사람들에게 진심으로 이 방법과 가치를 알려 주고 싶다. 그래서 궁극적으로는 그들이 누구의 도움 없이도 혼자서 행복하게 살아가게 하고 싶다. 그럴 수 있도록 만들어 주는 것이 내 목표다.

이 버킷리스트를 찾기까지 나는 오랫동안 나 자신과 대화했다. 진정 원하는 것은 남과의 비교나 남이 쓴 리스트를 보고 나오는 것이 아니라는 것도 알게 되었다. 누구나 가장 원하는 것이 무엇인지 은연중에 영감으로 알고 있다. 그러나 우리는 그것을 모른 체하며 사회가 만들어 놓은 가치에 상대적인 비교를 한다. 그리고 그것이 마치 정답인 양 빈 껍데기들을 내면에 채우게 된다.

물론 나도 사람이기 때문에 물질적인 것을 좋아한다. 하고 싶은 것도 갖고 싶은 것도 많다. 이런 것들이 나쁘다는 것이 절대 아니니 오해는 하지 말길 바란다. 다만 내가 얘기하고 싶은 것이 있다. 사회가 만들어 놓은 가치를 누리기 위해선 먼저 내면적인 것이 채워져야 한다는 것이다. 주어진 것이 많은 사람들 중 힘겹게 살아가는 사람들도 있다. 반면 가진 것이 없지만 행복해하는 사람들도 존재한다. 여기에서 어떤 것을 느낄 수 있는가?

진정한 삶의 의미는 내면의 행복에 있다는 뜻이다. 그리고 내면이 채워져 있는 상태여야 한다는 것이다. 그래야 물질적인 것도 제대로 관리할 수 있게 되는 것이라고 나는 생각한다.

나는 모든 사람들이 행복하고 편하고 기쁘게 살아가길 바란다. 진정한 버킷리스트는 외부에서 찾는 것이 아니라 내 내면에서 찾아야 하는 것임을 알려 주고 싶다.

나와 비슷하게 원하는 것이 뭔지 몰라 헤매고 있을 분들에게 해 주고 싶은 말이 있다. 버킷리스트를 작성하기까지 과정이 필요하다는 것이다. 그리고 그것을 찾았을 때 인생의 기쁨과 즐거움을 느낄 수 있다는 것이다. 그렇게 흔들림 없이 앞으로 나아갈 수 있다는 것이다.

50

어머님의
옛 향수 찾아 드리기

임성빈 **직장인, 자기계발 작가**

전자공학 박사로서 한국항공우주연구원 책임연구원으로 재직 중이다. 몸과 마음의 평형을 유지하고 건강하고 행복한 삶을 살 수 있도록 명상을 공부해 왔다. 자신의 배움을 누군가에게 나누어 주는 메신저가 되고자 한다.

전화도 드리지 않고 시골집을 찾아간 이유가 있었을까? 오래전에 넓은 거실이 적적해 보여 걸어 놓았던 액자는 잘 있는지, 늦가을 공기가 싸늘하니 방 안에 한기는 없는지, 불편하신 부모님의 의중은 어떠한지 대화를 나누어 보고 싶었다.

방은 그런대로 따스했다. 그러나 텅 빈 거실과 부엌에는 한기가 있었다. 밤이 깊어 가면서 온도가 내려갔다. 그런데다 차가운 바람까지 불어 공기가 제법 차가워졌다. 마음이 좀 불편해졌다.

생활하시는 데 돈이 부족하세요? 아니다. 이 정도면 됐다. 부엌이며 거실의 한기라도 없애야 되지 않겠어요? 거실이 넓어서, 전기세도 비싸고. 한기라도 가시게 불을 넣어 두시지 그러세요? 생각에 잠기셨다. 검진은 받으셔야? 아니다. 내 몸은 내가 더 잘 알지. 의사가 뭘 안다고 그래. 언제나 그렇듯이 대화는 짧게 끝났다.

잠시 어머님의 눈빛을 보고 도저히 감당할 수 없는 감정이 넘어오려 했었다. 올여름 병원 신세를 지셨다. 이제 그런대로 생활할 만하신 것 같은데. 하지만 눈빛을 보니 내 마음이 불안하고 불편해졌다. 아직도 당신이 최고라 생각하시니. 게다가 사시기에 부족한 것도 없어 보이는데. 내가 무엇을 어떻게 도울 수 있을까?

나 역시 삼켜 버린 말이 있었다. 아버님은 그것을 원하고 계실지도 모른다. 하지만 어머님의 생각은 좀 다르지 않은가. 속마음은 알 수 없어도 자식에게 의지하고 싶지 않아 하셨다. 간섭받는 것도 싫어하셨다. 불편한 말을 주고받는 것도 싫어하셨다. 마음이 그러니 그나마 정든 이곳을 떠나 낯선 곳으로 갈 수 있을까? 아닌 것 같다. 자식은 그 마음을 헤아리고 있을까? 그것도 아닌 것 같다. 자식하고 같이 있는 것 자체를 싫어하시니. 그냥 그렇게 준비하시는 것 같다. 그래도 겨울은 좀 따스하게 보내면 좋으련만….

그렇게 겨울을 보내고 따스한 봄이 되었다. 그렇게 아버님은 용인 '평온의 숲'으로 평온을 찾아 가셨다.

얼마 전, 거실 소파에 앉아 있으려니 어머님이 앞에 누워 계셨다. 어머님은 어린 소녀처럼 속삭이듯이 가슴에 담아 두었던 뭔가를 계속 말씀하셨다. 나는 그냥 듣고만 있었다. 무슨 말로 위로해 드려야 할지 생각이 나지 않았다. 말씀을 다 하셨다 싶었을 때 아무 생각 없이 "잘 사셨네요."라고 짤막하게 대답했다.

그렇게 대답하고 나서 갑자기 뭔가 떠올랐다. '아! 내가 정말 무심했었구나.' 어머님은 말씀 중에 가장 친했던 고향 친구와의 즐거웠던 옛일을 회상하셨다. 그러면서 나름 즐거움을 찾고자 하신 것이다. 그런데 나는 그것을 흘려버리고 있었던 것이다.

나는 "어머니, 혹시 친구 보고 싶지 않으세요?" 라고 말을 이었다. 그러자 어머니는 어린 시절의 즐거웠던 둘만의 이야기를 좀 더 하셨다. 그러고 나서야 "당연히 보고 싶지. 얼마나 친했었는데. 그런데 그 친구가…," 하시면서 말씀을 마치셨다.

언제 시간을 낼 수 있을까? 나 역시 복잡한 내 현실 앞에서 생각할 것이 많았다. 그렇기 때문에 사소한 일조차 다른 일에는 신경 쓰고 싶지 않았었다. 그러던 차에 나도 생각을 정리할 겸 팔당댐 주변의 조용한 곳에서 며칠을 보내고 있었다. 그때 언뜻 어머님의 말씀이 떠올랐다. '어머님이 고향 친구를 보고 싶다고 하셨지….' 그때부터 그 생각이 머리에서 떠나지 않았다.

그게 어머님의 첫 번째 버킷리스트였다. 진작 왜 이 생각을 해내지 못했을까? 그 순간 가슴이 뭉클해졌다. 왜 내가 시간을 만들어야 한다고 생각했지. 당연히 내가 해야 할 일인데. 어머님은 가슴을 열고 싶었던 거야. 어머님은 가슴을 녹이고 싶었던 거야. 당장 어머님에게 가야겠다. 그렇지 않으면 또 시간을 만들어야 하잖아. 그렇게 부랴부랴 시골집에 가서 어머님에게 고향 친구의 전화를 연결해 주었다. 통화를 마치고 나서 바로 2시간 거리에 있는 예산으로 갔다.

어린 시절을 같이했던 그때의 몸은 아니다. 그렇더라도 마음은 어린 시절로 돌아가서 이야기하고 싶었나 보다. 나이가 들어 몸은 힘들어지셨다. 그래도 동화 속의 주인공이 되어, 옛 향수에 젖어 할 말을 다 하고 싶으셨나 보다. 어머님 친구분은 며칠은 같이 보내고 싶으셨는지 헤어지는 순간까지 못내 아쉬워하셨다. 열흘은 자고 가라고 계속 말씀하셨다. 어머님은 남겨 놓은 집 걱정에 그냥 오셨다. "내가 너의 집에 가서 한 달은 있을 거다. 꼭 갈 거야."라고 말씀하시면서.

돌아오면서 어머님과 많은 이야기를 나누었다. 어머님은 계속 마음속 감정을 꺼내 놓으셨다. 어머님은 늘 집에 있는 자식 걱정뿐이었다. 혼자서도 잘 살 수 있을 것 같은데 끝까지 지켜 주어야 한다고 생각하셨다. 설득해도 시골집을 떠나지 못하는 이유다. 그런데 집에 거의 다가오면서 뜻하지 않은 말씀을 하셨다. "이곳을 떠나 조용히 혼자 살고 싶다." 만감이 교차하는 순간이었다.

어머님을 집에 모셔다 드리고 나서 나도 대전으로 내려왔다. 내려오면서 계속 이번 일에 대해 생각했다. '내가 할 수 있는 일이 분명 있었구나. 일찍 알아챘어야 했어.' 이렇게 몇 번을 되새겼다.

다음 날이 일요일이라 뒷산을 산책할 수 있었다. 금병산을 한 바퀴 돌아 집에 가까워지면서 어머님 생각이 갑자기 떠올랐다. 그리고 음성을 기록하기 시작했다.

지금 나는 또 하나, 어머님의 두 번째 버킷리스트를 만들고 있다. '어머님에게 옛 향수를 찾아 드리자.' 어머님의 고향 마을 언덕 위 갈전리성당에서 어머님과 함께 어머님의 평온을 성모 마리아께 기도드리자.

그 생각이 떠오르는 순간 억누를 수 없는 감정이 복받쳐 올랐다. 나는 흐느끼기 시작했다. 눈물이 한 방울씩 떨어지고 미지근한 콧물이 흘렀다. 나는 한동안 말을 잇지 못했다. 간신히 추스르고 나서야 말을 이어 갔다. 어머님은 집에 가만히 있고 싶다고 하셨다. 그런데 그것은 사실이 아니었던 것이다. 어머님은 그동안 집에 갇혀 있었던 것이다. 우리가 스스로 집에 갇혀 있게 만들어 놓은 것이다.

어머님도 옛 고향, 옛 친구, 옛 가족, 옛 향수에 젖어 보고 싶지 않았을까. 세례명도 누군가 다시 불러 주었으면 하고 기다리고 있을지도 모른다. 어머님은 혼자서 찾아다닐 수 없었던 것이다. 혼자 밖에 나서는 것을 힘들어하셨던 것이다. 그렇게 굳어 버린 것이다.

가슴에 묻은 채 자식에게 표현하고 싶지 않아 하셨다. 자식을 방해하고 싶지 않아 하셨다. 자식에게 의지하고 싶지 않았던 것이다. 이미 환경이 그렇게 만들어 놓았던 것이다.

나는 이어서 어머님의 세 번째 버킷리스트를 만들었다. 따뜻한 봄이 오면 어머님을 모시고 안면도 해변에 가는 것이다.

어머님과 같이 여행한 것이 20년이 넘었다. 미국의 씨월드, 유니버셜 스튜디오, 디즈니랜드 그리고 제주도 며칠 정도가 전부였다. 지금에 와서 생각해 보니 나는 철저하게 나 자신을 벗어난 적이 없었다. 그때는 관심이 있어서가 아니라 기회가 되었기 때문이었다. 그러고 나서 다시 난 냉정하게 나 자신에게 갇혀 있었던 것이다.

바닷가조차도 어머님은 처음일 것이다. 바닷가에서 고요한 파도를 보면서 옛 꿈을 꾸었으면 좋겠다. 짧게 만났을 수밖에 없었던 친구를 바닷가로 초대해 드리고 싶다. 그렇게 얼마 남지 않은 인생을 조금이라도 되돌려 드리고 싶다. 바닷가에서 둘이서만 알아들을 수 있게 마음껏 소리 내어 옛날이야기라도 나누게 해 드리고 싶다. 파도소리에 가려 누구도 알아듣지 못하는 둘만의 시간과 공간을 만들어 드리고 싶다.

다양한 사람들의 꿈을 이뤄 주는
강연가 되기

김현민 멘탈 트레이너, 육군부사관학교 교관 출신, 자기계발 작가

숭실대학교 실용영어학과를 졸업했다. 미8군 교관 과정과 훈련 부사관 과정을 수료했다. 현재 멘탈 트레이너로 활동 중이며,
자기계발 작가와 동기부여 강연가로 활동 예정이다.

대한민국 육군부사관에 대해 잘 아는가? 나는 불과 한 달 전까
지만 해도 12년 차의 군인이었다.

2006년 11월의 어느 추운 겨울이었다. 매서운 바람을 뚫고 강
원도 화천이라도 곳에서 이등병으로 처음 군 생활을 시작했다. 그
러곤 12년 동안 군대에서 병사로, 간부로 이팔청춘을 다 보냈다.
아는 사람은 알겠지만 북한군의 의무 복무 기간이 10년이다. 그러
니 그 시간들을 대략 짐작은 할 것이다. 이쯤 되면 궁금해한다. '왜
전역했어? 20년 채워서 연금 받고 나와야지? 이런 불경기에 거기

만큼 좋은 직장이 어디 있다고?' 이 글을 읽는 독자들 중에도 비슷한 생각을 가진 사람이 있으리라 생각한다. 나 역시 불과 3년 전까지만 해도 이와 같은 생각을 했다. 그런 나에게 전역을 결심하게 된 결정적인 계기가 있었다.

나는 박격포 중대 1년, 최전방 GP에서 1년, 전투부대에서 4년, 부사관학교 교관으로 4년, 마지막으로 전투부대의 참모 3년의 경력을 가지고 있다.

여기서 교관으로 복무한 생활을 이야기하고 싶다. 내가 가르치는 후배들은 내 생각과 가치관을 흡수했다. 나는 내가 계획한 대로 그들을 교육했다. 그렇게 20주라는 시간 동안 그들과 같이 생활했다. 그러면서 정말 많은 보람을 느꼈다.

그리고 책은 아니지만 교육생들을 가르치는 교재를 며칠 밤을 꼬박 새우며 만들어 보기도 했다. 100명 분량의 전 문항 서술형 시험지를 며칠에 걸려 채점해 보기도 했다. 하지만 분명 그때는 힘들다는 생각보다는 즐겁고 무언가를 해냈다는 성취감을 느꼈다. 교육 수료 후 감사의 인사를 받으면 말할 수 없는 기쁨을 느끼곤 했다. 그러나 임기를 끝내고 전투부대의 참모로 오면서 나의 불행은 시작되었다.

나는 누군가를 교육하고 받는 즐거운 느낌을 가질 수 없었다. 그보다는 목표도 성취감도 없이 하루하루를 무의미하게 보냈다. 물론 여러 가지 교육 및 도전할 수 있는 것들이 생겨 시도하기도 했다. 하지만 나를 행복하게 해 주지는 못했다. 부대가 나를 이렇게 만든 것도 아니다. 그건 단지 내가 원치 않는 자리에 있었기 때문이다. 조직은 내가 원하는 대로 선택할 수 없다. 때문에 이런 문제가 생기기 시작한 것이다.

그때마다 부모님과 주위 사람들은 "조금만 참아 봐라, 3년 지나 다른 곳으로 지원해 가면 되지 않겠느냐."라고 위로의 말을 해 주었다. 하지만 목표의식을 잃은 삶에서 예전의 나는 온데간데없었다. 그저 사소한 일에도 화를 낼 뿐이었다. 후배들과 병사들에게 잔소리만 할 뿐이었다. 그런 선배 부사관으로서의 인생을 살고 있었다.

그러다 보니 당연히 주위 사람들과도 멀어졌다. 심지어 그런 나의 단편적인 모습만을 보고 오해하는 일도 생겼다. 그렇게 서로 간의 갈등도 깊어졌다. 그러다 이렇게 살면 안 되겠다는 생각이 문득 들었다. 그럼 무엇을 해야 하지. 나는 막연히 생각했다. 그러던 중 도서관의 책들을 관리하는 업무를 보게 되었다. 하루 종일 교범(일종의 교과서)에 파묻혀 업무를 했다. 그러다 보니 문득 '책에는 답이 있지 않을까?'라고 생각하게 되었다. 나는 진열되어 있는 책 목록을 쭉 살펴보았다.

흥미 있는 책을 고르지 못하면 분명 읽다가 포기할 거라는 것을 알고 있었다. 그런 만큼 한 권을 고르더라도 끝까지 다 읽을 수 있는 책을 고르려 했다. 그러다가 《하루 10분 독서의 힘》이라는 책을 발견했다. 사실 제목을 보고 '하루에 10분? 그거 못 하겠어?'라는 생각으로 집어 들었다. 그런데 10분이 아니고 정말 몇 시간을 투자해 그 책을 다 보았다. 책을 이렇게 몰입해서 본 경험은 처음이었다. 비슷한 처지의 작가였고 가치관도 비슷했다. 그래서였는지 마치 스펀지가 물을 흡수하듯 그렇게 빨려 들어갔다.

저자는 책에서 치열했던 자신의 삶, 목표를 이루기 위해 책을 써야 하는 이유, 24시간을 쪼개서 살았던 방법, 효율적으로 책을 읽는 방법, 책으로 꿈을 디자인하는 방법 등 자신의 경험을 통한 상세하고 실제 사용할 수 있는 현실적인 방법들을 나열했다. 나는 그 후 작가와의 소통을 통해 목표를 세우고 꿈을 향해 달려가는 사람이 되었다.

지금까지 나는 우물 안 개구리의 인생을 살았다. 매일 똑같은 일상, 똑같은 월급을 받으며 거기에 만족하며 살았다. 다른 삶을 살겠다는 마음은 수도 없이 먹었다. 말로 표현하기도 했지만 그때뿐이었다. 다시 일상으로 돌아오면 언제 그랬냐는 듯이 그 삶에 만족하며 살았다.

이전까지 나는 항상 내 인생에서 무언가 부족하다는 생각을 했다. 그래서 항상 남들이 하지 않으려는 도전과 경험을 하고 싶었다. 조직에서 도전할 수 있는 것들은 닥치는 대로 도전했다. 그런데 그

때마다 돌아오는 것은 칭찬과 보상이 아니었다. 욕심이 많은 사람, 유별난 사람이라는 딱지뿐이었다.

심지어 오해의 불씨가 걷잡을 수 없이 커져 근무지를 옮기는 사태도 벌어졌다. 그래서 그동안 이렇게 되려고 군에 모든 열정을 바치고 살았나 싶을 정도로 힘든 시간을 보냈다. 나는 그럴 때마다 책을 읽었다. 오히려 더 열심히 살겠다는 다짐을 했다. 그리고 그러기 위해서는 나의 한계를 규정짓는 조직을 탈피해야 한다고 생각했다.

"아무것도 하지 않으면 아무 일도 일어나지 않는다."라는 말을 들어 본 적이 있는가? 나는 우연히 TV 속 맥주 광고에서 저 문구를 봤다. 그 이후 더욱더 조직을 탈피하겠다는 갈망이 커져 갔다. 그래서 이후의 모든 도전들에 나는 나의 밑바탕이 된다는 마음으로 임했다. 자격증 시험, 체력단련, 사람들을 만나는 일, 책을 읽는 일 등등. 시작하기만 하면 어느 것 하나 대충 하지 않았다. 그리고 읽는 책의 양이 많아지면서 자연히 목표의식이 명확해졌다. 책을 쓰고 싶다는 열망도 강해졌다. 생각한 대로 이루어질 것이라는 생각을 하게 되었다.

공기가 눈에 보이지 않는다고 없는 것은 아니다. 그런 것처럼 그냥 내가 성공하고 잘되는 것은 당연하다고 생각하게 되었다. 성공을 통해 부와 명예를 얻고자 하는 것만은 아니다. 궁극적으로는 나로 인해 다양한 사람들이 꿈을 이루고, 가치 있는 삶을 살 수 있도록 도와주고 싶은 게 나의 꿈이 되었다.

지금은 그 꿈을 이루기 위해 책을 읽는 독자에서 작가로 변신했다. 나의 가슴을 뛰게 하는 강연가가 되기 위해 꾸준히 책을 읽고 글을 쓴다. 그렇게 작가와 강연가의 꿈을 키워 가고 있다.

52

엄마와 함께
버킷리스트 실천하기

안영옥 초등학교 특수교사, 부모교육 강사, 자녀교육 전문가, 장애학생 및 장애학생 학부모 멘토

서울 소재 초등학교 특수교사로 21년째 재직 중이며 장애학생의 진로 및 여러 문제행동에 대한 상담활동을 하고 있다. 장애학생의 내재된 능력을 발견하고 성장시켜 사회의 한 일원으로 당당히 살아갈 수 있도록 앞으로도 계속 그들의 꿈을 키우는 일을 하고자 한다.

"여보세요?"

"엄마! 막내딸."

"누구여? 안 들려."

"막내요. 막. 내."

"응, 그려 막내."

"엄마, 이. 번. 토. 요. 일. 집. 에. 갈. 게. 요!"

"뭐라구? 안 들려…."

나는 엄마와 통화하다 말고 휴대전화를 가슴에 꼭 끌어안고 울

음을 터뜨리고 말았다.

올해 엄마의 연세는 90세. 엄마는 타고난 부지런함과 오랜 농사 일로 알토란처럼 몸이 단단하셨다. 그랬던 엄마가 10여 년 전부터 여기저기 아프기 시작하셨다. 2,3년 전부턴 귀도 어두워지기 시작하셨다. 오늘은 휴대전화에 대고 아무리 큰 소리로 외쳐도 알아듣지 못하신다.

막내딸의 목소리를 자주 듣고 싶어 하시는 엄마를 위해 나는 휴대전화를 마련해 드렸었다. 엄마는 혹시 걸려올 막내딸의 전화를 못 받으실까 봐 노심초사하셨다. 들에 나가실 때나 노인정에 가실 때 심지어 화장실에 가실 때도 늘 휴대전화를 몸에 지니고 다니셨다. 덕분에 나와 엄마는 서로의 목소리가 듣고 싶거나 보고 싶을 때 언제든 통화할 수 있었다.

그런데 오늘은 통화가 불가능했다. 엄마는 전화기를 타고 넘어오는 막내딸의 목소리를 어떻게든 잡아 두고 싶어 하셨다. 하지만 내 목소리는 엄마의 귓전에서 연기처럼 흩어졌다. 엄마는 '안 들려' 만 외치고 계셨다.

엄마는 40세에 나를 낳으셨다. 이미 1남 4녀를 둔 부모님이셨다. 그런데 아들이 귀한 집안이라 든든한 아들 하나를 더 얻기 원하셨다. 그런 부모님의 간절한 바람과 달리 엄마는 또 딸을 낳으셨다. 하지만 엄마는 나를 원망하지도 미워하지도 않으셨다. 오히려 젖이 안 돌아 제대로 먹지도 못하고 크는 막내딸을 불쌍하고 애틋해하셨다. 그래서 더욱 알뜰살뜰 챙겨 주셨다.

학창 시절 친구 엄마들은 귀에 못이 박히도록 공부하라고 잔소리하신다고 했다. 그런데 우리 엄마는 밤늦도록 공부하는 나를 안쓰러워하셨다. 그만 불 끄고 자라고 매일 노래를 부르셨다.

친구들이 연애를 하고 하나둘 시집가기 시작하던 스물네 살 되던 해. 나는 특수교사가 되기로 마음먹었다. 다시 대입공부를 준비할 때도 엄마는 뭔 공부를 또 하냐며 나를 한없이 측은해하셨다. 스물아홉 살에 임용고시에 합격해 특수교사가 되었을 때 엄마는 "이젠 되었다, 이젠 되었어." 하시며 나를 꼭 안아 주셨다.

나는 평생 독신으로 살겠다고 선언했었다. 그랬던 내가 서른다섯 살에 결혼하자 이젠 죽어도 여한이 없다며 덩실덩실 춤까지 추셨던 엄마. 그렇게 엄마의 마지막 숙제였던 나는 어느덧 예쁜 두 딸을 낳았다. 두 딸을 기르면서 힘들고 지치곤 했다. 그럴 때마다 엄마는 어떻게 우리 6남매를 기르셨는지 정말 놀랍고 존경스러웠다. 아마 이때부터였던 것 같다. 엄마에 대한 무한한 사랑과 감사, 존경이 싹튼 것이. 돌아가실 때까지 엄마의 희생과 사랑에 조금이라도 보답하겠다고 다짐한 게…. 그때 엄마의 나이 80세. 다행히 엄마는 고혈압 약을 드신다는 것과 무릎이 좀 불편하신 것 외엔 건강상 크게 문제는 없으셨다.

엄마는 오빠 내외가 30년 가까이 모시고 살고 있다. 나는 친정과 차로 한 시간 거리인 곳에 살고 있다. 그래서 친정에 가도 잠은 자지 않았다. 주로 당일로 다녀왔다. 그런데 언제부턴가 엄마는 떠나는 날 붙잡고 아쉬워하셨다. 자꾸 자고 가라고 하셨다. 이런 일이 몇 번 반복되자 내 마음도 편치 않았다.

그래서 나는 방학기간 동안 우리 집으로 엄마를 모셔왔다. 내가 친정으로 갈 수도 있었다. 하지만 그곳에는 편히 머물 방이 없었다. 그러기도 했고 방학 동안 스케줄이 있는 두 딸도 걸렸기 때문이다. 사실 엄마는 딸이 다섯이라도 마음 편히 가 계실 곳이 없다. 첫째, 둘째 언니 모두 시어머니를 모시고 살고 있다. 셋째 언니는 미국으로 이민을 갔다. 넷째 언니는 수녀님이 되었기 때문이다.

나는 남편과 딸 둘, 이렇게 산다. 그렇기 때문에 엄마는 그나마 우리 집이 제일 편하실 터였다. 엄마를 우리 집에 모셔왔다. 그러곤 첫째, 둘째 언니 모두 모여 함께 맛난 음식도 해 먹고 밤새워 옛이야기도 했다. 그렇게 웃고 울며 얼마나 행복한 시간을 보냈는지 모른다. 새벽녘에야 잠자리에 들었지만 정말 보약 같은 꿀잠을 잤다. 아침에 일어나서도 피곤은커녕 우리 모두의 얼굴에선 싱글벙글 행복이 피어나고 있었다. 엄마는 바로 이런 시간을 원하셨던 거였다.

이 경험이 계기가 되어 엄마와 함께하는 버킷리스트가 시작되었다. 한겨울에 눈 맞으며 야외에서 온천하기, 백내장 수술로 밝은 세상 찾아 드리기, 두 손 꼭 잡고 공연이나 영화 보기, 봄·가을 자연휴양림 산책하기, 멋진 호텔에서 먹고 자며 게으름 피우기 등으로 꾸준히 이어졌다. 올해의 버킷리스트는 이번 겨울방학 때 엄마가 좋아하시는 트로트 가수의 공연을 함께 보는 거다.

그런데 엄마와 함께하는 버킷리스트를 하나하나 실천할수록 아쉬움도 커져만 갔다. 엄마는 우리 집에 일주일 이상 머무시질 못했다. 엄마에게는 동네 앞산이 정원이요, 동네 호숫가가 산책로였다. 그런 만큼 지인 하나 없는 좁은 아파트생활을 너무 답답해하셨다. 몸도 쇠약해지셔서 차를 타고 장거리를 이동하는 것도 힘들어하셨다.

그래서 나는 고민 끝에 엄마와 함께할 마지막 버킷리스트를 작성했다. 바로 고향에 전원주택을 짓고 주말과 방학 때 엄마와 함께 지내는 것. 그러던 중 요즘 부동산 값이 급등했다. 그러자 이런 포부와 다르게 나는 전원주택과 수도권 부동산 투자를 놓고 어떤 게 더 이익일지 저울질하고 있었다.

오늘 통화하며 엄마와 함께할 수 있는 것들과 시간들이 생각보다 빠르게 줄어들고 있다는 사실을 깨달았다. 그러면서 그런 저울질을 했던 나 자신이 너무 부끄럽고 죄송스러워 나도 모르게 울음을 터뜨렸던 것이다. 엄마와 함께하는 것 중 제일 자주, 제일 쉽게 했던 전화통화가 이젠 제일 어려운 일이 된 듯하다.

마지막 버킷리스트를 달성하기 전에 엄마를 잃을까 봐 두려움도 생긴다. 잠시나마 세속적인 잣대로 엄마와 나눌 수 있는 마지막 기회를 놓칠 뻔했다니. 얼마나 어리석은가! 얼른 서둘러야겠다. 빠르면 내년쯤 엄마와 함께할 수 있는 마지막 버킷리스트를 실천할 수 있을 것 같다. 아담한 전원주택에서 도란도란 수다를 떠는 엄마와 나를 생각만 해도 가슴이 벅차고 뿌듯하다.

남들은 내게 말한다. 오빠도 있고 언니들도 여럿인데 막내가 왜 그리 유난을 떠느냐고. 그러면 난 이렇게 말한다.

"아마도 다른 형제들보다 엄마와 함께하는 시간이 제일 짧기 때문 아닐까요?"

53

엄마 건강 회복시키기

최영아 **힐링 전문가, 축제 기획자, 작가, 배우**

자기 자신과 지적장애와 정신장애를 앓고 있는 동생을 살리겠다는 의지로 모든 아픈 영혼들을 치유해 주는 사람이 되기 위해 힐링 전문가 및 작가의 길을 걷고 있다. 또한 늘 아름답게 도전하는 사람으로 남기 위해 배우로서 살아간다.

여러분은 소원이 있는가? 나에겐 죽기 전에 이루고 싶은 한 가지 소원이 있다. 그것은 '엄마 건강 회복시키기'다. 만약 정말로 엄마가 많이 회복하고 건강해진다면, 난 다른 사람들을 위해 살 것이다. 내 모든 것을 걸고 상처받고 가슴이 아프고 감정표현이 어려운 사람들을 위해 살 것이다. 그렇게 명심하고 또 명심하며 가슴에 별을 훈장처럼 달고 다닐 것이다.

나는 어릴 때부터 약하고 아픈 친구들을 잘 도와주는 친구였다. 내가 약하다고 생각했기 때문에 많은 연민의 감정을 느꼈던 것 같다. 난 나와 같은 처지의 친구들을 보면 발 벗고 나섰다. 엄마는 동생보다 내가 말랐기 때문에 늘 "약해서."라고 하셨다.

하지만 지금에 와서야 느끼지만 내가 엄청나게 약한 것은 아니었다. 그저 동생이 다른 아이들에 비해 덩치가 컸을 뿐이다. 나는 평범한 정도의 체구였다. 아니 오히려 나는 신체적으로 다른 평범한 아이들보다 뛰어났다. 어릴 때 말수가 없고 숫기도 없었다. 하지만 누구보다 민첩하고 두드러졌다. 또한 발야구 경기를 할 때면 당연하다는 듯이 내가 중심이 되었다. 내가 공을 굴려 주면 아이들은 뻥뻥 차곤 했다. 메릴 스트립은 이렇게 말했다.

"Watch your thoughts, for they become words.
(생각을 조심하라. 왜냐하면 그것은 말이 될지니)
Watch your words, for they become actions.
(말을 조심하라. 왜냐하면 그것은 행동이 될지니)
Watch your actions, for they become habits.
(행동을 조심하라. 왜냐하면 그것은 습관이 될지니)
Watch your habits, for they become your character.
(습관을 조심하라. 왜냐하면 그것은 너의 성격이 될지니)
Watch your character, for it becomes your destiny.
(성격을 조심하라. 왜냐하면 그것은 너의 운명이 될지니)

We become what we think."

(우리는 우리가 생각하는 바대로 됩니다.)

나는 연기 전공자다. 캐릭터를 체화하기 위해 한 사람의 역사를, 영혼을 끌어당긴다. 과거, 현재, 미래까지. 나는 숨 쉬는 공기마저 바꾸겠다는 각오로 악착같이 버티며 살아왔다. 이때 무너지지 않기 위해서는 현실을 자각해야 한다. 한때 내가 좋아하는 역할을 위해 그렇게 생각하고, 말하고, 행동하고, 성격 구축까지 하려고 부단히 노력했던 기억이 난다. 정말 무섭게 달려들어서 주위의 친구들도 많이 잃었다.

지금에서야 느낀다. '내가 그동안 연기라는 하나의 목표에 쓸데없는 에너지를 쏟아부었구나. 바보 같은 선택들을 하면서 살았구나….' 그동안 엄마가 정신적으로 신체적으로 죽어 가고 있는지도 모르면서 말이다.

엄마는 무슨 짐이든 혼자 짊어지려고 한다. "나 힘들다."라는 말을 하거나 "엄마 좀 도와줘!"라고 조금 더 적나라하게 요청했더라면 엄마가 이렇게 아프지 않았으리라 싶다. 난 엄마를 굉장히 많이 닮았다. 난 목숨 걸고 살았다. 난 마음이 여리고 내성적이다. 그런 내가 연기 입시 과외를 받았다. 그때 동대문운동장역에서 큰 소리로 "저는 배우가 되고 싶습니다. 무대공포를 이기기 위해 노래를 불러 보겠습니다."라고 했다.

한 아저씨는 그런 나에게 박수갈채까지 보냈다. 그렇게 나는 정말 미친 듯이 살아왔다. 눈에 보이는 것, 먹는 것, 입는 것, 연애, 친구 등도 오로지 한 목표를 향해 달려왔다. 대학을 가지 못한 엄마를 위해 난 내가 하고 싶은 일로 대학을 가고 싶었다. 그래서 입시에 계속 실패해도 계속 나아갔다.

그때 내 목표는 초등학교만 졸업한 아빠와 중학교를 졸업한 엄마에게 나름 스펙 있는 딸로 비쳐지는 것이었다. 그런 바람에 그 꿈을 꼭 이루고 싶었다. 허나 대학교에 입학했을 때 나는 나의 적성과 맞지 않는 과라는 사실을 통렬하게 깨달았다. 그러곤 죽음보다 더한 고통을 느끼며 살았다. 정신이 나갈 정도로 힘들었다. 결국에는 집 안에 틀어박히게 되었다. 엄마는 그런 나를 꺼내 주려 부단히 노력했다. 물론 아빠도 그러셨다.

그 결과 난 다시 사회에 나왔다. 영어공부도 하고 떡집 알바도 했다. 그러다 역시나 또 하고 싶은 것만 하는 어린아이처럼 캐나다를 가겠다고 선언했다. 지금 생각해 보면 참으로 어처구니없고 철딱서니가 없었다. 이제는 두고두고 또라이라고 회자될 것 같다. 엄마는 그 뒤에서 커다란 거인의 그림자처럼 살아가고 있었다. 나는 그것도 몰랐다.

여러분은 삶의 큰 목표가 있는가? 나는 있다. 내 목표는 바로 '엄마 건강 회복시키기'다. 그 꿈을 꼭 이루고 싶다. 만약 엄마가 건강해 진다면, 나는 분명 마음이 아프고 힘든, 감정적으로 조절이 어려운 분들을 위해 살아갈 것이다.

54

1년에 2회
가족 해외여행 가기

김서희 | 이미지 컨설턴트, 영유아교육 전문가, 아동심리 상담사, 육아 멘토, 자기계발 작가, 동기부여가

아동학을 전공하고 몬테소리 유아 자격증, 아동심리 상담사, 자기주도학습 지도사 2급을 취득했다. 육아의 노하우를 알려 주는 멘토로서 영유아교육디자인연구소 '아이와 함께 성장하는 위드꼬망스'를 운영 중이다. 또한 초보 육아맘들이 알지 못하는 육아교육의 중요성을 알려 주며, 작가이자 영유아교육 디자이너라는 꿈을 그리고 있다. 현재 '서희 성공스토리 영유아 교육의 힘을 주제로 개인저서를 집필 중이다.

내 이름은 꿈을 향해 도전하는 김서희다. 나는 국내여행은 정말 많이 해 봤다. 하지만 해외여행은 한 번밖에 해 보지 못했다. 그래서 늘 해외여행을 하고 싶은 것이 꿈이었다.

결혼 전 혼자일 때는 해외여행을 가는 것이 쉬운 일이었을지도 모르겠다. 하지만 난 다른 사람들과 생활과 환경이 달랐다. 하루하루 먹고살기 바빴다. 스무 살이 되면서 혼자 의식주를 해결하고 살아야 했다. 그랬기 때문에 집에서 도움을 받는 친구들과 사회생활의 시작이 달랐다. 그런 나에게 여행은 남의 일 같았다. 남들 다 하

는 일이 나에겐 꿈이 되었다.

요즘에는 해외여행을 다녀오지 않은 사람이 흔치 않다. 그 정도로 해외여행을 가는 것이 아주 흔한 일이 되었다. 그래서 나도 해외여행을 하고 싶다고 말한다. 그러면 아직도 안 가 본 사람이 없을 거라고들 생각하는지 '아직 한 번도 안 가 봤어?'라는 반응이다. 그런 까닭에 해외여행을 가는 것이 꿈이라고 말하면 무시당할 것 같았다. 그래서 밖으로 내뱉지도 못하고 늘 나를 가두고 살아왔다.

그러던 어느 날 나 스스로를 사랑하는 법을 배우고 나에게도 자존감이 있어야 한다고 생각했다. 그러면서 나의 생각을 긍정적으로 바꿔 나가기 시작했다. 그러곤 긍정적이고 자기계발에 도움이 되는 책들을 골라 읽게 되었다. 하루 24시간을 좀 더 알차게 보내자고 생각했다. 그리하여 물을 무서워했던 나는 '이것도 극복 못 하면 아무것도 할 수 없다'라고 생각하며 출근 전 5시에 기상해 수영을 했다. 퇴근 후에는 내가 평소 배우고 싶었던 포토샵, CS 강의, 자격증 취득을 목적으로 자기계발해 왔다.

그렇게 자기계발을 하면서 많은 사람들과 교제하게 되었다. 자기계발을 하는 사람들을 만나면서 "나중에 꼭 필요할 때가 있을 거야."라는 희망적인 말을 많이 듣게 되었다. 그러다 보니 나의 자존감은 조금씩 높아져 갔다. 그렇게 많은 사람들과 관계를 형성하면서 누굴 만나도 나에게 필요한 사람들을 만나기로 마음먹었다.

그렇게 드림킬러를 서서히 정리해 나가기 시작했다. 그러곤 나의 꿈을 현실화하기 시작했다.

목표를 세우고 이루기 위해서는 계획이 필요하다는 것을 알게 되었다. 보통 목표를 세울 때 확고한 계획을 세우는 사람은 3%에 불과하고, 비교적 구체적인 생각을 하는 사람은 10%, 간혹 생각하는 사람은 50%, 전혀 생각하지 않는 사람도 37%나 된다고 한다.

나는 20대 초반에 사회생활을 시작했다. 그런 만큼 사회 물정을 모르는 우물 안 개구리로 살아왔다는 것을 서서히 깨닫게 되었다. 그러면서 '평소 꿈이 없었던 만큼 간혹 목표를 생각하는 50%에 속해 있었던 건 아닐까?' 생각했다.

하지만 25세 전후로 자기계발 서적을 읽음으로써 꿈이 하나씩 생겨나게 되었다. 그리고 그 꿈을 이루기 위해 부단히 노력하며 살아왔던 것 같다. 여러분도 지금부터라도 작은 꿈이라도 가지길 바란다. 꿈이 생겼다면 그 꿈을 이루려는 계획을 수립하길 바란다. 그리고 계획에 따른 행동이 필요한 경우 실천하기 바란다. 먼저 6개월 또는 1년, 5년 장기 계획을 수립하길 바란다. 그리고 그 계획을 세분화해 분기별 계획을 세우길 바란다. 그러곤 단기 목표를 세분화해 매일의 계획을 수립하길 바란다. 그래야 좀 더 빨리 이룰 수 있도록 계획하고 실천해 나갈 수 있을 테니까.

그동안 나는 의식이 너무 낮았다. 그래서 가난한 생각에서 벗어나지 못했다. 때문에 더 큰 그릇이 될 수 없었다는 것을 마흔 살이라는 나이에 알게 되었다. 나는 이제부터는 부끄러워하기보다 내가 해 보고 싶은 것이 있다는 사실을 인정하기로 했다. 그러면서 그동안 내가 문제점으로 느끼고 있었던 부분들이 해소된 것을 알게 되었다. 그렇게 스스로 의식 변화를 해야겠다고 선택하는 것이 얼마나 중요한지 의식 변화가 필요한 분들에게 말해 주고 싶다. 지금 나는 '나 자신을 사랑하는 마음을 가지며 내 의견을 존중할 줄 아는 완전한 나'라는 생각을 하게 되어 기쁘다.

이번에 만든 나의 버킷리스트 중 '1년에 2회 가족 해외여행 가기'가 있다. 이를 달성하려면 가장 먼저 목표 설정에 따른 세부 계획이 필요했다. 목표에 따른 장기, 단기 목표를 세워야 했다. 그러기 위해 나는 지금부터 어디로 여행을 갈 것이며, 어떤 일을 해서 언제까지 얼마를 모아야 하며, 언제 떠날 것인가를 계획해야 했다.

사실 해외여행을 위해 세부 계획을 세워 본 적이 없는 나로서는 막막하기만 했다. 그래서 버킷리스트를 이루었던 분들의 서적에서 힌트를 얻어 보기로 했다.

내가 '1년에 2회 가족 해외여행 가기'를 목표로 세운 이유는 아픈 곳 없이 우리 아이들과 함께 여행하고 싶어서다. 그렇게 추억도 쌓고, 아이들에게 더 넓은 세상을 보여 주고 싶어서다. 나는 "아는 만큼 보인다."라는 말을 아주 좋아한다. 왜냐하면 그 말이 '내 꿈의 그릇 크기와 같다'라고 생각하기 때문이다. 눈에 보이는 만큼 내 꿈도 커지게 될 것이고, 이루려는 것도 무궁무진해질 것이기 때문이다.

2015년도에 5년 안에 이루고 싶은 꿈들을 꿈 보드에 적었다. 그리고 그것을 늘 시각화하기 위해 벽에 걸어 두었다. 그러곤 3년이 지났다. 다섯 가지 내용 중 2017년까지 네 가지가 이루어져 있는 것을 알았다. 한 가지만 못 이뤘을 뿐 3년 만에 80%가 이뤄졌다. 빨리 이룬 셈이다. 그래서 작게 시작한 나만의 꿈 보드가 우리 가족에게 희망을 주는 꿈 보드로 유용하게 사용되고 있다.

그전엔 나도 처음 해 본 것이어서 '정말 될까? 이루어지는 걸까?'라고 생각하며 작은 꿈들만 적었다. 하지만 꿈 보드를 볼 때마다 나는 의식적으로 꿈을 이루기 위한 행동과 말을 하고 있음을 깨닫게 되었다. 이룰 수 있다는 믿음을 갖고 나의 몸이 항상 노력하고 있다는 사실을 깨닫게 되었다. 그렇게 해서 이룬 것들을 체크해 놓았다.

나의 꿈이 사라지지 않도록 좀 더 명확하게 적어 시각화할 것이다. 그렇게 눈에 보이는 곳에 걸어 두어 가족 모두가 동참하게 할 것이다. 나의 꿈을 존중하고 인정할 수 있도록 매일 볼 수 있는 현관문에라도 붙일 생각이다. 눈에 잘 보이는 곳에 걸어 두면 항상 꿈을 생각하게 될 것이다. 그럼으로써 더 빨리 꿈을 이룰 수 있다는 사실만 기억하며 희망을 가지고 전진해 나갈 것이다.

55

알래스카 오로라
투어 가기

박병석 가전·휴대전화 구매 컨설턴트, 사회복지사, 몽상가

5년 차 평범한 회사원으로 근무 중이다. 결코 인생이 쉽지 않음을 배워 가고 있는 30대 대한민국 남자다. 인생 최대의 슬럼프에 빠져 있던 중 책 쓰기, 작가, 1인 창업을 접한 후 심장이 뛰고 세상이 달리 보이기 시작했다.

일생일대의 기로에 서 있을 이 시대의 희생양인 나와 당신. 나는 우리가 터닝 포인트를 만들고 싶어 한다는 것을 알고 있다. 내가 그렇고 내 주변의 모든 사람이 입을 모아 하는 말이 그 방증이다. "힘들어 죽겠다." 우리는 습관처럼 이렇게 독백을 내뱉는다. 워라밸을 꿈꾸며 열심히 일하는 우리. 그러기 위해 휴일에는 재충전하는 것이 일상이 되어 버린 지금. 문득 의문이 든다. 일하기 위해 쉰다? 앞뒤가 맞는 건가? 애초에 일이라는 건 먹고살기 위한 하나의 수단에 불과하다. 그런데 그것을 위해 휴일을 허비하며 행복을

느끼는 내가 과연 정상인가.

오늘은 내 남은 인생에서 가장 젊은 날이다. 그럼에도 불구하고 우울하고 불안하고 앞이 선명하지 않다. 온전히 내 시간을 살고 마음의 풍요를 얻기 위해서 해야 하는 일은 무언인가? 버킷리스트를 작성하는 것이다. 죽기 전에 하고 싶은 일을 적는 것. 바로 그거다. 나는 버킷리스트를 써 내려갔다. 30여 가지를 적고 나니 가운데 선명하게 오로라가 보인다. 이거다. 내 인생의 터닝 포인트로 손색이 없을 듯하다. 심지어 알래스카라면 더할 나위 없을 것이다.

그곳은 미국 땅의 20%를 차지한다. 연 최저기온이 −62℃다. 빙하, 호수, 침엽수림, 온천, 산타마을, 순록, 설원기차, 백야, 개썰매 그리고 오로라를 볼 수 있는 곳이다.

오로라는 사전적으로 '태양에서 방출된 대전입자가 지구 대기권 상층부의 기체와 마찰해 생긴 빛'을 뜻한다. 쉽게 풀이하면 태양에서 방출된 에너지와 지구의 대기권이 충돌하면서 스파크가 튀는 것이라 할 수 있다. 상상이 되는가. 이글거리는 태양에서 방출된 에너지가 1억 5,000만 킬로미터나 떨어진 지구에 닿아서 발화하는 장면이. 카메라와 휴대전화에 담으려 해도 불가항력이다. 오롯이 두 눈에만, 뛰는 심장에만 담을 수 있다. 그렇기 때문에 가야 한다. 알래스카로.

"말로는 표현이 안 되는 장면이었어요."

"황홀하다는 말은 이럴 때 쓰는 것 같아요."

"너무 아름다워서 왈칵 눈물이 났어요."

"별빛 가득한 하늘에 초록 빨강 커튼이 넘실대는데 정말 신비로 웠습니다."

오로라를 실제로 목격한 여행자들의 후기다. 사실 말로 표현이 안 되는 걸 말해 줘 봐야 헛수고다. 그래서 눈을 감고 상상해 보았 다. 쨍한 밤하늘의 선명한 별빛과 그 위로 넘실대는 오로라의 모습 을. 영하 30℃를 넘나드는 가운데 추위라는 감각을 잊을 정도의 경 이로운 풍경을. 그리고 그 아래에 있는 내 모습을. 가슴이 뛰고 설 렌다. 그저 상상만으로도 이 지경이다.

'만약에, 어쩌면, 아마도, 설마.' 이 단어들은 모두 불확실성을 담고 있다. 하지만 '만약에 오로라, 어쩌면 오로라, 아마도 오로라, 설마 오로라'라고 오로라를 붙이면, 답답하고 불확실하던 단어들 이 긴장되고 설레고 두근거리는 단어로 바뀐다. 단지 오. 로. 라. 세 자만 붙였을 뿐인데 전혀 다른 분위기를 풍긴다. 오로라는 그런 존 재다. 오로라는 내가 봤든 못 봤든 그 자체만으로도 이미 희망과 경이로움을 전해 주는 메신저였다.

확신이 생겼다. 나는 희망의 메신저, 빛의 메신저, 인생의 메신 저 오로라를 꼭 내 두 눈에 담고야 말겠다. 현실 도피도 아니고, 외면도 아니고, 내 인생을 위해서다. 오로라처럼 경이롭게 빛나고 다른 이에게 희망이 되어 줄, 아름다운 나의 남은 인생을 위해서다. 이 정도면 알래스카 오로라 투어의 목적으로 충분하지 아니한가.

내 이름으로 된 책
한 권 집필하기

김서영 진로학습 상담 전문가, 부모교육 강사, 감성코칭 강사, 사회복지사

사회복지 석사과정을 졸업하고 현재 한국가이던스에서 객원상담사로 활동하고 있다. 중·고등학교, 대학교에서 청소년 진로학습 상담을 하고 있다. 또한 자녀의 진로를 고민하는 학부모들을 대상으로 부모교육을 진행하고 있다.

살면서 내 이름이 인쇄된 책을 누군가 볼 수 있다면 어떤 기분일까? 햇살이 따스한 아침. 여느 때와 같이 커피 한 잔을 마시면서 창밖을 바라봤다. 갑자기 가슴이 먹먹해지면서 눈시울이 뜨거워졌다. 조용히 눈을 감고 내 마음을 들여다보았다. 그 순간 마음속 또 다른 자아가 속삭였다. '넌 누구니? 넌 지금 여기서 대체 뭘 하고 있는 거니?'

결혼하고 아이가 생기면서부터 나에게 다른 이름이 생기기 시

작했다. 아이를 낳고 나를 소개하는 것 역시 "A 엄마예요."가 되었다. 당연했던 내 이름은 사라져 버렸다. 너무나 자연스럽게 다른 이름들이 나를 대체해 버렸다. 두 아이를 낳고 난 이름 없는 여자가 되었다.

이 10년 동안 난 A의 엄마, B의 아내로 살았다. 그러면서 가족을 위해 밥을 짓고 세탁을 했다. 그렇게 하루 종일 집안일을 하면서 종종거렸다. 엄마로 사는 것이 당연한 것인 줄로만 알았다. 세상의 모든 엄마들이 생각하는 것처럼 그렇게 살았다. 하지만 기나긴 인생 속에서 아이들에게 내가 필요한 순간은 잠깐이다. 어차피 우리는 각자의 인생을 살아야 한다. 몇 해 전 오디션 프로그램에 참가했던 이설아의 자작곡이 오래도록 기억에 남아 있다.

엄마로 산다는 것은

늦은 밤 선잠에서 깨어
현관문 열리는 소리에
부스스한 얼굴
아들, 밥은 먹었느냐

피곤하니 쉬어야겠다며
짜증 섞인 말투로

방문 획 닫고 나면
들고 오는 과일 한 접시

엄마도 소녀일 때가
엄마도 나만 할 때가
엄마도 아리따웠던 때가 있었겠지

그 모든 걸 다 버리고
세상에서 가장 강한 존재
엄마,
엄마로 산다는 것은
아프지 말거라, 그거면 됐다

엄마로 산다는 것은 내 엄마의 고마운 지난날들을 비로소 깨닫게 되는 일이다. 하지만 난 지금부터 '엄마'라는 이름의 인생의 굴레에서 벗어나려 한다. 내 이름은 결혼과 동시에 묻혀 버렸다. 그렇게 20년이 넘도록 잊고 살았던 '나'란 존재. 그 존재가 가슴속 깊은 곳에서부터 세상 밖으로 나오려고 꿈틀거렸다. '그래, 이제부터 A의 엄마가 아닌 완전한 '나'로 살아야겠다!'

'하지만 완전한 '나'로 살려면 어떻게 해야 하지?' 마음속 또 다른 나한테 물었다. 완전한 '나'로 살려면 먼저 내 이름을 찾자. 때로는 치열하게 나에 대해 공부하고 느끼고 고민하는 시간을 가져야겠다. 그리고 먼저 일을 해야 한다고 생각했다. 하지만 전업주부로만 살았던 세월이 긴 만큼 재취업은 생각보다 쉽지 않았다. 고민 끝에 이제부터 전문성을 가지자. 그러기 위해 다시 공부를 해 보자. 그렇게 마음을 굳게 먹었다.

그러곤 퇴근하고 온 남편한테 "나 대학원 가서 다시 공부할 거야."라고 퉁명스럽게 한마디 툭 던졌다. 부연설명은 하지 않았다. 아니 하기 싫었다. 나의 인생에 대해 단 한 번도 진지하게 대화하지 않고 살아온 것에 대한 반항이랄까?

아무 영문도 모르는 남편은 갑작스런 나의 행동과 일방적인 통보에 몹시 당황해했다. 한동안 적막감이 흐른 후 남편이 입을 열었다. "갑자기 왜?"라고 물었다. 이번에도 난 퉁명스럽게 "나도 이제 '나' 자신을 찾고 싶어."라고 했다. 그렇게 한마디 툭 던지고는 주방으로 도망치듯 가 버렸다.

잠시 후 등 뒤로 한숨소리가 들렸다. 저녁 준비를 하면서 난 마음속으로 흔들리지 말자고 다짐했다. 한참이 지나서야 남편은 입을 열었다. "당신 하고 싶은 대로 해."라고. 그 말을 듣고 나니 조금 전 남편에게 서운한 감정을 가졌던 것이 미안했다. 그리고 더 이상 아무것도 묻지 않고 나를 이해해 준 남편에게 고마운 마음이 들었다. 하지만 겉으로 고맙다는 표현은 못했다. "고맙고, 미안해."라고 말하는 순간 여러 가지 복합적인 감정이 솟구쳐 눈물이 나올 것만 같았다. 나는 지금부터 '나'를 찾기 위해 세상 밖으로 당당하게 나가려 한다.

고마운 마음을 뒤로하고 대학원을 알아보던 중 난관에 부딪쳤다. 졸업시험에 영어시험이 필수라는 것을 알게 된 것이다. 학창 시절 난 무엇보다 영어에 취약했었다. 난 입학서류를 제출하러 가는 길에 학교 서점에 들러 먼저 공부할 영어책을 사 왔다. 책을 펼친 순간 "헉!" 하는 소리가 저절로 나왔다. 영어원서였다. 갑자기 가슴이 답답하고 머릿속이 복잡해졌다. '합격한다 해도 과연 잘해낼 수 있을까?'

영어책을 보면서 일주일을 고민하고 내린 결론은 한번 도전해보자는 것이었다. 가족들한테 영어 때문에 포기한다는 말을 하기는 차마 자존심이 허락하지 않았다. 마침내 대학원에 입학했다. 하지만 논문 준비부터 전공공부까지 만만치 않았다. 그래도 내가 선택한 길이었다. 때문에 석사과정 2년간 열심히 공부했다. 그러곤 우여곡절 끝에 졸업했다.

그리고 지금은 한국가이던스에서 객원상담사로 활동하고 있다. 또한 중·고등학교, 대학교에서 진로상담을 하고 있다. 아이들을 만나 진로상담을 하는 일은 보람이 있다. 하지만 아직도 내 마음 한쪽에서는 허전함이 느껴졌다. 그러던 어느 날 불현듯 어린 시절 꿈이 생각났다.

어린 시절 난 작가가 되고 싶다는 생각을 잠깐 했었다. '죽기 전 내 이름으로 된 책 한 권 집필하기'가 꿈이었다. 누구나 자기 이름 석 자가 찍힌 책 한 권을 갖길 소망한다. 그렇게 소망하는 사람은 많다. 하지만 실제로 그 소망을 실행에 옮기는 이는 드물다.

세상에는 매일 수많은 책들이 쏟아져 나온다. 그래도 여전히 책을 내는 사람은 그 소망을 가진 사람의 수에 비해 적다. 나 역시 그랬다. 항상 생각만 했다. 그러곤 먼 미래의 꿈처럼 언젠가라는 소망을 마음 한쪽에 묻어 두고 살아왔던 것 같다. 옛날에 읽었던 어떤 책 내용이 어렴풋이 기억난다.

"잃어버린 꿈을 찾고 싶다면, 살아가는 이유를 발견하고 싶다면, 자신의 가치가 얼마나 대단한지 깨닫고 싶다면, 당신도 지금 당장 책을 써라."

그래서 난 지금부터 나의 꿈을 찾을 것이다. 나의 대단한 가치를 올리기 위해 책을 쓸 것이다. 생각만 해도 가슴이 떨리고 행복하지 않은가? 나의 이름 석 자가 새겨진, 세상에 단 하나밖에 없는 내 책을 남기고 간다는 것이.

57

남편과 함께 아이에게
빛을 비춰 주는 교육자 되기

이보은 청소년 상담사, 사회복지사, 가족상담 전문가, 부모교육 전문가

서울에서 대학을 졸업한 후 패션 디자이너로 2년간 일했다. 새로운 일을 찾기 위해 늦은 나이지만 사회복지학 학부를 졸업한 후
석사과정까지 수료했다. 〈가족상담연구소〉에서 2년간 일하고, 현재 교육청 전문 상담사로 7년째 근무 중이다. 다양한 청소년들과
부모를 만나 가며 행복한 사회를 이루기 위해 끊임없이 도전하고 있다.

3년 전, 나는 나의 평범한 일상을 궁금하게 여기는 사람을 만
났다. 서로의 안부를 묻고 대답해 준다는 것이 어색했던 인생의 반
쪽을 그렇게 만났다. 기쁘기도 했다. 하지만 나는 무엇이든 오랜 기
간을 혼자서 해 왔다. 그러니 나에게 약간의 불편함과 귀찮음이 더
크게 다가오는 것은 어쩔 수 없었다.

내 인생의 소소한 것들부터 큰 것까지 변화가 필요했다. 나는
10년 전부터 새해 첫날이면 버킷리스트를 작성했다. 소원 같은 그
런 버킷리스트도 물론 예외는 아니었다.

자기계발서들은 '꿈꾸지 않으면 미래에 아무것도 변하지 않는다'라고 상투적인 결론을 내린다. 그것을 상기하며 조금이라도 내가 원하는 방향의 길로 가고자 버킷리스트 작성을 시작했다. 그렇게 10줄가량이던 리스트가 10년 정도 지나고 나니 A4용지 4장 분량이 되어 버렸다. 버킷리스트의 내용이 변하는 것을 보았다. 그러자니 내 모습도 변하고 있는 것이 한눈에 보였다.

10년 전에 내가 하고 싶었던 것은 이렇다. '죽기 전에 세계여행 해 보기. 나에게 맞는 진로 정하기. 이런저런 조건을 갖춘 배우자 만나기. 다른 사람을 도울 수 있을 정도의 실력을 갖춘 내가 되기. 내 목표 토익점수 따기.' 대충 이런 것들이었다.

이런 것들이 시간이 지나면서 점점 더 구체적이고도 추상적인 목표로 변하게 되었다. 예를 들어, 내가 생각하는 최악의 상황과 나와 관계가 아주 나쁜 사람이 있다고 하자. 그렇더라도 긍정적인 부분을 찾아볼 수 있는 눈을 갖기. 나와 타인을 섬세하게 배려할 수 있는 지혜로운 내가 되기 등으로 말이다.

이런 변화가 그냥 생긴 건 아닌 것 같다. 세계여행을 무작정 하고 싶었던 20대 후반. 난 우연한 기회에 첫 해외여행으로 호주에 가게 되었다. 나는 '세계지도에 내 방문지 한 곳이 체크되는구나'라는 설렘과 기쁨을 갖고 여행을 준비했다. 그런데 떠나기 전 나는 내 두 번째 엄마와도 같은 이모와 심한 다툼을 벌였다. 그러곤 마음이 많이 무거웠다.

직접 가 본 호주는 그림처럼 예쁘고 아름다웠다. 깨끗한 자연환경과 여유로운 사람들의 모습을 볼 수 있었다. 끝이 보이지 않는 하얀 비치와 바로 옆에서 나를 바라보는 펠리컨 등 현실감이 떨어지는 그런 날들이었다. 그러나 그런 것들이 나의 깊은 마음속 무거운 돌덩이를 치워 주는 건 아니었다. 그냥 허한 마음으로 겉만 웃고 즐기는 그런 느낌이었다.

내가 현재 어디에 있느냐가 아니라 어떤 마음을 지니고 존재하느냐가 더 중요하다. 나에겐 내가 볼 수 있는 것만 보인다. 그런 평범한 진리를 다시 한 번 깨닫게 된 여행이었다. 이런 단 한 번의 해외여행 경험이 내 인생의 버킷리스트를 바꿔 놓은 계기 중 하나가 된 것 같다. 그렇다고 세계여행을 내 리스트에서 지운 것은 아니다.

인생의 반쪽이 생긴 지금 새로운 버킷리스트를 작성해야 한다는 생각만 가지고 있었다. 그런 채 새로운 생활에 바쁘게 적응한다는 이유로 숙제로 남겨 두기만 했다. 그것을 한번 정리해 보려 한다.

그의 지나온 인생은 나의 인생과 너무나 닮았다. 현재 같은 교육 분야에서 일하고 있기도 하다. 한 나라의 미래를 만드는 교육이라는 분야는 정말 매력적으로 느껴진다. 우리는 한 아이의 인생을 의논하며 서로에게 조언을 해 준다. 이런 대화는 나에게 위로와 안심이 되어 준다.

그와 함께 눈앞의 한 아이에게 '너는 정말 귀한 사람이다'라는 것을 체험하게 해 주는 그런 교육자가 되고 싶다. 그리고 나는 아이가 그 귀함을 자신의 옆 사람에게 전달해 줄 수 있는 따뜻한 파장을 지니게 하고 싶다. 그렇게 아이에게 빛을 비춰 주고 싶다.

또 다른 하나는 엄마가 되고 싶은 것이다. 아직 아이가 없는 나에게 남편이 왜 아이를 갖고 싶은지 물었다. 이 질문을 오래전부터 생각해 왔던 나는 바로 대답했다. "아이를 가진 사람이 더 많은 인내와 겸손, 넓은 이해를 지닌 것이 부러웠어요. 나도 그런 엄마가 되고 싶어요."라고. 교육자로서 엄마라는 직책만큼 확실한 수련은 없다고 생각한다.

또한 죽기 전에 나로 인해 상처받거나 나에게 상처를 준 사람들과 만나지 못한다면 마음속에서라도 화해하고 싶다. 그렇게 할 수밖에 없었던 상황을 진심으로 이해하고 받아들일 수 있는 내가 되고 싶다. 참 어렵겠지만. 현재로서는 이거면 되지 않을까?

58

수많은 사람들 앞에서
성공한 사람으로서 강연하기

홍보배 **SNS 전문 성공 마케터**

영어 강사로 활동한 워킹맘이다. 현재 온라인 마케팅 전문가로서, 마케팅으로 월 매출 1,000만 원을 달성 중이다. 또한 전문 마케팅 코치로 활발하게 활동하고 있다.

누구나 성공을 꿈꾼다. 나 역시 마찬가지다. 하지만 성공이란 단어만큼 여러 의미를 갖는 단어도 없을 것이다. 누군가는 돈을 많이 벌면 성공이라고 할 것이다. 어느 회사의 경영인이 되면 성공이라고 말할 것이다.

나는 성공하고 싶다. 단순히 돈이 많은 사람이 아닌 남을 의식하지 않고 타인을 포용할 수 있는 마인드를 가진 사람. 그런 사람으로 성장했을 때 나는 성공했다고 말할 수 있을 것이다. 나는 긍정의 기운이 가득한 성공을 꿈꾼다.

집안에서 맏이인 나는 가족들의 감정 쓰레기통이었다. 어릴 때부터 잦은 다툼을 벌이는 부모님의 입장을 들어 주어야 했다. 그들은 내가 자신의 편을 들어 주길 바랐던 것 같다. 자식인 내가 동조하면 자신의 잘못이 아닌 것 같은 느낌이었을까? 아니면 자식이니까 자신의 힘든 마음을 알아 달라는 부모의 한탄이었을까? 그때의 나는 어렸다. 감정적으로 누군가에게 기대고 싶었다. 때문에 엄마의 편에 서서 아빠를 탓하고 원망했었다. 지금 생각해 보면 두 분다 잘못이 있는데 아빠만을 원망했다. 때문에 아빠에게 죄송스럽기도 하다.

우울하고 힘들었던 집안 분위기 탓에 나는 긍정하는 법을 알지 못했다. 누군가를 원망하고 탓하는 편이 제일 쉬운 선택이었으니까. 하지만 세상을 탓하고 내 환경을 원망하기만 해서는 살아갈 수 없음을 느꼈다. 부모님은 일평생 누군가를 탓하고 원망하기만 하며 살아왔다. 그런 부모님을 보며 그렇게 살면 안 된다는 것을 안 것이다.

나 스스로 마인드를 바꾸기 위해 노력도 많이 해 봤다. 하지만 하루아침에 바뀌진 않았다. 제일 힘들었던 건 타인을 인정하는 것이었다. 나는 칭찬을 들으며 자라지 못했다. 그런 나에게 누군가를 인정하고 나보다 낫다고 말하는 건 정말 힘든 일이었다.

그래서 작은 것부터 칭찬해 주기 시작했다. "오늘 입은 옷이 예쁘네.", "너는 이런 스타일이 더 잘 어울려." 다른 사람의 사소한 부분을 인정해 줬을 뿐이었다. 그런데 내 마음이 달라지는 것을 느꼈다. 그때부터 조금씩 타인을 인정하는 법을 배웠다. 그렇게 내 마음도 함께 자라고 있었다.

나는 가족들의 쌓인 감정 이야기를 들으며 살았다. 그러다 보니 누군가에게 내 이야기를 하지 못했다. 그러기보다는 다른 사람들의 이야기를 들었다. 그게 편했다. 그렇게 난 친구들에겐 '굿 리스너'였다. 하지만 내 이야기는 공유하지 못하는 사람이었다.

나는 이제 내 이야기를 공유하려 계획 중이다. 잊고 사는 것만이 나를 위한 길이 아님을 알기 때문이다. 잊고 산 척 살아도 한순간도 제대로 잊어 본 적이 없음을 누구보다 내가 잘 안다. 아팠던 기억을 마음 깊은 곳에 박아 두고, 자물쇠로 잠가 버리고, 그 열쇠마저 내 마음 어딘가로 던져 버린 채 살아왔다. 하지만 기억하고 아파하며 열쇠를 찾아 잠가 버린 자물쇠를 열어야 할 때다. 그렇게 아팠던 나를 위로하고 아무렇지 않게 말해야 할 때다. 그래야 내 아픈 기억은 치유될 것이다.

내 아픔을 선뜻 많은 사람들 앞에서 꺼내긴 쉽지 않을지도 모른다. 하지만 나는 내 아픔을 공유하고 싶다. 사람들과 나누면서 나도 위로받고 남도 위로해 주고 싶다. 내가 그리는 성공자의 모습으로 잊고 지낸 어린 시절 이야기부터 성공을 위해 살아온 이야기를 전하고 싶다. 그렇게 누군가의 희망이 되고 공감을 이끌어 내는 강연자가 되고 싶다.

죽기 전에 이루고 싶은 것들을 생각하며 갖고 싶은 것, 하고 싶은 것들을 떠올렸다. 나는 진정한 나를 이뤄 낸다면 그런 물질적인 것들은 자연스럽게 따라올 것이라 믿는다.

내가 죽음을 앞두고 있다면 나를 위해 시간을 써야 하지 않겠는가? 내 아픔을 치유하고 변화된 마인드로 많은 사람 앞에서 강연할 수 있는 날이 올 것이다. 그러면 나는 그날 죽어도 내 어렸던 마음에게 미안하지는 않을 것이다. 작고 마음이 여렸던 나에게 선물을 하게 되는 셈일 테니.

죽기 전에 꼭 하고 싶은 것들 2

초판 1쇄 인쇄 2018년 12월 4일
초판 1쇄 발행 2018년 12월 11일

지 은 이 **장재민 외 57인 지음**
펴 낸 이 **권동희**
펴 낸 곳 **위닝북스**
기 획 **김도사**
책임편집 **박고운**
디 자 인 **김하늘**
교정교열 **우정민**
마 케 팅 **강동혁**

출판등록 **제312-2012-000040호**
주 소 **경기도 성남시 분당구 수내동 16-5 오너스타워 407호**
전 화 **070-4024-7286**
이 메 일 **no1_winningbooks@naver.com**
홈페이지 **www.wbooks.co.kr**

ⓒ위닝북스(저자와 맺은 특약에 따라 검인을 생략합니다)
ISBN 979-11-88610-92-1 (03190)

이 도서의 국립중앙도서관 출판도서목록(CIP)은 서지정보유통지원시스템
홈페이지(http://seoji.nl.go.kr)와 국가자료공동목록시스템(http://www.nl.go.
kr/kolisnet)에서 이용하실 수 있습니다.(CIP제어번호: CIP2018038971)

위닝북스는 독자 여러분의 책에 관한 아이디어와 원고 투고를 설레는
마음으로 기다리고 있습니다. 책으로 엮기를 원하는 아이디어가 있으신 분은
이메일 no1_winningbooks@naver.com으로 간단한 개요와 취지, 연락처
등을 보내주세요. 망설이지 말고 문을 두드리세요. 꿈이 이루어집니다.

※ 책값은 뒤표지에 있습니다.
※ 잘못 만들어진 책은 구입하신 서점에서 교환해 드립니다.